# Aprendizagem Socioemocional
## com metodologias ativas

Carolina Costa Cavalcanti

# Aprendizagem Socioemocional
## com metodologias ativas

um guia para educadores

saraiva uni

Av. Paulista, 901, Edifício CYK, 4º andar
Bela Vista – SP – CEP 01310-100

SAC  sac.sets@saraivaeducacao.com.br

| | |
|---|---|
| **Diretoria executiva** | Flávia Alves Bravin |
| **Diretoria editorial** | Ana Paula Santos Matos |
| **Gerência editorial e de projetos** | Fernando Penteado |
| **Aquisição** | Neto Bach |
| **Edição** | Estela Janiski Zumbano |
| **Produção editorial** | Daniele Debora de Souza (coord.) |
| | Cintia Aparecida dos Santos |
| | Rosana Peroni Fazolari |
| **Preparação** | Oldair de Oliveira Morgado |
| **Revisão** | Queni Winters |
| **Diagramação** | Adriana Aguiar Santoro |
| | Claudirene de Moura Santos |
| **Capa e ilustrações** | Tiago Dela Rosa |
| **Imagem de capa** | iStock / Getty Images Plus / rudchenko |
| **Projeto gráfico** | Claudirene de Moura Santos |
| | Tiago Dela Rosa |
| **Impressão e acabamento** | Edições Loyola |

---

DADOS INTERNACIONAIS DE CATALOGAÇÃO NA PUBLICAÇÃO (CIP)
VAGNER RODOLFO DA SILVA - CRB-8/9410

C377a    Cavalcanti, Carolina Costa
    Aprendizagem socioemocional com metodologias ativas: um guia para educadores / Carolina Costa Cavalcanti. - São Paulo : SaraivaUni, 2023.
    264 p.
    ISBN: 978-65-8795-810-1 (Impresso)
    1. Educação. 2. Aprendizagem socioemocional. 3. Desenvolvimento profissional. 4. Metodologias ativas. 5. Educadores. 6. Autoconhecimento. 7. Autogestão. 8. Consciência social. 9. Tomada de decisão. I. Título.

2022-2405                               CDD 370
                                        CDU 37

Índices para catálogo sistemático:
1. Educação                             370
2. Educação                             37

Copyright © Carolina Costa Cavalcanti
2023 Saraiva Educação
Todos os direitos reservados.

1ª edição

Nenhuma parte desta publicação poderá ser reproduzida por qualquer meio ou forma sem a prévia autorização da Saraiva Educação. A violação dos direitos autorais é crime estabelecido na Lei n. 9.610/98 e punido pelo art. 184 do Código Penal.

COD. OBRA  713217    CL  651966    CAE  799337

# Agradecimentos

Sou grata por você, caro leitor, ter escolhido embarcar nesta jornada comigo. Seja muito bem-vindo! No processo intenso de escrita deste livro, para mim foi um privilégio contar com a companhia e com o suporte de familiares amados, amigos queridos e educadores admiráveis que, em nossos encontros, conversas profundas e no trabalho que realizam, me provocaram, inspiraram e motivaram a produzir esta obra. Por isso, quero agradecer de forma muito especial a todos vocês: Helder Cavalcanti – o amor da minha vida – e a Lucas e Davi, nossos filhos adolescentes maravilhosos, que nos enchem de orgulho. Carol Shinoda pela leitura cuidadosa dos manuscritos originais e contribuições tão pertinentes. João Paulo Bittencourt, Marco Antônio Morgado e Silva e Hanna Danza, assim como a Carol Shinoda, por compartilharem relatos inspiradores sobre aprendizagem socioemocional que compõem esta obra. Também agradeço à Talita Cordeiro, Gina Strozzi, Roberta Campana, Lilia Mascarenhas, Talita Chiodi, Ângela Fleury, Taciana Isoni, Daniela Perdigão, Débora Bonazzi, Juliana Abrúsio, Ulisses Araújo, Valéria Amorim, Viviane Pinheiro, Alberto Neri, Nilson José Machado, Karina Tomelin, Thuinie Daros, Andrea Filatro, Patrícia Ramos, Marisa Bruno Perester, Williams Costa Júnior, Sonete Costa, Tuiu Costa, Laura Morena, Helder Roger Cavalcanti, Débora Cavalcanti. Sou grata também à equipe da Saraiva Uni por mais esta parceria. Por fim, e acima de tudo, agradeço a Deus pela possibilidade de sonhar, criar e realizar.

# Autora

**Carolina Costa Cavalcanti** é doutora pela Faculdade de Educação da Universidade de São Paulo (FE-USP), com concentração em Psicologia e Educação. É mestre em Tecnologias Educacionais pelo Instituto Tecnológico e de Estudos Superiores de Monterrey (Itesm – México), graduada em Pedagogia pela Unisa e em Jornalismo pela Southwestern Adventist University (Swau – EUA). É coordenadora da pós-graduação em Gestão da Inovação na Escola do Instituto Singularidades. É professora na Fundação Dom Cabral, onde atua em projetos da Gerência de Educação e Inovação e na coordenação técnica do Projeto de Geração de Valor do Programa de Desenvolvimento de Executivos (PDE). É consultora nas áreas de Educação Digital Criativa, Metodologias Inov-ativas, Design Thinking na Educação, com expertise na formação de educadores com propósito e aprendizagem socioemocional. É autora dos livros *Design thinking na educação presencial, a distância e corporativa* (2017), *Formação de tutores para EAD* (2017), *Metodologias inov-ativas na educação presencial a distância e corporativa* (2018), e autora de capítulos dos livros *Inovações radicais na educação brasileira* (2019), *DI 4.0: inovações na educação corporativa* (2019) e *Revolucionando a sala de aula: metodologias ainda mais ativas* (2020).

# Prefácio

Este livro sobre aprendizagem socioemocional com metodologias ativas é importante, atual e necessário. O desenvolvimento socioemocional pode ser aprendido ao longo da vida e as metodologias ativas são estratégias que nos ajudam a avançar, mais rápida e profundamente, nesse domínio. Carolina é uma profissional da educação que alia o conhecimento teórico ao prático. Escreve com fluência, traz muitos exemplos relacionados à sua experiência e à de outras pessoas que atuam em campos variados. Também mostra caminhos concretos para acelerar, por intermédio das metodologias ativas, o desenvolvimento socioemocional de todos, em espaços formais e informais de aprendizagem.

O livro apresenta conceitos, metodologias ativas, estratégias, técnicas e até tecnologias que podem ser adotadas em ambientes de aprendizagem para apoiar educadores – que atuam na educação básica, técnica, superior e corporativa – a criarem experiências de aprendizagem que permitam que outras pessoas desenvolvam competências tão fundamentais para a vida. Define a aprendizagem socioemocional como o processo em que uma pessoa emprega conhecimentos (o que sabe), habilidades (o que sabe fazer) e atitudes (o que quer fazer) para desenvolver sua identidade de forma saudável, manejar emoções, sentir empatia por outras pessoas, ter bons relacionamentos, traçar e alcançar objetivos individuais e coletivos de forma responsável e cuidadosa.

O conteúdo do livro segue o *framework* proposto pelo Collaborative for Academic, Social and Emocional Learning (Casel), que destaca cinco competências fundamentais para embasar programas de aprendizagem socioemocional. São elas: autoconhecimento, autogestão e habilidades sociais, consciência social e tomada de decisão.

Nosso maior objetivo, como educadores, é aprender a nos transformar em pessoas cada vez mais humanas, sensíveis, afetivas e realizadas. De nada adianta saber muito intelectualmente, se não aplicamos esse conhecimento em nossas vidas nem nos tornamos pessoas equilibradas, encantadoras e que trabalham pelo bem comum. A educação é eficaz quando

nos oferece instrumentos para enfrentar os múltiplos desafios, oportunidades e escolhas que a vida nos apresenta, em todos os campos e momentos. E este livro é um excelente guia e inspiração. Boa leitura!

**Prof. Dr. José Moran**
Palestrante, autor de livros e textos sobre metodologias
ativas e educação inovadora
Cofundador da Escola do Futuro da USP
Foi pesquisador e professor da USP por 16 anos

# Sumário

**ABERTURA** – Começo da jornada!......................................................... 15

**PARTE I** — **APRENDIZAGEM SOCIOEMOCIONAL PARA EDUCADORES**

Capítulo 1. Dimensões e conceitos centrais da aprendizagem socioemocional.................................................................................... 35

Capítulo 2. A aprendizagem socioemocional com metodologias ativas em escolas.................................................................................. 45

Capítulo 3. Identidade, personalidade e autoconhecimento............. 51

Capítulo 4. *Soft skills*: aprendizagem socioemocional na vida adulta e profissional....................................................................................... 57

Capítulo 5. Programas que apoiam a aprendizagem socioemocional com metodologias ativas...................................................................... 63

Capítulo 6. Agora é com você: estratégias de autoconhecimento... 75

- Estratégia 1: História de vida Ilustrada...................................... 76
- Estratégia 2: Autopersona.......................................................... 80
- Estratégia 3: Teste de personalidade *versus* matriz de percepções. 84
- Estratégia 4: Mapeamento de valores......................................... 88
- Estratégia 5: Coletânea de relatos singelos e significativos.......... 91

**PARTE II** — **SAÚDE MENTAL NA ERA DIGITAL: ESTRATÉGIAS DE AUTOGESTÃO E *COPING***

Capítulo 7. Autogestão para lidar com fatores que impactam negativamente a saúde mental.................................................................... 103

Capítulo 8. Uso excessivo de tecnologias como um agravante para saúde mental....................................................................................... 109

Capítulo 9. *Coping* e as estratégias positivas para o manejo de estresse e das emoções....................................................................... 117

Capítulo 10. Elementos que favorecem o bem-estar e a boa saúde mental e física ........................................................................................ 127

Capítulo 11. O poder das relações na promoção da saúde mental... 135

Capítulo 12. Agora é com você: enfoque em autogestão e habilidades sociais........................................................................................... 145

- Estratégia 6: Tempo de tela é tempo de vida! ........................... 146
- Estratégia 7: Sensibilização sobre diálogos internos .............. 151
- Estratégia 8: Meditação personalizada ...................................... 155
- Estratégia 9: Círculos das relações de qualidade e comunidades . 159
- Estratégia 10: Como criar e manter uma comunidade? .............. 162

## PARTE III — PROPÓSITO E PROJETOS DE VIDA

Capítulo. 13. O conceito de *purpose* na perspectiva da Psicologia Positiva e da Educação ............................................................... 173

Capítulo. 14. Qual é o seu propósito de vida?............................... 179

Capítulo. 15. A construção de propósito ao longo da vida.............. 185

Capítulo. 16. Projetos e consciência social para tomada de decisão responsável ............................................................................... 191

Capítulo. 17. Metodologias ativas para a construção de propósito.. 197

Capítulo. 18 Agora é com você: estratégias de consciência social e tomada de decisão responsável ................................................. 205

- Estratégia 11: Mural de elementos influenciadores de propósito. 206
- Estratégia 12: Imersão empática.................................................. 210
- Estratégia 13: Aprendizagem por projetos sociais.................... 215
- Estratégia 14: Descrição significativa de propósito de vida ......... 218
- Estratégia 15: Planejamento para o propósito ............................ 222

## CONVITE FINAL: DESIGN DE EXPERIÊNCIAS CRIATIVAS DE APRENDIZAGEM SOCIOEMOCIONAL.......................................... 227

O educador como designer de experiências criativas de aprendizagem socioemocional ............................................................... 229

- Breve panorama sobre o uso de design em educação ................. 232
- Experiências criativas de aprendizagem socioemocional............ 236
- Educador designer e o uso de metodologias ativas no modelo DECAS.......................................................................................... 237
- Convite final ................................................................................. 242

COLABORADORES........................................................................... 245

REFERÊNCIAS ................................................................................. 249

# Vale saber

Durante a escrita do livro, fui em busca de uma forma que representasse visualmente o que é o processo de aprendizagem socioemocional. Creio que as imagens e o design também sejam formas poderosas de comunicação. A partir disso, cheguei na figura apresentada a seguir, que contempla as competências[1] (identificadas como os círculos grandes) e os elementos correlatos (identificados como os círculos pequenos) que compõem os capítulos deste livro.

A escolha por usar aquarelas na capa e na arte dessa obra foi intencional. Esta é uma técnica em que a tinta é diluída em água, permitindo que, nas pinturas criadas, as linhas e contornos sejam difusos e as cores sobrepostas se misturem de forma natural, bonita e fluida. Este belo encontro entre tinta e água foi a metáfora que escolhi para representar a aprendizagem socioemocional, que é um processo igualmente cheio de tons, texturas, contornos, dimensões. Trata-se de uma jornada de desenvolvimento pessoal, que conecta de forma profunda elementos como a inteligência, a afetividade, as emoções, os sentimentos, as relações, o propósito e a realidade que vivemos. É esta articulação que faz com que sejamos seres holísticos, integrais e com a capacidade de aprender por toda a vida.

---

1   As cinco competências em destaque foram propostas no *framework* do Collaborative for Academic, Social and Emocional Learning (Casel).

Saúde mental

Autoconceito

Autoconhecimento

Tomada de decisão responsável

Valores e história de vida

Gestão do tempo

Coping

Propósito de vida

**APRENDIZAGEM SOCIOEMOCIONAL**

Autogestão

Consciência social

Uso consciente das tecnologias

Projetos sociais

Hábitos saudáveis

Relacionamentos de qualidade

Habilidades de relacionamento

# Começo da jornada!

O grupo estava inquieto. A frustração estava estampada no olhar de muitos dos 40 educadores reunidos naquela sala. Era final do mês de janeiro e eu estava facilitando uma formação para professores e gestores educacionais sobre o uso de metodologias ativas e tecnologias na educação. Todavia, ao perguntar para os integrantes do grupo qual era o grande desafio que vislumbravam para o ano letivo que iniciava, não ouvi, como esperava, respostas relacionadas à falta de conhecimentos sobre ensino híbrido, engajamento dos alunos nas aulas, estratégias didáticas, *sites* e aplicativos que apoiam a aprendizagem de conteúdos constantes no currículo escolar. Grande parte do grupo destacou que o maior desafio a ser enfrentado naquele ano letivo estava relacionado a aspectos socioemocionais dos estudantes. Fui pega de surpresa com as respostas e principalmente com o relato de alguns deles, no final do dia, que andavam muito ansiosos e estressados.

Ao tentar entender melhor o que estava acontecendo naquela escola, descobri que, no ano anterior, um aluno que cursava o segundo ano do Ensino Médio havia tentado cometer suicídio e que aqueles educadores ainda estavam abalados e inconformados com o ocorrido. Eles se perguntavam: "Como não fomos capazes de perceber sinais de que aquele jovem, com tanto potencial, estava sofrendo e precisava de ajuda?"; "O que poderíamos ter feito para evitar que isso tivesse acontecido?"; "Como lidar com as nossas emoções e as emoções dos alunos depois de um evento como aquele?". Felizmente, o jovem falhou naquela tentativa, mas, logo depois, a família decidiu trocá-lo de escola.

Sei que este caso triste é extremo, no entanto pouco tempo depois tive contato com relatos bastante parecidos em outro contexto. Na ocasião, estava conduzindo um *workshop* de Design Thinking (DT) para uma equipe de Recursos Humanos (RH), que atua na universidade corporativa de uma organização sediada na cidade de São Paulo. Pedi aos participantes que elegessem um desafio enfrentado no dia a dia da organização para o qual gostariam de criar uma solução, pelo uso do DT, durante o encontro. Alguns grupos escolheram temas relacionados a questões socioemocionais dos colaboradores. Relataram que era cada vez mais comum os colaboradores da empresa apresentarem diagnóstico de depressão, síndrome do pânico e *burnout*. Como se sabe, estes e outros problemas relacionados à saúde mental e física impactam diretamente os relacionamentos no ambiente de trabalho e a produtividade individual e coletiva.

Nos últimos anos, desafios como estes que apresentei têm levado governos e relevantes organizações sociais a proporem ações que favoreçam a aprendizagem socioemocional. O termo foi cunhado pelo Collaborative for Academic, Social and Emocional Learning (Casel), organização sem fins lucrativos formada por diversos profissionais do segmento educacional que promove o desenvolvimento de competências acadêmicas, sociais e emocionais para alunos da pré-escola ao Ensino Médio. Criada em 1994, seu objetivo é fazer da aprendizagem social e emocional baseada em evidências uma parte integrante da educação deste universo de estudantes.[1]

Aprendizagem socioemocional é definida como o processo em que utilizamos as nossas competências (conhecimentos, habilidades e atitudes) para desenvolver o autoconhecimento, gerir as nossas emoções e comportamentos de forma equilibrada e saudável, cultivar relações de qualidade, definir objetivos vinculados a propósitos individuais e coletivos a partir de uma consciência social responsável. Você, educador, já enfrentou desafios parecidos como estes em sua trajetória profissional? Como você reagiu? O que sentiu?

A aprendizagem humana é algo fascinante. É um fenômeno complexo, natural, individual e colaborativo, que ocorre por toda a vida. Aprender é fundamental para a nossa sobrevivência neste planeta. Como educadores, você e eu dedicamos muito tempo aprendendo sobre áreas específicas do conhecimento para depois sermos capazes de facilitar a aprendizagem de outras pessoas (estudantes, profissionais, colegas de profissão). Mas a realidade é que poucos de nós tivemos a oportunidade de entender de forma mais profunda como investir em nosso desenvolvimento socioemocional e como ajudar outras pessoas neste processo.

Espero que o seu interesse por este livro tenha nascido da crença de que podemos aprender a ter uma vida mais plena e feliz, em uma perspectiva pessoal e social. Fico feliz que esteja aqui para começarmos esta jornada juntos, pois, como educadores, temos a oportunidade de ampliar o nosso âmbito de atuação para além da entrega de conceitos, teorias e técnicas constantes nas grades curriculares de cursos e programas. A ver-

---

1   Apresento o Casel e sua relevância no Capítulo 5.

dade é que, enquanto atuamos em ambientes formais e informais de aprendizagem, podemos e devemos apoiar outras pessoas para que desenvolvam competências fundamentais no século XXI: várias delas conectadas com a aprendizagem socioemocional. Creio que as metodologias ativas podem ajudar bastante neste processo, pois permitem que cada aprendiz seja protagonista de seu processo de aprendizagem, construa saberes com outras pessoas e que reflita sobre suas ações e aprendizagens.

*A ORGANIZAÇÃO MUNDIAL DA SAÚDE (OMS) TEM ALERTADO HÁ ALGUNS ANOS QUE O MAL DO SÉCULO XXI É A ANSIEDADE E A DEPRESSÃO, O QUE TEM PROVOCADO CONSEQUÊNCIAS DEVASTADORAS.*

Essa demanda é relevante na atualidade uma vez que a Organização Mundial da Saúde (OMS) tem alertado há alguns anos que o mal do século XXI é a ansiedade e a depressão, o que tem provocado consequências devastadoras. De fato, no Fórum Econômico Mundial de 2018, na Suíça, foram discutidos os impactos sociais e econômicos destas doenças, que tanto preocupam governos, organizações e profissionais da área da saúde em todo o planeta. No caso do Brasil, a OMS apontou aumento de 74% da venda de alguns remédios antidepressivos, ansiolíticos, estabilizadores de humor e hipnóticos entre 2010 e 2016,[2] número que voltou a crescer vertiginosamente com a pandemia da Covid-19.[3] Uma das consequências desse cenário, segundo a Organização Pan-Americana da Saúde (Opas), é o aumento da taxa de suicídio, cuja prevenção deve ser tratada como prioridade.[4] O programa LIVE LIFE,[5] da OMS, existe justamente para orquestrar e apoiar ações locais e globais voltadas à redução da taxa global de mortes por lesões autoprovocadas em um terço até 2030. Para isso, é fundamental investir em saúde mental.

Para a mesma OMS, gozar de saúde mental é viver em um estado de bem-estar, de tal modo que permite que uma pessoa use de suas competências e habilidades para que seja produtiva, contribua com a sociedade e lide com o estresse do dia a dia.[6] Segundo um relatório publicado pelo Instituto Amuta, a nossa saúde mental também é fortemente impactada

---

2   MORAES, A. L. Mente saudável. Consumo de antidepressivos cresce 74% em seis anos no Brasil. *Veja*, 14 fev. 2020. Disponível em: https://bit.ly/3M8XCID. Acesso em: 1 jun. 2022.

3   AMÉRICO, T. Venda de antidepressivos cresce 17% durante pandemia no Brasil. *CNN Brasil*, 23 fev. 2021. Disponível em: https://bit.ly/3GEWeWD. Acesso em: 1 jun. 2022.

4   OPAS. *Após 18 meses de pandemia de COVID-19, OPAS pede prioridade para prevenção ao suicídio*, 9 set. 2021. Disponível em: https://www.paho.org/pt/noticias/9-9-2021-apos-18-meses-pandemia-covid-19-opas-pede-prioridade-para-prevencao-ao-suicidio. Acesso em: 25 fev. 2022.

5   OMS. *Live life*: an implementation guide for suicide prevention in countries, 17 jun. 2021. Disponível em: https://www.who.int/publications/i/item/9789240026629. Acesso em: 25 fev. 2022.

6   OMS. *Mental health*: strengthening our response, 30 mar. 2018. Disponível em: https://www.who.int/news-room/factsheets/detail/mental-health-strengthening-our-response. Acesso em: 25 fev. 2022.

Começo da jornada!   **17**

por questões sociais. Sendo assim deve ser abordada do ponto de vista coletivo e da ressignificação das relações humanas.

A aprendizagem socioemocional pelo uso de metodologias ativas tem se mostrado eficaz como ação preventiva e esforço para apoiar as pessoas a ter melhor saúde mental e a viver de forma plena. Um estudo da Universidade Columbia[7] indicou que, para cada um dólar investido em programas de desenvolvimento de competências socioemocionais em crianças, 11 são devolvidos à sociedade. Ou seja, ao propormos atividades que permitam que as crianças se autoconheçam, manejem suas emoções e se relacionem com outras pessoas de forma positiva, possibilitamos que vivam de forma mais feliz e produtiva, trazendo contribuições reais para o mundo. Dessa maneira, crianças, jovens, adultos e pessoas mais maduras, muitas vezes engolidos por demandas complexas da rotina – que envolvem estudos e trabalho, uso intensificado e constante de tecnologias e exigências da vida familiar –, podem encontrar caminhos para terem uma vida mais equilibrada e feliz. Esse itinerário começa pelo uso de metodologias ativas que fomentam a aprendizagem socioemocional e, como educadores, temos o privilégio de apoiá-los nesse processo de formação integral e de desenvolvimento.

*AO PROPOR ATIVIDADES QUE PERMITAM QUE AS CRIANÇAS SE AUTOCONHEÇAM, MANEJEM SUAS EMOÇÕES E SE RELACIONEM COM OUTRAS PESSOAS DE FORMA POSITIVA, POSSIBILITAMOS QUE VIVAM DE FORMA MAIS FELIZ E PRODUTIVA, TRAZENDO CONTRIBUIÇÕES REAIS PARA O MUNDO.*

Muitos educadores acreditam que, para aprender, precisam estar na escola ou em outros espaços formais de ensino, como universidades e programas de formação continuada. A realidade é que aprendemos o tempo todo e em todos os lugares. Não sei como foi o seu processo de aprendizagem nesses lugares convencionais nas diferentes fases de sua vida. Talvez tenha sido algo prazeroso e repleto de sentido (que privilégio!). Talvez tenha sido algo difícil e, em vários momentos, desconexo de sua realidade. Provavelmente, assim como eu, você tenha vivido um pouco das duas coisas.

Decidi escrever este livro, pois a aprendizagem tem sido um eixo central na minha vida desde a infância. Quando era pequena, gostava de ir à escola, mas me lembro, claramente, de estar em uma carteira, no meio da sala de aula, fazendo um esforço tremendo para prestar atenção naquilo que o professor dizia e escrevia no quadro-negro disposto na frente de uma longa fila de carteiras que acomodavam meus colegas. Lembro que ficava várias horas

---

7  BIGARELI, B. Por que o profissional do futuro precisa ter habilidades socioemocionais. *Época Negócios*, 13 nov. 2017. Disponível em: https://epocanegocios.globo.com/Carreira/noticia/2017/11/por-que-o-profissional-do-futuro-precisa-ter-habilidade-socioemocionais.html. Acesso em: 25 fev. 2022.

ali, "absorvendo" e copiando os conteúdos escritos na lousa, enquanto conferia no relógio quanto tempo faltava para a hora do recreio. Aquele sim, era o momento em que eu poderia ser "eu mesma". Era o momento de brincar, jogar e principalmente, conversar com os meus amigos.

Já não tenho memórias de ter sido levada a participar de atividades na escola, onde podia reconhecer as minhas emoções, praticar o autoconhecimento, aprender técnicas de resolução de conflitos ou a refletir sobre o meu propósito de vida. Esse era um local onde devia aprender conteúdos "importantes", isto é, decorar conteúdos que caem nas provas de vestibular e que, teoricamente, poderiam me ajudar a ter sucesso no mundo do trabalho.

Essa realidade não mudou muito nos anos de faculdade. O incômodo de sentir apatia e desconectada daquilo que tentavam me ensinar nessas "casas do saber" me levou a ingressar em um mestrado de Tecnologias Educacionais, logo depois de concluir uma faculdade de Jornalismo (fiz este curso, pois queria escrever "romances"). Foi uma mudança drástica de rumo: uma comunicadora recém-formada e já mudando de carreira. Ainda bem que meus pais entenderam os meus motivos e apoiaram a decisão (como sempre fizeram). Apostei que talvez as tecnologias apresentassem novos caminhos para que a aprendizagem fosse mais engajadora e significativa. Foi nesse momento que conheci as metodologias ativas, que acabaram sendo o tema investigado em minha pesquisa. A vontade de conhecer novas formas de aprender me levaram, posteriormente, a cursar a faculdade de Pedagogia e a pesquisar, no doutorado, sobre como inovar em Educação ao desenvolver projetos pelo uso da abordagem e metodologia ativa do Design Thinking. Aprendi muito nessa trajetória, e foi isso que me levou a publicar alguns livros sobre metodologias ativas na educação, que têm inspirado e instrumentalizado outros educadores a participarem da tão necessária renovação da educação tradicional.

A propósito, você sabe o que são as metodologias ativas? Vamos tratar deste tema de forma mais aprofundada ao longo de todo o livro, mas, resumidamente, podemos dizer que são estratégias, abordagens e técnicas que dão a estudantes e profis-

> METODOLOGIAS ATIVAS SÃO ESTRATÉGIAS, ABORDAGENS E TÉCNICAS QUE DÃO A ESTUDANTES E PROFISSIONAIS O PROTAGONISMO DE SEU PROCESSO DE APRENDIZAGEM.

sionais o protagonismo de seu processo de aprendizagem. Em outras palavras, é uma forma de promover a aprendizagem que não está centrada na figura de um professor. Já o papel deste profissional, por sua vez, é ensinar o conteúdo que, muitas vezes, está desconectado da realidade do estudante ou profissional. O trabalho com metodologias ativas tem sido amplamente discutido em Educação nos últimos anos, mas não é algo novo.

Seu embasamento teórico advém das produções de relevantes teóricos e estudiosos da aprendizagem humana, como Jean Piaget,[8] Lev Vygotsky,[9] John Dewey,[10] Paulo Freire[11] e Maria Montessori.[12] O trabalho com metodologias ativas prevê um aprendiz muito envolvido no desenvolvimento de projetos, em debate com seus colegas, na realização de pesquisas, na criação de soluções, no teste de hipóteses, na produção de materiais multimídia e assim por diante. Tais metodologias podem ser adotadas com ou sem o uso de tecnologias para promover a aprendizagem individual e colaborativa em vivências que envolvem "ação-reflexão" (ou seja, articulação teoria e prática).

Apesar de ter dedicado grande parte de minha trajetória acadêmica ao estudo e pesquisa sobre como aprender com o uso de metodologias ativas, foi com a chegada da maternidade que percebi de forma clara o que havia estudado nos livros-texto. A partir dali, ficou evidente, a cada momento que acompanhava o desenvolvimento e as aprendizagens dos meus filhos. Sim, podemos aprender em espaços formais (escolas, cursos, faculdades e programas ofertados por universidades corporativas) com o uso de metodologias ativas, mas a aprendizagem também acontece de forma muito eficaz no convívio familiar, na relação com os amigos, em grupos de suporte (como Vigilantes do Peso e Alcoólicos Anônimos), em visitas a lugares conhecidos, em viagens a lugares novos, a partir do consumo de conteúdos divulgados pela mídia e pelas redes sociais, ao cocriarmos com outras pessoas, ao criarmos comunidades de aprendizagem, só para mencionar alguns exemplos rápidos. Percebi, por exemplo, que foi durante minha infância e adolescência, no núcleo familiar, ao participar das atividades de voluntariado promovidas pela igreja e nas atividades extracurriculares da escola que pratiquei, mesmo sem saber, a aprendizagem socioemocional de forma mais intensa.

Foi nessa trajetória pessoal, acadêmica e profissional, que percebi que, para além da aprendizagem de conteúdos, precisamos aprender sobre quem somos, sobre como nos relacionar com as outras pessoas e sobre quais são as contribuições individuais e coletivas que podemos deixar para o mundo. Acredito que essas aprendizagens podem ser potencializadas se conhecemos e

> PARA ALÉM DA APRENDIZAGEM DE CONTEÚDOS, PRECISAMOS APRENDER SOBRE QUEM SOMOS, COMO NOS RELACIONAR COM AS OUTRAS PESSOAS E QUAIS AS CONTRIBUIÇÕES QUE PODEMOS DEIXAR PARA O MUNDO.

---

8  PIAGET, J. *Relações entre a afetividade e a inteligência no desenvolvimento mental da criança*. Rio de Janeiro: Wak Editora, 2014. Publicado originalmente em 1953.

9  VYGOTSKY, L. *A formação social da mente*. São Paulo: Martins Fontes, 1987.

10  DEWEY, J. *Experiência e educação*. São Paulo: Editora Vozes, 2011.

11  FREIRE, P. *Pedagogia da autonomia*: saberes necessários à prática educativa. São Paulo: Paz e Terra, 1996. (Coleção Leitura).

12  MONTESSORI, M. *Pedagogia científica*: a descoberta da criança. São Paulo: Flamboyant, 1965.

adotamos metodologias ativas que nos ajudem a estar mais bem prepara-dos para enfrentar os desafios da vida de forma mais leve e saudável (do ponto de vista físico, emocional e, especialmente, psicológico).

A relevância da aprendizagem socioemocional é tão grande que, no Brasil, essa demanda aparece na Base Nacional Comum Curricular (BNCC), publicada em 2018. Esse documento normativo, publicado pelo Ministério da Educação (MEC), convoca educadores que atuam na educação básica a desenvolver competências socioemocionais em crianças e jovens, como empatia, cooperação, autoconhecimento, autocuidado e projeto de vida, pelo uso de metodologias ativas. A BNCC entende que essa é uma parte primordial do desenvolvimento integral das novas gerações de brasileiros e indica que as metodologias ativas são fundamentais para que isso seja feito. Além disso, chamam a atenção os dados do relatório *Futuro dos Empregos* (Future of Jobs),[13] publicado pelo Fórum Econômico Mundial, em 2020, que aponta as 15 habilidades do futuro do trabalho. Várias das competências mencionadas no documento estão fortemente centradas em aspectos socioemocionais: resolução de problemas complexos; criati-vidade, originalidade e iniciativa; ideação; inteligência emocional; apren-dizagem ativa; e estratégias de aprendizagem.

Recentemente assisti a uma aula da Profa. Dra. Hanna Cebel Danza em que ela explicou que existem educadores que veem a aprendizagem socioemocional de forma crítica. Segundo ela, estes acreditam que o inte-resse para que essa abordagem seja fomentada em escolas e ambientes corporativos está pautado em objetivos questionáveis e opressivos que servem à sociedade neoliberal e capitalista. Por esse ponto de vista, pes-soas mais equilibradas emocionalmente e que sabem lidar com a frustra-ção, estresse e ansiedade são mais dóceis e geram mais lucros para seus empregadores e governos. Assim como Danza, que é especialista em Pro-jeto de Vida e Aprendizagem Socioemocional e professora da pós-gradua-ção do Instituto Singularidades, não concordo com esta visão. Como veremos ao longo deste livro, hoje já existem dados de pesquisas e uma rica produção científica que justifica e sustenta que a aprendizagem socioe-mocional é um caminho que pode levar as pessoas a viverem de forma mais autônoma e equilibrada. Essa abordagem também amplia o pensa-mento crítico e consciência, para que tenhamos clareza sobre como pode-mos contribuir para termos uma sociedade mais justa para todos. Assim, Danza defendeu que a aprendizagem socioemocional é uma aposta, pois em educação não existem certezas absolutas. É uma aposta que a partir

---

13 FÓRUM ECONÔMICO MUNDIAL. *The future of jobs 2020*. Geneva, out. 2020. Disponível em: www3.weforum.org/docs/ WEF_Future_of_Jobs_2020.pdf. Acesso em: 25 fev. 2022.

dos esforços para desenvolver as pessoas de forma integral, elas estarão mais preparadas para fazer melhores escolhas para si mesmas, para a sociedade e estarão dispostas a combater a opressão e a injustiça.

*A APRENDIZAGEM SOCIOEMOCIONAL É UMA APOSTA, POIS EM EDUCAÇÃO NÃO EXISTEM CERTEZAS ABSOLUTAS.*

Dessa necessidade e compreensão, tenho acompanhado nos últimos anos um crescimento exponencial na oferta de programas voltados ao desenvolvimento de competências socioemocionais. O tema emerge em palestras e treinamentos corporativos com foco em *soft skills* (termo em inglês que se refere às habilidades comportamentais) e que envolvem o desenvolvimento, por exemplo, da empatia, resiliência, altruísmo, colaboração e comunicação. Essas competências são fundamentais para que possamos alcançar objetivos pessoais e coletivos. Também tenho visto pessoas que, de forma independente, buscam diferentes caminhos para desenvolver suas competências socioemocionais. Isso pode ser observado em sessões de psicoterapia, na prática da meditação, rodas de conversa, no voluntariado, na leitura de conteúdos sobre o tema e na adoção de metodologias específicas para este fim.

Essa demanda tão grande me levou a pensar em escrever este livro para colegas de profissão, que atuam na área da educação: professores, gestores, pesquisadores, líderes, gerentes de projetos educacionais, designers educacionais, coordenadores pedagógicos, consultores, autores de conteúdos, equipes editoriais de materiais didáticos, equipes de RH, pessoas que atuam na formação de professores, gerentes de projetos educacionais, só para mencionar alguns. Tenho visto os grandes desafios e necessidades que enfrentam nos diferentes contextos em que atuam. Com este livro, pretendo instrumentalizar e inspirar educadores a assumirem o papel de designers de experiências criativas de aprendizagem socioemocional, para que possam apoiar estudantes e profissionais no desenvolvimento de competências fundamentais na atualidade. Acredito que esse é um papel primordial de todos os educadores e da Educação e, de fato, uma via factível para que mudanças pessoais e sociais, tão necessárias, ocorram.

Por isso vislumbro que o conteúdo deste livro será usado por educadores que desejam utilizar as metodologias ativas para promover a aprendizagem socioemocional de estudantes e profissionais, mas principalmente por você, educador, que também quer investir em seu desenvolvi-

*COM ESTE LIVRO, PRETENDO INSTRUMENTALIZAR E INSPIRAR EDUCADORES A ASSUMIREM O PAPEL DE DESIGNERS DE EXPERIÊNCIAS CRIATIVAS DE APRENDIZAGEM SOCIOEMOCIONAL.*

mento socioemocional (afinal, todos precisamos). Portanto antes de aplicar os conhecimentos, metodologias ativas, estratégias e tecnologias apresentadas neste livro em suas aulas, cursos, materiais didáticos e programas educacionais, o meu convite é que, primeiramente, sejam adotados, para que você avance em seu processo pessoal de aprendizagem socioemocional.

Em outras palavras, aqui serão encontrados conteúdos que conduzirão a uma profunda reflexão sobre a aprendizagem socioemocional a partir da perspectiva pessoal e a profissional. Na perspectiva pessoal, espero inspirar você, caro educador, a tomar ações efetivas para avançar em sua aprendizagem socioemocional e, com isso, aumentar sua consciência e recursos internos para lidar com os desafios do dia a dia. Por outro lado, na perspectiva profissional, quero apresentar caminhos e orientações para que cada educador assuma o papel de designer de experiências de aprendizagem, levando outras pessoas (alunos, profissionais e liderados) ao desenvolvimento de competências tão importantes na atualidade.

## O que esperar desta leitura?

Neste livro, apresento o conteúdo de maneira dialógica e acessível, tanto para aqueles com pouca experiência quanto experimentados e que já implementam ações neste sentido e queiram ampliar seus conhecimentos sobre o tema, a partir de uma perspectiva multidisciplinar e centrada no uso de metodologias ativas. Aqui os conceitos serão apresentados de forma breve, mas consistente, acrescidos de vivências pessoais e uma boa dose daquilo que tenho estudado, observado e aplicado em contextos educacionais reais. Os conteúdos e recursos apresentados nesta obra são ainda fundamentados em resultados de pesquisas bem como estratégias e técnicas ativas de aprendizagem advindas, especialmente, dos campos da Educação, Educação Moral, Psicologia Positiva, Comunicação, Design e Gestão.

A escolha dos temas que compõem o livro partiu do estudo de cinco competências que fundamentam os programas de aprendizagem socioemocional criados e executados pelo Casel: autoconhecimento (explorada nos capítulos da **Parte I** deste livro), autogestão e habilidades sociais (apresentadas nos capítulos da **Parte II**), consciência social e tomada de decisão (abordadas nos capítulos da **Parte III**).

A obra foi organizada para abarcar algumas dimensões importantes da aprendizagem socioemocional apresentadas na figura a seguir:

**Figura A.1** - Dimensões da aprendizagem socioemocional exploradas no livro

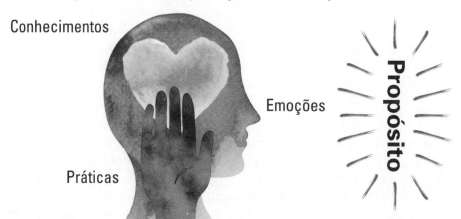

**Fonte:** elaborada pela autora.

Deixe-me explicar cada dimensão:

1. **Conhecimentos:** poucos educadores tiveram a formação centrada na aprendizagem socioemocional com metodologias ativas e sabem como incluir essa dimensão em suas práticas profissionais (e até mesmo em seus processos de desenvolvimento pessoal). O livro apresenta conceitos, dados de pesquisa e informações que serão um suporte na tomada de consciência e na ampliação de repertório. Por existir uma produção científica ampla sobre esse tema, fiz escolhas intencionais para que o livro pudesse apresentar um panorama de tópicos que considero relevantes nas diferentes áreas. Por isso, ao analisar a bibliografia usada para fundamentar cada capítulo, o leitor encontrará uma rica curadoria de materiais que podem ser explorados de forma mais aprofundada e que ajudam na aprendizagem de temas de maior interesse do educador.

2. **Emoções:** durante a leitura, você será convidado a fazer pausas para reflexão e registro de memórias, experiências, sentimentos vinculados às perspectivas pessoais e profissionais na sessão **Reflexão e Registro**. Esses registros podem ser incluídos no que chamo de *Diário de aprendizagem socioemocional* – um caderno ou espaço digital escolhido por você para realizar os seus registros. Creio que essa sessão pode mexer com as suas emoções. Por isso, reserve tempo para responder a estas questões que ajudarão no seu processo de aprendizagem socioemocional. Seja gentil consigo mesmo e avance até onde estiver confortável. Sei que algumas memórias podem ser dolorosas e você precisa respeitar os seus limites e/ou buscar ajuda profissional se julgar necessário.

3. **Práticas:** como educadores podemos agir como agentes de transformação na vida de outras pessoas. Por isso, além de abordar questões relacionadas a conhecimentos e emoções, também exploro a dimensão

das práticas. Isso é feito na sessão **Vale a pena conhecer**. Composta por minicasos, servem para ilustrar como as competências socioemocionais têm sido desenvolvidas em instituições de ensino e ambientes profissionais. Além disso, em cada capítulo você vai encontrar um **Caso inspirador**, em que relato, de forma mais detalhada, diferentes modelos de promover a aprendizagem socioemocional com metodologias ativas e uso de tecnologias digitais. Ademais, ao longo dos capítulos você encontrará caixas de texto denominadas **Convite para ação**, que indicam estratégias disponíveis em outros capítulos capazes de ajudar a desenvolver as competências socioemocionais trabalhadas naquela parte do livro. O detalhamento das estratégias ativas de aprendizagem socioemocional está disponível nos capítulos que encerram as **Partes I**, **II** e **III** do livro. O título desses capítulos é **Agora é com você**, pois contêm atividades que contam com o passo a passo para que a aprendizagem socioemocional ocorra a partir do autoconhecimento, da autogestão, da consciência social, das habilidades de relacionamentos e da tomada de decisões responsáveis. É importante que sejam feitas as atividades antes de adaptá-las e aplicá-las como estratégias de aprendizagem ativa nos contextos educacionais onde se atua. Por fim, você encontra no último capítulo deste livro (**Convite final**) o modelo DECAS, que deve apoiar você a assumir o papel de designer de experiências criativas de aprendizagem socioemocional embasadas em metodologias ativas.

**4** **Propósito:** o tema do propósito de vida será abordado na **Parte III** do livro. As atividades, os conceitos e as estratégias propostas nos capítulos anteriores já devem preparar você para que, no momento oportuno, tome maior consciência e avance em sua compreensão sobre qual é o seu propósito de vida. Essa consciência deve servir de inspiração para apoiar outras pessoas neste processo.

Quero destacar que a leitura deste livro pode ocorrer de duas formas: linear e não linear. Recomendo que opte pela leitura linear se este é um dos primeiros contatos com os temas aqui abordados. Agora, se já conhece sobre algum dos temas de forma mais profunda e deseja explorar outras temáticas menos conhecidas, não há problema algum. Por exemplo, se já trabalha e tem conhecimentos sobre o conceito de aprendizagem socioemocional e sua relevância em educação, talvez prefira iniciar a leitura pelo **Capítulo 13**, que trata de propósito e projetos de vida. De qualquer forma, recomendo que separe um tempo para realizar as atividades propostas nos **Capítulos 6**, **12** e **18**. Essas atividades devem ajudar no desenvolvimento de suas competências socioemocionais e inspirar a criar experiências de aprendizagem em ambientes presenciais e/ou digitais que apoiam o processo de outras pessoas.

Cabe explicar que, ao longo dos anos, tenho articulado os conhecimentos das diversas áreas que embasam os conteúdos deste livro em minha prática profissional. Nessa trajetória, conheci e tenho trabalhado em parceria com especialistas como Carol Shinoda, Hanna Danza, João Paulo Bittencourt e Marco Antônio Morgado, que são pessoas incríveis e aceitaram o convite de compartilhar experiências sobre o impacto da aprendizagem socioemocional nos contextos em que atuam. Eles são parceiros em projetos educacionais desenvolvidos nos últimos anos e referências em suas áreas de atuação. Para mim, é um privilégio tê-los um pouquinho nesta obra. Este foi o meu jeito de conectar você, caro leitor e querida leitora, com práticas de outros especialistas que também adotam metodologias ativas para fomentar a aprendizagem socioemocional em escolas, empresas, Organizações não Governamentais (OnGs), universidades, hospitais e órgãos públicos.

Quero desafiar você a convidar alguns educadores em quem confia para vivenciarem essa jornada de aprendizagem socioemocional juntamente com você. Acredito muito nas relações humanas e na potência de aprender com e junto com outras pessoas. Toda vez que me perguntam qual foi a melhor coisa de ter estudado na USP eu digo: os amigos que fiz. Sim, tive aulas com professores maravilhosos, pessoas cultas, autores de livros renomados e que conduzem pesquisas de relevância nacional (alguns deles altamente humanos e acessíveis). Com eles ressignifiquei a minha concepção do que é educação e aprendi muito sobre tudo o que embasa a minha prática como educadora. Além disso, na época do doutorado, participei de oficinas, assisti a palestras e atuei em projetos com professores convidados advindos das mais reconhecidas universidades do mundo. Tudo isso foi rico. Mas confesso que foram nos almoços no *bandejão* (como chamamos o Restaurante Universitário), nas conversas verdadeiras na cantina da Faculdade de Educação e da Faculdade de Administração que fiz poucos, mas verdadeiros amigos, com quem compartilho alegrias, desafios, projetos educacionais e o sonho de impactar positivamente a Educação no Brasil.

Neles encontrei apoio durante a fase da pesquisa e da escrita da tese (momento muitas vezes angustiante), com eles entendi conceitos que eram complexos demais ou outros disponíveis na literatura de outras áreas do conhecimento. Com eles pude ver que a minha trajetória para me tornar doutora (com dois filhos menores de cinco anos de idade) não era mais difícil do que a deles. Os meus desafios só eram diferentes. Com esses amigos (e vários amigos desses amigos, que conheci posteriormente e que hoje também são meus amigos), continuo me desenvolvendo e aprendendo, não só do ponto de vista cognitivo, mas, também, socioemocional.

Formamos uma comunidade informal de aprendizagem, uma rede de segurança e em nossos encontros existem acolhimento, respeito e admiração. Aprender junto e com eles é um privilégio. Por isso, se tiver pelo menos uma pessoa com quem compartilhar a sua jornada de aprendizagem socioemocional, tenho certeza de que será mais produtiva e prazerosa. No final de cada parte deste livro, você encontrará sugestões sobre como organizar conversas proveitosas sobre as ideias, perguntas reflexivas e estratégias propostas na sessão **Checkpoint com parceiro de jornada**.

*SE TIVER PELO MENOS UMA PESSOA COM QUEM COMPARTILHAR A SUA JORNADA DE APRENDIZAGEM SOCIOEMOCIONAL, TENHO CERTEZA DE QUE ELA SERÁ MAIS PRODUTIVA E PRAZEROSA.*

Mas atenção, em momento algum o conteúdo do livro deve substituir o trabalho de profissionais da área da saúde, como psicólogos, psiquiatras, psicoterapeutas, que poderão acompanhar pessoas que enfrentam problemas de saúde mental, doenças psicossomáticas e intervir em situações de abuso físico, moral e psicológico de forma eficaz. Se esse é o seu caso, fico feliz que esteja aqui em busca de mais conhecimentos e práticas sobre como desenvolver as suas competências socioemocionais, entretanto é preciso que intervenções mais profundas sejam realizadas. Sendo assim recomendo que comece procurando um psicólogo, que vai indicar os caminhos mais adequados para lidar com os desafios que está enfrentando.

Por fim, não tenho a intenção de lhe dar todas as respostas. O que pretendo aqui é conduzir você numa jornada durante a qual poderá explorar ideias, perspectivas, metodologias e práticas que, espero, ajudem na sua tomada de consciência, na criação de projetos e, quem sabe, até na implementação de soluções. Por isso, ao começar essa leitura, quero convidar você a agir como protagonista de sua aprendizagem socioemocional. Conhecimento sem ação não produz mudanças nem impacto positivo. Ao ler este livro, tenha coragem de resgatar memórias, acolher limitações, compartilhar saberes, perdoar falhas, explorar possibilidades, conectar-se com outras pessoas, buscar ajuda, apoiar quem precisa de você, participar e/ou cocriar em comunidades de aprendizagem, tomar novos rumos e, principalmente, praticar as novas aprendizagens em sua vida pessoal, aulas e programas educacionais nos quais está envolvido. O convite está feito: Vamos trilhar esta jornada juntos?

**Carolina Costa Cavalcanti**

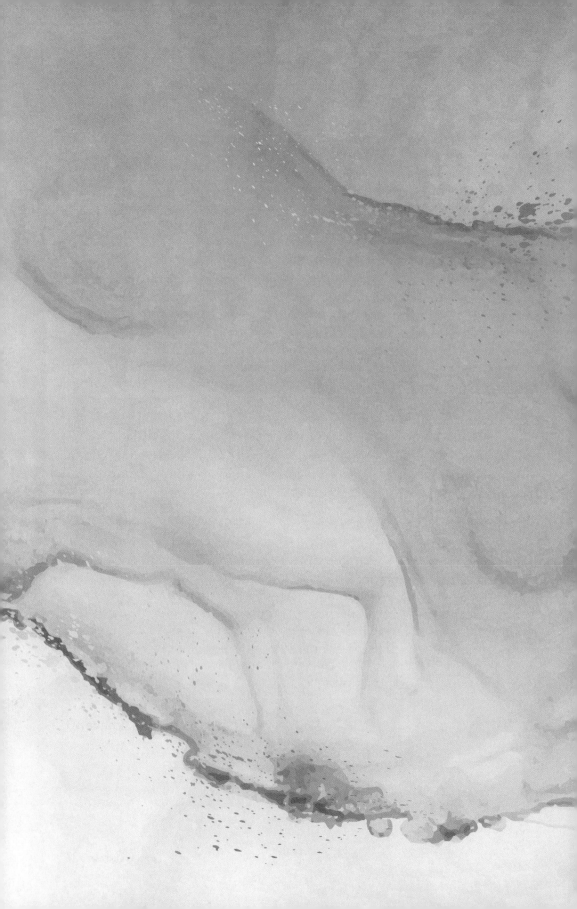

# PARTE I

## APRENDIZAGEM SOCIOEMOCIONAL PARA EDUCADORES

# Introdução à Parte I

Era domingo à noite. Estava sentada em uma poltrona do quarto olhando fixamente para o meu celular, que ficara na gaveta da mesa de cabeceira desde o dia anterior. Naquele fim de semana, tinha recebido em casa meus pais, tias e irmãos. Não se tratava de uma visita qualquer. Todos vieram para a comemoração do aniversário do meu irmão. Foram dois dias muito intensos em que me dividi entre a preparação das refeições, longas horas de bate-papo afetuoso, limpeza da cozinha, arrumação das camas e distribuição de toalhas de banho para as visitas. Queria receber a minha família bem, da melhor forma que ela merece.

Apesar das minhas responsabilidades como anfitriã, aqueles foram momentos muito gostosos. Por isso estava olhando apreensiva para o celular: a agenda da semana e os desafios que estavam pela frente deixavam claro que os próximos dias seriam muito diferentes daqueles do nosso fim de semana em família, que estava por acabar. Senti o coração acelerar ao mirar a tela luminosa e perceber que haveria poucos horários livres.

Era o texto de um *e-book* que precisava terminar de escrever para um curso on-line; slides de uma aula para o MBA de Gestão Escolar que precisava elaborar; *podcasts* contratados por um programa de educação socioemocional que precisava gravar; um documento sobre os critérios de avaliação de uma pós-graduação que precisava elaborar; múltiplas e longas reuniões por videoconferência referentes a uns três projetos de educação digital que estava coordenando. Ufa! E para completar, todas as atividades daquela agenda eram importantes, conectadas com o meu propósito de vida e tinham o potencial de impactar de forma positiva as experiências de aprendizagem de milhares de pessoas. Então, por que me sentia tensa? Por que o meu estômago estava embrulhado e sentia que a ansiedade estava crescendo?

Naquele curto instante, minha mente viajou rapidamente para 2017. Este foi o ano em que estava prestes a lançar o meu primeiro livro sobre Design Thinking na Educação pela Saraiva Educação. Os meses que precederam o lançamento foram muito parecidos com aquilo que via na minha agenda naquele final de domingo. Estava envolvida pessoalmente em muitas atividades das crianças (até porque tinha dificuldade de delegar coisas relacionadas à rotina delas) e mergulhada em longos dias de trabalho, projetos e pressão. Era um caldeirão de emoções díspares, fruto da minha vontade de dar o meu melhor como mãe, esposa e profissional. O resultado foi uma séria crise de hérnia de disco, que me deixou de cama por dois meses. No dia do lançamento do livro, mal conseguia ficar em pé para celebrar o resultado de tanto trabalho. E lá estavam muitos amigos e familiares, que vieram prestigiar um momento que havia sido tão sonhado e esperado. Depois disso, percebi que precisava investir em autoconhecimento e no desenvolvimento das minhas competências socioemocionais. De alguma forma, havia ignorado os sinais que meu corpo e mente me davam de que estava passando dos limites.

Enquanto ainda estava mergulhada naquelas lembranças dolorosas, meu marido apareceu no quarto e perguntou se eu queria jantar. Como estava processando como seriam os meus próximos dias e não gostaria de voltar à realidade vivida em 2017, sem perceber ignorei a pergunta. Ele perguntou de novo e olhei para ele com uma expressão irritada. Imediatamente ele se sentou do meu lado e perguntou: "Fiz alguma coisa que te deixou chateada no fim de semana?".

Só então percebi que, naquele momento, estava sendo completamente ineficaz em manejar as minhas emoções e em me relacionar com uma das pessoas mais importantes da minha vida. Olhei para ele e expliquei que estava frustrada, pois havia me complicado no agendamento das atividades da semana e já podia ver que seriam dias exaustivos. "Isso me causa preocupação e ansiedade", reforcei. Foi nesse momento que ele olhou para mim com carinho, pois entendeu que essa angústia vinha da memória de um momento desafiador que havia vivido alguns anos antes. Então, falou baixinho: "Eu sei. Isso já aconteceu comigo também. Ainda temos muito que aprender. Mas a gente chega lá".

Você já sentiu que precisava se conhecer melhor para tomar decisões que respeitam os seus limites e que, com isso, seja capaz de manejar as suas próprias emoções? Já se sentiu tão sobrecarregado e estressado, buscando equilibrar as atividades de sua vida profissional e pessoal? Já sofreu de doenças físicas resultantes de um estilo de vida que não favorece o equilíbrio emocional? Ao longo da vida, tenho visto que não importa o quanto estudamos ou nos dedicamos para construir uma carreira ou família, o que temos é o aqui e o agora. Não importa o quanto cuidamos do nosso corpo ou acumulamos bens materiais, pois no final das contas, pode ser este instante tudo que nos resta. Precisamos viver o hoje de forma equilibrada e ter recursos internos para lidar com os grandes desafios que a vida e a carreira na área educacional nos apresentam.

Sim, acredito que é possível APRENDER a lidar melhor com as nossas emoções e nos relacionar de forma mais saudável e construtiva com outras pessoas. Também acredito que, como educadores, temos a responsabilidade e o grande desafio de apoiar outras pessoas nesse processo de desenvolvimento. É disso que vamos falar nos próximos capítulos, que tratam de aprendizagem socioemocional e autoconhecimento, que é o primeiro passo desse processo.

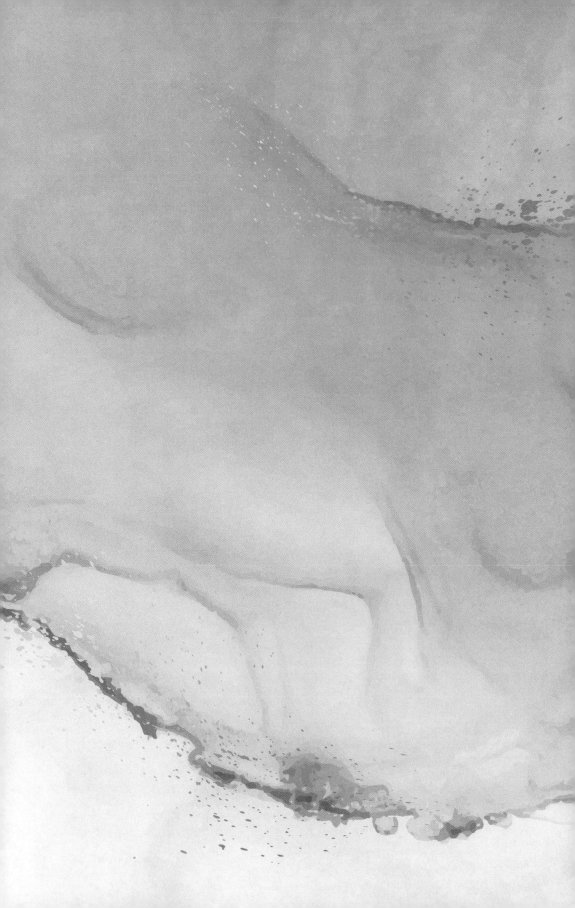

# Capítulo 1

## Dimensões e conceitos centrais da aprendizagem socioemocional

Um dos primeiros estudos longitudinais sobre aprendizagem socioemocional foi realizado pelo americano James Heckman, na década de 1960, no Estado de Michigan (EUA). Ele foi laureado com o Prêmio Nobel de Economia em 2000.[1] A pesquisa que Heckman liderou analisou dois grupos de pessoas advindas de famílias de baixa renda. O primeiro grupo era composto por crianças de três a cinco anos participantes de um programa de desenvolvimento de competências socioemocionais denominado *Perry Preschool Project*. As crianças do segundo grupo tinham características socioeconômicas bem semelhantes, mas não tinham participado do programa de desenvolvimento socioemocional.

Ao acompanhar as crianças até a vida adulta, esse economista constatou que o programa não havia afetado o desempenho delas em testes de Quociente de Inteligência (QI). Entretanto observou que os participantes do programa *Perry* se envolveram menos em ações violentas ou crimes e apresentaram menor índice de gravidez na adolescência, abandono escolar e desemprego. Ou seja, o programa conseguiu desenvolver em crianças bem pequenas a capacidade de persistir na realização de tarefas, controlar as emoções e trabalhar em grupo.

O objetivo com a aprendizagem socioemocional é desenvolver nas pessoas a capacidade de manejar suas emoções, construir e manter relações saudáveis nos âmbitos pessoais e profissionais, lidar com situações complexas e conflituosas de forma equilibrada e preocupar-se com as necessidades de outros de forma empática e altruísta. É por meio dela que as pessoas desenvolvem competências socioemocionais e comportamentos pró-sociais que envolvem a consciência social e de cidadania.

Estudos mais recentes demonstram que pessoas com competências socioemocionais e condutas pró-sociais mais desenvolvidas encaram a

---

1  ABED, A. L. Z. O desenvolvimento das habilidades socioemocionais como caminho para a aprendizagem e o sucesso escolar de alunos da educação básica. *Constr. Psicopedag.*, São Paulo, v. 24, n. 25, p. 8-27, 2016.

vida de forma mais positiva em relação a si mesmas. Em outras palavras, apresentam maior persistência, autoestima, comprometimento com outras pessoas e desempenho escolar. A longo prazo, apresentam maior nível educacional (como realização de cursos superiores e pós-graduações), maior sucesso profissional, relações familiares e de trabalho mais positivas, melhores índices de saúde mental, reduzida psicopatologia e menores níveis de problemas de conduta.[2] Por isso, a importância de, na condição de educadores, abrirmos espaços nos currículos de escolas, programas de educação superior e corporativa para que a aprendizagem socioemocional de estudantes e profissionais ocorra pelo uso de metodologias ativas.

A aprendizagem socioemocional abarca aspectos vinculados à afetividade, emoções e sentimentos de uma pessoa e abrange o desenvolvimento de competências vinculadas às dimensões socioemocionais e pró-sociais. Pode ocorrer em qualquer idade. Dessa forma, não é só na infância que podemos desenvolver a capacidade de nos conhecer melhor (identidade, emoções, sonhos, valores, talentos etc.), de construir e manter relacionamentos saudáveis (pautados no respeito, colaboração, valorização do outro etc.) e que podemos agir em prol de outras pessoas (pela prática da empatia, compaixão etc.). Para isso, é importante definir o conceito de competências socioemocionais e condutas pró-sociais.

**Figura 1.1 -** Dimensões das competências socioemocionais

**Fonte:** elaborada pela autora inspirada em DAMÁSIO, 2017.

As **competências socioemocionais** abarcam conhecimentos (o que sei), práticas e habilidades (o que sei fazer) e atitudes (o que quero fazer).

---

2  DAMÁSIO, B. F. Mensurando habilidades socioemocionais de crianças e adolescentes: desenvolvimento e validação de uma bateria (Nota Técnica). *Trends in Psychol*, v. 25, n. 4, p. 2044, 2017.

Abrangem aspectos afetivo-emocionais (como o autoconhecimento, auto-conceito e autocontrole), comportamentais (como condutas pró-sociais e escolhas responsáveis) e cognitivos (como a empatia e criatividade).[3]

As competências socioemocionais incluem, portanto, uma **dimensão pessoal** que é pautada no desenvolvimento de relações afetivas e inter-pessoais vinculadas à forma como uma pessoa percebe, sente e vivencia o mundo.[4] Na **dimensão pró-social**, por sua vez, são abarcados compor-tamentos que beneficiam outras pessoas, de forma individual ou coletiva. O principal motivo que norteia a pró-sociabilidade é beneficiar outra pes-soa sem esperar nada em troca. O trabalho voluntário e o envolvimento em ações comunitárias são exemplos de atividades pró-sociais. Estudos apresentam alguns benefícios psicológicos associados às ações pró-sociais como bem-estar, aumento na autoestima e energia.[5] Esses benefícios só são sentidos quando as condutas pró-sociais são realizadas a partir da motivação intrínseca, ou seja, quando uma pessoa deseja ajudar alguém ou agir de forma altruísta por vontade própria.

Agora convido você a fazer uma pausa e apontar em seu caderno de aprendizagem socioemocional as respostas para algumas perguntas apre-sentadas a seguir.

### Reflexão e registro

**Perspectiva pessoal:** Que dimensões das competências socioemocionais você acredita que tem desenvolvido nos últimos tempos? As individuais, as pró-sociais ou as duas? Pense em exemplos de como essas competências se traduziram em ações no âmbito pessoal nas últi-mas semanas. Registre suas percepções e lembranças.

**Perspectiva profissional:** agora pense no trabalho que realiza como educador e registre como, nos últimos tempos, tem apoiado os estudantes e/ou profissionais de sua instituição/organização no desenvolvimento de competências socioemocionais.

É importante que aproveite este livro para trabalhar no seu desenvol-vimento. Então sugiro que só siga a leitura depois de realizar a reflexão

---

3   DAMÁSIO, 2017. p. 2043-2050.

4   MARIN, A. H. *et al.* Competência socioemocional: conceitos e instrumentos associados. *Rev. Bras. Ter. Cogn.*, v. 13, n. 2, p. 92-103, 2017. Disponível em: http://pepsic.bvsalud.org/scielo.php?script=sci_arttex-t&pid=S1808-56872017000200004&lng=pt&nrm=iso. Acesso em: 23 ago. 2020.

5   EISENBERG, N.; VANSCHYNDEL, S. K.; SPINRAD, T. L. Prosocial motivation: inferences from an opaque body of work. *Child Dev.*, v. 87, n. 6, p. 1668-1678, 2016.

Capítulo 1 – Dimensões e conceitos centrais da aprendizagem socioemocional   37 proposta. Talvez tenha ficado evidente que já tem bastante conhecimento sobre o tema e isso se reflete em sua prática, ou pode ter ficado claro que ainda precisa avançar neste sentido.

## 1.1. Inteligência e afetividade

Existem pesquisas que defendem que as competências socioemocionais e pró-sociais podem ser aprendidas ao longo da vida.[6] Parte-se do pressuposto que existe um processo de desenvolvimento de conhecimentos, habilidades e atitudes que permitem que um nível satisfatório de competência socioemocional e pró-social seja alcançado. Conhecer como alguns estudiosos definem conceitos como inteligência, afetividade, emoções, sentimento e inteligência emocional é importante para entendermos como o processo de aprendizagem socioemocional ocorre do ponto de vista biofísico e psicológico. É disso que vamos falar no próximo tópico.

Lembro-me de que, quando tinha 24 anos, ingressei em um programa de mestrado no renomado Instituto Tecnológico de Monterrey, no México. Nunca tinha estado em solo mexicano e, em poucas semanas, estava embarcando sozinha para um dos maiores desafios da minha vida: morar em uma cidade onde não conhecia ninguém para estudar e escrever uma dissertação em espanhol, língua que não dominava. Sabia que, enquanto estivesse lá, o contato com a família seria reduzido, pois era muito caro fazer ligações telefônicas para o Brasil naquela época. Apesar de sempre ter sido uma boa aluna, lembro o quanto foi difícil obter um bom desempenho nas disciplinas que cursei no primeiro semestre.

O sentimento constante de saudades da família, a falta de amigos e a dificuldade para me ajustar a aspectos da cultura mexicana realmente tiveram um impacto grande em meu processo de aprendizagem. Parece que precisava estudar o dobro do tempo para aprender sobre um determinado tema. Finalmente, fiz algumas amizades em Monterrey, encontrei brasileiros que cursavam Medicina na Universidade Adventista em Montemorelos (que ficava a uma hora de Monterrey) e, nos fins de semana, passei a visitá-los. Ali encontrei um convívio saudável e suporte emocional. Isso me energizou e o meu rendimento acadêmico também melhorou. Senti que era capaz de aprender melhor. Você já constatou que existe

---

6  WEISSBERG, R. P.; DURLAK, J. A.; DOMITROVICH, C. E.; GULLOTTA, T. P. Social and emotional learning: past, present, and future. *In*: DURLAK, J. A.; DOMITROVICH, C. E.; WEISSBERG, R. P.; GULLOTTA, T. P. (eds.). *Handbook of social and emotional learning*: research and practice. New York: Guilford, 2015. p. 3-19.

uma relação entre a sua capacidade de aprender, produzir e o seu estado socioemocional?

Assim como conseguimos esta relação em nossa vida pessoal, muitos pesquisadores analisaram essa relação do ponto de vista científico. Eles apresentam conceitos que embasam o campo da aprendizagem socioemocional com seus estudos e investigações empíricas. Dentre as variadas perspectivas relevantes que encontramos na literatura, cabe destacar o trabalho dos teóricos Jean Piaget,[7] António Damásio,[8] Henri Wallon[9] e Daniel Goleman[10] que apresentam estudos sobre inteligência, afetividade, emoções, sentimentos e inteligência emocional. Neste capítulo, vamos entender a relação entre a cognição, as emoções e os nossos comportamentos.

Inicialmente, é preciso destacar as contribuições do biólogo e psicólogo Piaget, que é um dos principais pensadores do século XX. Ele criou uma teoria intitulada *Epistemologia genética*, com a qual explica como o conhecimento se constrói e com isso trouxe grandes contribuições ao campo da aprendizagem socioemocional. Piaget organizou o desenvolvimento humano do nascimento aos 12 anos em quatro estágios, dando enfoque à relação entre a inteligência e a afetividade nesses diferentes momentos da vida. Ele explica que, nas primeiras etapas, quando ainda somos bebês, vivemos um momento de grande troca afetiva, onde os sentimentos são instintivos e ligados a necessidades biológicas. O egocentrismo é predominante nesse momento. Piaget destaca, entretanto, que, até os seis anos, a criança tem dificuldades de diferenciar os sentimentos de outras pessoas dos seus próprios sentimentos. Isso só acontece por volta dos oito anos, quando começa a praticar a empatia e compartilhar dos sentimentos de outras pessoas, diferenciando-os dos seus próprios.

Para Piaget, a inteligência de uma pessoa está associada à sua afetividade. Dessa forma, o afeto tem um papel essencial na inteligência de uma pessoa e impacta nos comportamentos e na forma como ela aprende. Deixe-me explicar esses termos à luz da teoria piagetiana:

---

7   PIAGET, J. *Relações entre a afetividade e a inteligência no desenvolvimento mental da criança*. Rio de Janeiro: Wak Editora, 2014.

8   DAMÁSIO, A. R. *O erro de Descartes*: emoção, razão e o cérebro humano. São Paulo: Companhia das Letras, 1996.

9   WALLON, H. *Psicologia e educação da infância*. Lisboa: Estampa, 1975.

10  GOLEMAN, D. *Inteligência emocional*: a teoria revolucionária que redefine o que é ser inteligente. Rio de Janeiro: Objetiva, 2012.

- **Inteligência:** é a capacidade de uma pessoa se adaptar ao contexto em que está inserida para que, a partir de novos conhecimentos, possa potencializar a sua capacidade de adaptação à realidade que está vivenciando.
- **Afetividade:** é a dimensão do psiquismo que abarca as emoções, sentimentos e vontades. É como se fosse a mola propulsora ou a energia que move alguém a agir (e a querer aprender sobre algo).

Assim, Piaget acredita que esses dois elementos são inseparáveis, pois um age sobre o outro o tempo todo, não existindo ações puramente cognitivas ou puramente afetivas. Como exemplo, pense em um jovem professor que foi contratado para atuar no curso de Administração de faculdade. No primeiro dia de aula, ele está ansioso para conhecer as turmas de estudantes e os outros professores do curso. Vai precisar lançar mão de sua inteligência para mobilizar o que sabe, aprender coisas novas relacionadas ao seu trabalho e se adaptar ao ambiente desta faculdade. Por outro lado, precisará saber manejar sua ansiedade para obter as respostas que precisa; o receio de não causar uma boa primeira impressão; e o sentimento de frustração, para quando cometer erros. Pela constante articulação de inteligência e afeto, este jovem professor será capaz de entender a cultura da faculdade, relacionar-se com pessoas diferentes, comunicar-se de forma eficaz, resolver problemas, ser criativo, e assim por diante.

### Reflexão e registro

**Perspectiva pessoal:** Pense em uma experiência que viveu na escola, universidade ou em seu ambiente de trabalho onde aspectos relacionados com a dimensão da afetividade e da inteligência dificultaram a aprendizagem conceitual ou prática de áreas específicas. Registre suas memórias e seus sentimentos.

**Perspectiva profissional:** Agora reflita como poderia colaborar, em seu ambiente de trabalho, para que exista um clima agradável e que facilita a aprendizagem (seja ela dos alunos, de seus liderados e/ou de outros educadores).

## 1.2. Sobre emoções, sentimentos e comportamentos

A partir de outra perspectiva, o psicólogo Henri Wallon defende em sua obra que o tripé Afetividade, Motricidade e Inteligência é desenvolvido na infância e adolescência em um processo que parte da consciência egocêntrica e avança para a consciência social. Dessa forma, todos passamos por estágios, que se intercalam. Em um momento, nosso principal enfoque é o "EU"; em outros, o que nos interessa são os "OUTROS" e o mundo externo.

Wallon sustenta que o desenvolvimento humano é complexo, por isso deve ser estudado a partir de uma visão integral do ser humano. Defende ainda que este desenvolvimento é dialético e dinâmico. Sendo composto por relações ambíguas, contém estágios com características próprias, mas que precisam ser vivenciadas para que a pessoa possa passar para as etapas seguintes. O ritmo de desenvolvimento de uma pessoa não é linear e contínuo; ao contrário, ocorre de forma descontínua, composta por rupturas, reviravoltas e reformulações estimuladas por fatores internos e externos. Ao observarmos como duas crianças se desenvolvem, por exemplo, é possível perceber que os ritmos são diferentes. Elas vivenciam fases que não são a perfeita continuação umas das outras, mas que se mesclam e complementam.[11]

Segundo a perspectiva de Wallon,[12] existe uma distinção entre a afetividade e as emoções. Para ele, a **afetividade** de uma pessoa envolve sentimentos, palavras e pensamentos que não são necessariamente externados, mas que compõem o seu mundo interior. Já as **emoções** são respostas bioquímicas associadas a determinados comportamentos, que podem ser visualizados em certas alterações corporais: postura, expressão fácil, gestos, sons, dentre outras.

De fato, o neurofisiologista António Damásio define que as emoções são respostas bioquímicas e hormonais liberadas automaticamente, e que têm papel fundamental na preservação da vida. A nossa reação natural, ao vermos um enxame de abelhas se aproximando de nós, é correr, pois o medo nos impulsiona a agir. As nossas emoções são expressas em mudanças faciais e corporais.

Damásio se aprofundou no estudo dessa relação entre inteligência e emoções ao realizar pesquisas empíricas com pacientes que tinham lesões cerebrais no lobo pré-frontal, que é justamente a área do cérebro que processa as emoções. O resultado de suas pesquisas demonstrou que as nossas emoções influenciam no modo como organizamos os nossos pensamentos e a forma como tomamos decisões. Sem conseguir processar

---

11 WALLON, 1975.
12 WALLON, 1975.

Capítulo 1 – Dimensões e conceitos centrais da aprendizagem socioemocional 41 as emoções, o cérebro não consegue prever as consequências emocionais e éticas de uma decisão.

O psicólogo e estudioso das emoções e expressões faciais Paul Ekman[13] mapeou, em uma pesquisa com pessoas de várias culturas, seis emoções universais: medo, alegria, tristeza, nojo, raiva e surpresa. Outros autores apresentam listas mais enxutas ou ampliadas das emoções. O próprio Ekman ampliou a sua lista original na década de 1990. O que importa para nós agora é saber que existe um número limitado de emoções que, de fato, promovem as reações bioquímicas mencionadas por Damásio e se expressam em nossas expressões corporal e facial.

Por outro lado, Damásio[14] também explica que os **sentimentos** indicam como percebemos as nossas emoções de forma consciente ou inconsciente. Sentimentos como frustração, desânimo e indignação, por exemplo, podem emergir quando uma pessoa é tratada de forma desrespeitosa por outra. Se isso acontecer com um professor, pode influenciar a forma como lida com os alunos durante as aulas daquele dia. Esses sentimentos demonstram como sua mente processa as emoções, tais quais  tristeza e raiva, o que pode impactar seus comportamentos.

Por esse motivo, é de extrema importância saber reconhecer e validar nossos sentimentos, pois, assim, somos capazes de mudar comportamentos que consideramos inadequados. No exemplo apresentado, o professor do exemplo, que está frustrado, desanimado e indignado, poderia reconhecer e acolher o que o levou a se sentir assim. Uma forma de lidar com isso é pensar: "Essa pessoa deve estar passando por um momento desafiador em sua vida. Não consigo controlar o outro. Sua atitude desrespeitosa foi injusta, mas os estudantes não têm culpa disso e eu não quero deixar que isso impacte o meu dia, nem o deles. Na hora do almoço vou conversar com ela de forma calma e assertiva, explicar que não gostei de como fui tratado e tentar descobrir o real motivo para ter agido assim."

Um dos objetivos centrais da aprendizagem socioemocional é favorecer que uma pessoa reconheça e acolha aspectos das três dimensões – afetividade, emoções e sentimentos – de forma equilibrada e saudável. A seguir, apresento uma imagem que resume os conceitos apresentados.

---

13 EKMAN, P.; FRIESEN, W. V. O repertório do comportamento não-verbal: categorias, origens, uso e codificação. *Semiótica*, v. 1, p. 49-98, 1969.
14 DAMÁSIO, 2017, p. 2043-2050.

**Figura 1.2** - Aprendizagem socioemocional acolhe aspectos da afetividade, emoções e sentimentos

**Fonte:** elaborada pela autora inspirada em PIAGET, 2014; WALLON, 1975; e DAMÁSIO, 2013.

A partir do estudo das pesquisas realizadas pelos autores mencionados e outros mais, o psicólogo e jornalista Daniel Goleman[15] conduziu pesquisas no campo da Neurociência e Psicologia Cognitiva e publicou livros (que se tornaram *best sellers*) que popularizaram a temática da inteligência emocional. Este termo foi cunhado pelo psicólogo Hanskare em um artigo científico publicado em 1966. Porém, nos anos 1990, os psicólogos Peter Salovey e John Mayer[16] aprofundaram os estudos sobre o tema e o definiram como: "a capacidade de perceber e exprimir a emoção, assimilá-la ao pensamento, compreender e raciocinar com ela e saber regulá-la em si próprio e nos outros". Os dois defendem que a inteligência emocional está embasada em quatro domínios:

- **Percepção das emoções:** a forma como uma pessoa reconhece as suas emoções.
- **Raciocínio por meio das emoções:** uso das emoções para facilitar o raciocínio.
- **Entendimento das emoções:** compreender as emoções a fundo e acolhê-las.

---
15 GOLEMAN, D. *Working with emotional intelligence*. New York: Bantam Books, 1998.
16 MAYER, J.; SALOVEY, P. What is emotional intelligence? *In*: SALOVEY, P.; SLUYTER, D. J. (eds.) *Emotional development and emotional intelligence*. New York: Basic Books, 1997.

- **Gerenciamento das emoções:** capacidade de gerir as próprias emoções e sentimentos.

Esses estudos intrigaram Goleman, que queria se aprofundar na compreensão de por que algumas pessoas agem de forma descontrolada e até violenta, sem ter nenhum controle sobre as emoções, e por que outras conseguem manejar as emoções de forma mais equilibrada, e com isso, ter uma vida mais plena. Para Goleman, inteligência emocional é a capacidade que uma pessoa possui de reconhecer e gerir as suas emoções e sentimentos, bem como de identificar os sentimentos de outras pessoas e de construir e manter bons relacionamentos. O reconhecido psicólogo e jornalista científico americano explica que este tipo de inteligência permite que as pessoas sejam mais motivadas a ter realizações positivas na vida.

O autor defende que a aprendizagem socioemocional, vinculada ao currículo escolar, tem um papel fundamental no desenvolvimento de competências socioemocionais de crianças e adolescentes. Ele também conduziu pesquisas que compararam alunos que participaram de programas de aprendizagem socioemocional e outros que não participaram dos programas. Os resultados apontam que os alunos participantes dos programas têm um melhor desenvolvimento socioemocional que aqueles que não participam. Por fim, Goleman destaca que as famílias, líderes e comunidades (igreja, amigos, times esportivos, técnicos, mentores) têm um papel fundamental na aprendizagem socioemocional dos estudantes quando aproveitam situações de crise para apoiá-los no desenvolvimento de aspectos importantes no ambiente socioemocional. Por exemplo, quando uma adolescente se frustra porque seu time perdeu um jogo de vôlei para a equipe adversária de outra escola, os pais e o técnico podem ajudá-la a entender questões importantes sobre resiliência, responsabilidade e trabalho do grupo para continuar treinando. As vitórias virão como consequência no momento oportuno.

Vimos que existem muitas dimensões que compõem o desenvolvimento integral do ser humano. Entretanto, em ambientes formais de ensino, tradicionalmente temos centrado os nossos esforços para trabalhar prioritariamente os aspectos cognitivos, vinculados à inteligência das pessoas. Por isso, conhecer como a inteligência, afetividade, emoções, sentimentos e inteligência emocional estão articulados e embasam a aprendizagem socioemocional é fundamental para todos aqueles que atuam no campo educacional. Mas fique tranquilo, pois vamos explorar, nos próximos capítulos, como isso acontece em variados ambientes de aprendizagem.

# Capítulo 2

# A aprendizagem socioemocional com metodologias ativas em escolas

O debate sobre como fomentar a aprendizagem socioemocional em ambientes escolares não é novo, mas ganhou maior evidência no meio educacional brasileiro quando o tema foi contemplado na Base Nacional Comum Curricular (BNCC),[1] publicada em 2018. A BNCC apresenta as aprendizagens fundamentais que devem ser asseguradas a todos os alunos da educação básica brasileira. Essas aprendizagens perpassam conteúdos curriculares das áreas de Ciências Humanas, Exatas, da Natureza e Linguagens. Este importante documento normativo de nosso País lista dez competências gerais que crianças e jovens devem desenvolver, conforme podemos conferir na Figura 2.1.

**Figura 2.1 -** Competências gerais da BNCC com destaque para as socioemocionais

10. Responsabilidade e cidadania

1. Conhecimento

9. Empatia e cooperação

2. Pensamento científico, crítico e criativo

8. Autoconhecimento e autocuidado

COMPETÊNCIAS GERAIS BNC

3. Repertório cultural

7. Argumentação

4. Comunicação

6. Trabalho e projeto de vida

5. Cultura digital

**Fonte:** adaptada de BRASIL, 2018.

_____

1 BRASIL. Ministério da Educação. *Base Nacional Comum Curricular*. Brasília, 2018.

Ao verificar com cuidado a lista de competências gerais da BNCC, fica evidente que algumas são de cunho mais cognitivo, como *Conhecimento* e *Argumentação*. Mas também encontramos quatro competências de cunho socioemocional, como *Autoconhecimento e Autocuidado, Empatia e Cooperação, Responsabilidade e Cidadania* e *Trabalho e Projeto de Vida*. O documento destaca que, na escola, os estudantes precisam aprender a serem agentes de sua própria aprendizagem. Segundo a BNCC, isso acontece pelo uso de metodologias ativas de aprendizagem.

Como mencionamos na abertura deste livro, as metodologias ativas são técnicas, estratégias, métodos que dão o protagonismo para o aprendiz e que propõem uma forma diferente e mais significativa de aprender. Quando as metodologias ativas são adotadas em contextos formais de aprendizagem, o centro do processo passa a ser o aluno, e não o professor. Isso acontece porque o aprendiz é convidado a estar ativamente envolvido no processo de construção de novos saberes ao desenvolver projetos, participar de debates, analisar estudos de caso, testar hipóteses, participar de experimentos, criar protótipos, entre outros. Algumas metodologias ativas bastantes disseminadas na literatura do campo da Educação são: Estudo de Caso, Aprendizagem Baseada em Problemas, Instrução por pares, Design Thinking, jogos, gamificação, cultura *maker*, dentre outras. Publiquei alguns livros que tratam especificamente deste tema com bastante profundidade.[2]

Percebo que há um movimento de educadores que depositam todas as suas esperanças no uso de metodologias ativas, como se fossem a resposta para todos os desafios da educação básica. É evidente que o uso delas tem um papel importante no processo de inovação de prática tradicionais, mas também é preciso reforçar que não dão conta de resolver problemas políticos, sociais, ambientais, tecnológicos e culturais, que impactam negativamente a qualidade da Educação em nosso País.

Entretanto, reconheço que o uso de metodologias ativas em ambientes escolares permite que a aprendizagem de conteúdos curriculares (desenvolvidos ao longo dos séculos pela ciência e que precisam ser conhecidos pelas novas gerações) ocorra enquanto a aprendizagem socioemocional também é desenvolvida.

Sabe por quê? Pense comigo no modelo tradicional de escola, onde muitos de nós estudamos e atuamos e que é centrado em um professor que tem por missão ensinar conteúdos que devem ser absorvidos e depois

---

2  FILATRO, A.; CAVALCANTI, C. C. *Metodologias inov-ativas na educação presencial, a distância e corporativa.* São Paulo: Saraiva Uni, 2018.

reproduzidos nas provas. Como este modelo ajuda no desenvolvimento do autoconhecimento e na construção de empatia?

Agora, em um contexto de escola que adota as metodologias ativas e que, enquanto os conteúdos curriculares são trabalhados, as competências socioemocionais são desenvolvidas, contemplando as dimensões individuais e pró-sociais, a abordagem é bem diferente. Acompanhe comigo como é possível fazer esta construção.

Imagine que um professor de História e/ou Língua Portuguesa propõe que, em uma sequência de aulas, as crianças de oito anos sejam convidadas a:

1. **discutir**, em sala de aula, como gostam de se comunicar com seus familiares e amigos e, em seguida, organizar as principais ideias coletadas em um mural digital colaborativo;

2. **conversar** com alguns familiares (pais e avós, por exemplo), como tarefa de casa, sobre de que forma se comunicavam e se relacionavam com outras pessoas antes de terem um *smartphone*, e como isso ocorre agora;

3. **compartilhar**, na aula seguinte, as descobertas realizadas e discutir sobre as facilidades e os desafios que as tecnologias trouxeram para a comunicação e as relações entre as pessoas; e

4. **produzir**, em trios, um "meme" sobre o uso consciente das tecnologias, a ser apresentado no final da aula para toda a turma.

Nesse exemplo simples, que propôs um conteúdo curricular, podemos identificar o protagonismo dos alunos em todo o processo, que envolveu atividades que fomentam o desenvolvimento do autoconhecimento, a empatia, o pensamento crítico, a argumentação, dentre outras competências fundamentais apontadas pela BNCC. Essa abordagem é bastante diferente da mera "entrega" de conteúdos sobre o impacto das tecnologias na comunicação e relações humanas.

É evidente que o uso das tecnologias é um potente aliado da adoção de metodologias ativas para favorecer a aprendizagem socioemocional. Hoje temos uma grande variedade de recursos, ferramentas, plataformas e ambientes virtuais de aprendizagem que favorecem usos tecnológicos simples e bastante acessíveis (como um vídeo do YouTube e o PowerPoint) ou mais sofisticados (como o uso de recursos de realidade virtual, que podem transportar os estudantes para outros tempos e lugares). O fato é que o emprego das tecnologias na educação precisa ter uma intencionalidade pedagógica e para isso deve estar articulado a aspectos metodológicos e de conteúdo.

A verdade é que, na grande maioria de escolas brasileiras, programas de aprendizagem socioemocional precisam ser criados, ampliados ou rede-

Capítulo 2 – A aprendizagem socioemocional com metodologias ativas em escolas   47 senhados. Essa demanda tem estimulado a criação de programas que apoiam os jovens no momento de transição entre o Ensino Médio e a entrada no mercado de trabalho (o que para muitos é fundamental para custear os estudos no ensino superior).

Quero fechar este capítulo apresentando um caso de como a aprendizagem socioemocional foi desenvolvida pelo uso de metodologias ativas em ambientes digitais, pelo Instituto PROA, uma Organização não Governamental (OnG), que prepara jovens de baixa renda, advindos de escolas públicas, para ingressarem no mercado de trabalho. Atuei nesse projeto como consultora pedagógica e tenho orgulho de compartilhar na sessão **Caso inspirador**, o modelo criado para promover experiências de aprendizagem socioemocional e alguns dos resultados obtidos.

### CASO INSPIRADOR - Aprendizagem socioemocional de jovens em situação de vulnerabilidade social na Plataforma PROA

O Instituto PROA nasceu em 2007, quando alguns empresários tinham o sonho de preparar jovens em situação de vulnerabilidade econômica e social para a conquista do primeiro emprego. A missão do PROA é possibilitar que jovens de baixa renda e que estudam em escolas públicas possam se desenvolver nos âmbitos pessoal, educacional e profissional. Acreditam que a educação é um caminho potente para promover transformações na vida dessas pessoas que, por sua vez, podem impactar sua família, comunidade e a sociedade.

O grande objetivo do instituto é abrir uma gama de oportunidades para o público de tal maneira que a possibilidade de construir sua vida de forma arrojada e promissora seja real. Para isso, atualmente, o PROA mantém alguns projetos fortemente embasados no uso de metodologias ativas e centrados no desenvolvimento de competências socioemocionais (como autoconhecimento, garra, colaboração, trabalho em equipe, comunicação, resolução de problemas) e técnicas (como raciocínio matemático, desenvolvimento de projetos, língua portuguesa essencial, matemática financeira essencial).

O trabalho realizado de forma presencial desde a criação do PROA já formou mais de 7 mil pessoas que ingressaram no mercado de trabalho. Em 2020, fui convidada para desenhar e implementar (junto de outros colegas educadores e equipe multidisciplinar) a plataforma PROA. Atuei diretamente na área pedagógica e no desenho da experiência de aprendizagem dos participantes. Em 2021, o programa da plataforma começou a ser ofertado de forma gratuita nos Estados de São Paulo, Rio de Janeiro, Santa Catarina e Rio Grande do Sul. A formação está estruturada em cinco módulos de 20 horas, que são cursados em três semanas. São eles: 1) Autoconhecimento; 2) Planejamento de Carreira; 3) Projeto Profissional; 4) Raciocínio Lógico; e 5) Comunicação. Os participantes concluem os primeiros cinco módulos e ingressam no programa de empregabilidade, onde recebem assessoria para aplicar-se para vagas de emprego ofertadas por empresas parcerias do PROA (mais de 100). Enquanto isso, podem cursar as trilhas técnicas do Módulo 6, que preparam os participantes nas seguintes áreas: Vendas no Varejo, Análise de Dados, Administração, Logística, UX Design e Promoção de Vendas. Em 2021, 8 mil jovens passaram pela plataforma e o objetivo da OnG é expandir a sua área de atuação para todo o território nacional formando 400 mil integrantes deste universo populacional nos próximos cinco anos.

Na Plataforma PROA, experiências de aprendizagem centradas em metodologias ativas são vivenciadas. Os participantes são convidados a serem protagonistas, a colaborar com os outros e a "agir e refletir" sobre valores, identidade, sonhos e desejos relacionados ao futuro profissional e pessoal. Ao mesmo tempo, aprendem como podem transformar aquilo que projetaram em realidade pela definição de um Projeto Profissional. Os módulos on-line, ofertados pela Plataforma PROA, contam com momentos síncronos – mediados por tutores – e assíncronos. No Ambiente Virtual de Aprendizagem há vídeos interativos que apresentam narrativas de jovens que precisam superar desafios para conquistar o primeiro emprego e dar continuidade aos estudos. Além desses, há outros recursos multimídia, como vídeos, *podcasts*, infográficos, quadrinhos, jogos, ambientes imersivos exploratórios, atividades *maker* (mão na massa) e desafios semanais embasados em situações-problema, que devem ser solucionados por eles de forma coletiva e individual. Aquilo que cada jovem produz é incluído em um portfólio digital, que serve de evidência de seu desenvolvimento para tutores, outros participantes do PROA e empregadores.

Para avaliar o desenvolvimento de competências técnicas e socioemocionais, foi criado o Índice de Performance Profissional de Alta Confiabilidade (PROA Index), que é uma ferramenta de avaliação que permite acompanhar a evolução deles nos módulos da plataforma. É um instrumento baseado no princípio da garantia da fidedignidade da avaliação. Isso significa que garante aos empregadores parceiros evidências de que um participante com bom desempenho na plataforma PROA também terá bom desempenho ao realizar atividades no âmbito profissional (domínio de *soft* e *hard skills*).

Esse caso é inspirador, pois demonstra que a aprendizagem socioemocional com metodologias ativas pode ocorrer em ambientes on-line e ser verificada a partir de um sistema de avaliação que apresenta evidências do desenvolvimento de cada um. O PROA Index também possibilita que outros educadores se inspirem a desenhar experiências de aprendizagem ricas e engajadoras.

**Fonte:** GALELI, B. *et al*. PROA INDEX: Fidedignidade na avaliação baseada em competências na formação profissional online de jovens. *Anais SEMEAD*, 2021. Disponível em: https://login. semead.com.br/24semead/anais/resumo.php?cod_trabalho=1847. Acesso em: 16 abr. 2022.

É perceptível que a infância e a juventude são momentos significativos da vida e o quanto as escolas podem contribuir de forma profunda no desenvolvimento socioemocional dos estudantes. É nessa fase que começa a construção da identidade e que características pessoais se refletem em nossa personalidade. É disso que vamos tratar no próximo capítulo.

# Capítulo 3

# Identidade, personalidade e autoconhecimento

Na infância e na juventude ocorre a construção de nossa identidade, ou seja, a constatação de quem somos no mundo. O psicanalista alemão Erik Homburger Erikson desenvolveu um trabalho relevante sobre identidade e explica que sua construção se dá ao longo da vida.[1] A identidade de uma pessoa é construída a partir da definição de quais são suas crenças, seus talentos, objetivos e valores. Segundo Erikson, é nos momentos de busca por soluções para crises que emergem, nas fases do desenvolvimento, que o senso de identidade de uma pessoa se constitui. Entretanto é na adolescência que essa identidade se consolida. Por isso Erikson explica que, nessa fase da vida, os adolescentes exploram diferentes personalidades, o que os ajuda na descoberta de quem são e como desejam se posicionar no mundo.

A personalidade de uma pessoa é composta pelas características únicas que definem a sua identidade. Abrange aspectos psicofísicos e a forma como a pessoa pensa, age e sente. Sabemos que mudamos ao longo da vida em vários sentidos, mas a personalidade reflete características estáveis que nos acompanham em diferentes momentos.

## Reflexão e registro

**Perspectiva pessoal:** Como você descreveria sua identidade e sua personalidade? Quais são as suas características pessoais que admira e quais gostaria que fossem diferentes?

**Perspectiva profissional:** Em sua prática como educador, você tem apoiado estudantes, profissionais e/ou outros educadores que lidera em seu processo de autoconhecimento? Como imagina que poderia fazer isso de forma prática?

Tenho dois filhos adolescentes que têm características muito diferentes e que foram se transformando à medida que cresciam. Um é mais calmo

---

1   ERIKSON, E. H. *Identity and life cycle*. New York: W. W. Norton, 1980.

e centrado e o outro, falante e animado. Durante toda a infância os dois tiveram interesses comuns, que foram, é bem verdade, muito direcionados por aquilo que meu esposo e eu gostamos, por exemplo: música (estudaram piano), "aventuras" ao ar livre (acampamento, longas caminhadas), passeios culturais (museus, teatro, bibliotecas etc.). Entretanto, por volta dos 12 anos, meu filho mais velho entrou em uma fase em que descobriu uma forte paixão por futebol e basquete, que são esportes que meu esposo e eu não praticamos (nem mesmo gostamos). Ele se encontrou nessas modalidades, que passaram a ocupar um lugar importante em sua vida. Lembro-me de que, para além dos treinos esportivos que fazia na escola, gostava de assistir a vídeos no *YouTube* a respeito de técnicas adotadas por jogadores profissionais e depois ia para quadra de nosso condomínio praticar sozinho. Achou o seu jeito de "aprender a aprender". A prática de esportes nessa fase da vida o ajudou a ser uma pessoa persistente, resiliente e colaborativa. Já o mais novo nos surpreendeu quando aos dez anos pediu para parar de estudar piano (que já tocava muito bem). Seu interesse migrou para o contrabaixo. Queria tocar em uma banda. Foi a forma que achou de explorar seu lado criativo e social, que é muito evidente. Da minha parte, por entender que é justamente na adolescência que a nossa personalidade se consolida, busco apoiar os meus filhos nesse processo.

O interessante é notar que Erikson destaca que, na fase seguinte, os jovens e jovens adultos (entre 18 e 30 anos) exploram questões vinculadas à sua vida amorosa, profissional, religiosa, política a partir do viés da identidade, da personalidade e de projetos de vida (tema que, como já destacamos anteriormente, vamos explorar com mais profundidade nos capítulos da **Parte III**). Isso amplia a possibilidade de viverem de forma plena a vida adulta e, até mesmo, a terceira idade.

## VALE A PENA CONHECER – INSTRUMENTO SENNA

O Instituto Ayrton Senna, em parceria com a Organização para a Cooperação e Desenvolvimento Econômico (OCDE) e a Secretaria de Estado de Educação do Rio de Janeiro, criou o *Social and Emotional or Non-cognitive Nationwide Assessment* (Senna), um instrumento adotado na mensuração das competências socioemocionais. O inventário foi desenvolvido a partir da adaptação de escalas internacionais robustas.[2] Em linhas gerais, o instrumento

---

2 Rosenberg Self-Esteem Scale (ROSENBERG, 1979); Strengths and Difficulties Questionnaire-SDQ (GOODMAN, 1997); Big Five Inventory-BFI (JOHN; DONAHUE; KENTLE, 1991); Core Self Evaluations-CORE (JUDGE, EREZ, BONO; THORENSEN, 2003), dentre outras.

busca medir cinco grandes domínios de personalidade (chamados na literatura de "Big Five"): abertura a novas experiências (flexibilidade para viver situações diferentes), extroversão (ser uma pessoa amigável, autoconfiante, sociável etc.), amabilidade (ser altruísta, cooperativo e amável), consciência (ser uma pessoa esforçada, organizada e autônoma) e estabilidade emocional (consistência nas reações emocionais). Em cada um dos cinco domínios existem aspectos positivos e negativos, dependendo das situações e da intensidade de cada um deles.

A professora doutora Angela Helena Marin destaca que as primeiras versões do inventário sofreram críticas da Associação Nacional dos Programas de Pós-Graduação em Educação (Anped) e da Associação Brasileira de Psicologia Escolar e Educacional (Abrapee). Essas entidades consideraram que o Senna se tratava de um instrumento simplista, que padroniza o aluno ideal, que não abrangia a complexidade do processo educacional e buscava padronizar o que se espera de uma criança e jovem.[3]

Nos últimos anos, as versões mais atuais do Senna têm sido construídas junto com as redes de ensino e já foram aplicadas para mais de 250 mil alunos de escolas brasileiras.[4] Os resultados obtidos têm gerado análises relevantes, que ajudam educadores, gestores e líderes na compreensão dos traços de personalidade de jovens brasileiros. Seus resultados têm orientado a construção de políticas públicas e práticas pedagógicas em escolas brasileiras centradas na aprendizagem socioemocional. Com isso, permitem que os estudantes tenham acesso a uma das facetas do autoconhecimento.

**Fonte:** SANTOS, D. D.; BERLINGUERI, M. M.; CASTILHO, R. B. Habilidades socioemocionais e aprendizagem escolar: evidências a partir de um estudo de larga escala. *Anais do Anpec*, Ribeirão Preto, 2017. Disponível em: https://www.anpec.org.br/encontro/2017/submissao/files_I/i12-5b3bec770ff9458b47e-f17a5a6605d0f.pdf. Acesso em: 3 abr. 2022.

---

Existem testes de personalidade desenvolvidos por pesquisadores do campo da Psicologia que permitem identificar traços de personalidade, como formas de pensar, agir e sentir em diferentes situações. Estes foram criados a partir de teorias de personalidade que embasam as análises dos resultados.

**CONVITE PARA AÇÃO**

ESTRATÉGIA 3: TESTE DE PERSONALIDADE E MATRIZ DE PERCEPÇÕES (CAPÍTULO 6) - DEVE AJUDAR NO RECONHECIMENTO DE ALGUMAS CARACTERÍSTICAS IMPORTANTES DE SUA PERSONALIDADE.

---

3 MARIN, A. H. *et al.* Competência socioemocional: conceitos e instrumentos associados. *Rev. Bras.Ter. Cogn.*, v. 13, n. 2, p.92-103,2017. Disponível em: http://pepsic.bvsalud.org/scielo.php?script=sci_arttext&pid=S1808-56872017000200004&lng=pt&nrm=iso. acesso em: 2 set.2020.

4 PANCORBO, G.; LAROS, J. A. Validity evidence of the social and emotional nationwide assessment (Senna 1.0) Inventory. *Paidéia*, v. 17, n. 68, 2017. Disponível em: www.researchgate.net/publication/323833279_Validity_evidence_of_the_Social_and_Emotional_Nationwide_Assessment_SENNA_10_Inventory. Acesso em: 3 fev. 2022.

É possível encontrar uma variedade dos "autodenominados" testes de personalidade disponíveis na internet, que oferecem resultados em poucos segundos. Basta apenas a pessoa responder a uma bateria de perguntas preestabelecidas. Muitos destes materiais não são fidedignos, pois sua elaboração e seus resultados não são embasados em protocolos adequados.

Por outro lado, mesmo os resultados de testes que possuem certificação e são bastante adotados por equipes de RH, psicólogos, mentores e coaches – para mapear aspectos da personalidade de candidatos a vagas de emprego e até mesmo colaboradores de uma organização –, precisam ser analisados com cuidado. Encontramos na literatura[5] críticas a alguns testes de personalidade, especialmente por apresentarem dados muito binários e que não acolhem as variadas dimensões de uma pessoa. Entretanto, muitos pesquisadores[6] do campo da Psicologia defendem que o uso deles, associados a outras metodologias, pode apoiar no processo de autoconhecimento. Eles não servem somente para colocar uma pessoa em uma caixa padronizada, mas podem levá-la a refletir sobre algumas das características que possui a partir de outra perspectiva. Você já fez algum teste de personalidade?

Como pode imaginar, existem muitos testes de personalidade, mas nem todos são validados pelo Conselho Federal de Psicologia do Brasil. Se quiser conhecer quais são os testes psicológicos e de personalidade validados, consulte o site: https://satepsi.cfp.org.br. Estas são ferramentas (muitas delas pagas) que, quando aplicadas por profissionais habilitados, podem ajudar as pessoas no processo de autoconhecimento.

E, aproveitando, o que você entende por autoconhecimento? Esse é um tema complexo e que tem sido discutido em várias áreas do conhecimento, como Filosofia, Antropologia, Psicologia e Educação. É definido no dicionário Aurélio como o "conhecimento de si próprio, de suas capacidades, qualidades, imperfeições etc. que caracterizam o indivíduo por si próprio".

O meu processo de busca intencional pelo autoconhecimento aconteceu um pouco antes dos 40 anos, depois de ter tido a crise de hérnia de disco (já relatada no texto de abertura da **Parte I**). Naquele momento desafiador, reconheci que precisava me conhecer melhor para cuidar da saúde

---

5 NORONHA, A. P. P. Análise de testes de personalidade: qualidade do material, das instruções, da documentação e dos itens qualidade de testes de personalidade. *Estudos de Psicologia*, v. 19, n. 3, p. 55-65, 2002. Disponível em: https://doi.org/10.1590/S0103-166X2002000300006. Acesso em: 12 jan. 2022.

6 FLORES-MENDOZA, C. E.; NASCIMENTO, E.; CASTILHO, A. V. A crítica desinformada aos testes de inteligência. *Estudos de Psicologia*, v. 19, n. 2, p. 17-36, 2002. Disponível em: https://doi.org/10.1590/S0103-166X2002000200002. Acesso em: 12 jan. 2022.

física e mental de forma mais equilibrada. Confesso que tinha um tabu em relação a fazer psicoterapia. Argumentava mentalmente: "tenho uma família que me ama e me dá suporte; tenho amigos de longa data com quem converso e confidencio sobre problemas, alegrias e conquistas; e além do mais, amo aprender, posso fazer um estudo autodirigido sobre o tema. Para que buscar ajuda profissional?". Entretanto, no período em que perdi a mobilidade, refleti que seria importante buscar ajuda profissional. Sim, continuava contando com o suporte da família, de amigos e estudando sobre a aprendizagem socioemocional e os benefícios que pode trazer para qualquer pessoa. Contudo, foi nas sessões de psicoterapia que encontrei o suporte especializado para evoluir no autoconhecimento e no desenvolvimento de competências socioemocionais relevantes e que me ajudaram a ter melhor qualidade de vida.

É evidente que o autoconhecimento envolve um olhar para o mundo interior, mas também é impactado, segundo a perspectiva do psiquiatra e psicoterapeuta Carl Jung,[7] por aspectos sociais. Para ele, nós medimos o nosso autoconhecimento mais a partir daquilo que o meio social conhece sobre nós do que em função do que realmente somos. Este último aspecto muitas vezes é desconhecido para grande parte das pessoas. Por isso a importância de usar uma variedade de recursos para praticar o conhecimento de si.

> **CONVITE PARA AÇÃO**
>
> ESTRATÉGIA 2: AUTOPERSONA (CAPÍTULO 6) - DEVE AJUDAR EM SEU PROCESSO DE AUTOCONHECIMENTO E PERCEPÇÃO DE AUTOCONCEITO.

O autoconhecimento é um dos primeiros passos para o desenvolvimento de competências socioemocionais e condutas pró-sociais. Saber quem somos, os valores que norteiam as nossas crenças e ações, abraçar aspectos positivos e desafiadores de nossa história de vida pode ser desafiador, uma vez que mudamos ao longo da vida. Entretanto, ter consciência desses aspectos é fundamental para entendermos e acolhermos a nós mesmos: pessoas compostas por forças que precisam ser apreciadas e fraquezas que podem ser superadas. É do autoconhecimento que construímos o nosso autoconceito, isto é, a ideia que temos sobre nós mesmos e como nos definimos como pessoas. No **Capítulo 6** se encontram algumas estratégias, que ajudam neste processo.

---

7   JUNG, C G. *Presente e futuro*. 3. ed. Petrópolis: Editora Vozes, 1991.

# Capítulo 4

## *Soft skills*: aprendizagem socioemocional na vida adulta e profissional

Se a educação socioemocional pode ocorrer ao longo da vida, é evidente que também abrange o público adulto e que continua ativo profissionalmente na terceira idade (algo cada vez mais comum). Essas são pessoas inseridas no mercado de trabalho, empreendedores, empresários, profissionais liberais, investidores, voluntários, só para mencionar alguns. Nesse caso, o termo *soft skills* tem sido usado no mundo profissional para identificar, segundo Swiatkiewicz,[1] habilidades transversais que não têm relação com funções técnicas ou acadêmicas (as *hard skills*).

Lembro-me de uma conversa que tive com uma amiga que atua na alta gestão de uma das maiores empresas de tecnologia do mundo e que estava em fase de contratação de analistas para o seu time. Apesar de ser uma vaga de entrada no mercado de tecnologias, era muito visada e concorrida. Naquele encontro ela contou que estava analisando currículos de jovens advindos das melhores universidades do País e que, tecnicamente, eram muito bem-preparados. O problema é que muitos deles precisavam desenvolver competências socioemocionais importantes para ter um bom desempenho no mundo corporativo.

Explicou que já tinha tido experiências passadas com jovens que falavam vários idiomas, eram afiados em conhecimento tecnológico de vendas, design e gestão de projetos, mas se frustravam facilmente quando eram desafiados ou contrariados. Apesar de talentosos, tinham dificuldades em trabalhar de forma colaborativa e alguns até enfrentavam sérias questões relacionadas à sua saúde mental. Por fim, ela fez um comentário que chamou a minha atenção: "Estas escolas e universidades preparam ótimos técnicos, mas não preparam os nossos futuros líderes. Quando penso nas

---

1 SWIATKIEWICZ, O. Competências transversais, técnicas ou morais: um estudo exploratório sobre as competências dos trabalhadores que as organizações em Portugal mais valorizam. *Cadernos EBAPE*, Escola Brasileira de Administração Pública e de Empresas Rio de Janeiro, v. 12, n. 3, p. 663-687, 2014.

atividades que desenvolvo hoje no trabalho percebo que estão muito relacionadas às *soft skills* que desenvolvi ao longo da vida. Um líder precisa manejar as suas emoções, ser flexível, saber se comunicar e inspirar o seu time." Ao ouvir a fala da minha amiga, percebi como os sistemas, instituições educacionais e organizações precisam avançar no conhecimento e prática de uma aprendizagem relevante no século XXI.

Esse tipo de demanda tem gerado profundos debates sobre qual é o papel das escolas e universidades. Como resultado, vemos posicionamentos que defendem que a educação tem por objetivo desenvolver o ser humano de forma integral, portanto vai muito além da preparação para que os jovens ingressem e atuem no mercado de trabalho. Isso abrange uma formação que articule aspectos técnicos/teóricos e socioemocionais.

Um grupo de 62 universidades da América Latina criou um consócio que aderiu ao *Projeto Tuning América Latina*.[2] Ao analisarem como os estudantes atuam em um mercado cada vez mais global, juntas, definiram as competências a serem desenvolvidas no ensino superior: (i) pessoal, cognitivo, motivacional e afetivo; (ii) interpessoal e relacional e; (iii) especializado e ferramental.[3] As competências socioemocionais são a base dos primeiros dois domínios e estão grandemente associadas ao uso de metodologias ativas de aprendizagem em contextos educacionais. Tais domínios abrangem o manejo de grupos, a capacidade de atuar profissionalmente em contextos multiculturais. O terceiro domínio coloca o seu enfoque no uso de novas tecnologias, metodologias e técnicas, que permitem que os jovens realizem tarefas de cunho mais técnico em ambientes profissionais. Essa iniciativa destaca uma necessidade de articular a aprendizagem e o desenvolvimento de competências em um nível pessoal, organizacional e global com a capacidade de adaptação a variados ambientes de trabalho.

Mas quais são as *soft skills* valorizadas em ambientes profissionais? Encontramos uma lista em um artigo publicado pela revista *Forbes*:[4]

- **integridade e ética:** respeito, responsabilidade, valorização e reconhecimento do outro;

---

2   Saiba mais em: http://www.tuning.unideusto.org/tuningal.

3   GONDIM, S. M. G.; MORAIS, F. A.; BRANTES, C. A. A. Competências socioemocionais: fator-chave no desenvolvimento de competências para o trabalho. *Rev. Psicol., Organ. Trab.*, v. 14, n. 4, p. 394-406, 2014. Disponível em: http://pepsic. bvsalud.org/scielo.php?script=sci_arttext&pid=S1984-66572014000400006&lng=pt&nrm=iso. Acesso em: 31 out. 2021.

4   LIMA, B. As habilidades emocionais que irão impulsionar sua carreira. *Forbes*, 10 jan. 2022. Disponível em: https://forbes. com.br/carreira/2022/01/quais-sao-as-7-soft-skills-em-alta-para-2022. Acesso em: 21 abr. 2022.

- **empatia:** saber se colocar no lugar do outro para compreender o que precisam;
- **adaptabilidade:** capacidade de perceber novas demandas e lidar com elas de forma competente e saudável;
- **automotivação:** tomada de decisão e iniciativa em relação aos desafios encontrados;
- **inteligência emocional:** percepção das próprias emoções e a capacidade de agir de forma equilibrada;
- **aprendizagem contínua:** capacidade de aprender a aprender; e
- **ser mais humano do que profissional:** saber colocar as pessoas em primeiro lugar nas relações pessoais e profissionais.

Dependendo da fonte consultada, essa lista pode ser bastante ampliada, incluindo competências que, muitas vezes, são pouco desenvolvidas de forma intencional em escolas ou universidades, como criatividade, resiliência, empatia, visão estratégica. Ter *soft skills* está relacionado à capacidade que uma pessoa tem de lidar com desafios pessoais e profissionais. Foca em competências que melhoram o desempenho de um indivíduo ao trabalhar em equipe, resolver problemas, ser criativo, ampliar o conhecimento de si mesmo, além de conseguir se comunicar e se comportar de forma equilibrada em diferentes contextos culturais e organizacionais.

Por muito tempo, encontramos na literatura especializada o uso do termo *soft skills* se contrapondo a *hard skills* (ou competências técnicas) – aquelas que são mais fáceis de mensurar, como a habilidade de falar um idioma específico, saber adotar uma metodologia de projetos ou dominar uma ferramenta tecnológica.

### Reflexão e registro

**Perspectiva pessoal:** Faça uma lista das *soft* e *hard skills* que possui e que acredita serem fundamentais para que tenha um bom desempenho no(s) ambiente(s) profissional(is) onde atua. Agora, liste as competências socioemocionais que, se forem desenvolvidas, podem ajudar nos desafios atuais que enfrenta no mundo do trabalho.

**Perspectiva profissional:** Como você pode apoiar estudantes e profissionais a refletir e registrar, no começo de um ano letivo, curso, programa, projeto educacional, as competências técnicas e socioemocionais que eles desejam desenvolver no curto e médio prazos?

No artigo *Nem hard, nem soft: precisamos falar sobre as human skills*,[5] publicado na revista *MTI Technology Review*, Andrea Iorio argumenta que as empresas precisam repensar quais competências devem ser desenvolvidas pelos seus colaboradores. Explica que, com as inovações tecnológicas, como inteligência artificial, internet das coisas, indústria 4.0, muitas das atividades que demandam *hard skills* passam a ser realizadas por máquinas e robôs. Entretanto existem competências humanas que precisam ser desenvolvidas de forma mais intensa e que não podem ser substituídas pelas tecnologias.

Iorio realizou uma pesquisa com 264 profissionais da área de RH sobre como as competências socioemocionais são vistas em organizações com mais de 500 colaboradores e que atuam em 20 setores da economia brasileira. Seguem alguns dos resultados obtidos:

- **82%** dos respondentes acreditam que existem deficiências entre as *soft skills* e as *hard skills* de seus colaboradores. Reconhecem que os colaboradores precisam avançar na aprendizagem socioemocional, entretanto apenas 42% dos profissionais de RH participantes da pesquisa indicam que a empresa em que atuam investe ou oferta programas de desenvolvimento de *soft skills*.
- **93%** dos respondentes indicaram que preferem contratar um candidato que demonstre ter *soft skills* bem desenvolvidas, mesmo que seu conhecimento técnico seja insuficiente. Sendo assim, pessoas que demonstram ter boas *soft skills* têm mais chances de serem contratadas, mesmo que tenham algumas competências técnicas relevantes menos desenvolvidas.
- **49,8%** dos entrevistados indicaram que medem as *soft skills* em um candidato ao observarem os seus comportamentos.

## VALE A PENA CONHECER – *SOFT SKILLS* E SEGURANÇA PSICOLÓGICA NO GOOGLE[6]

Em 2013, o *Google* realizou uma pesquisa extensa com seus funcionários ao coletar e analisar dados de contratação, demissão, promoção e os resultados obtidos pelo trabalho individual e colaborativo. Os resultados do Projeto Oxygen, divulgados naquele ano, estabeleceram oito qualidades fundamentais que qualquer funcionário do *Google* deve ter. Uma qualidade está relacionada a *hard skills* e as outras sete vinculadas a *soft skills* e competências socioemocionais e pró-sociais, como empatia, pensamento crítico, capacidade

---

5   IORIO, A. Nem hard, nem soft: precisamos falar sobre as human skills. *MIT Review*, set. 2021. Disponível em: https://mit-techreview.com.br/nem-hard-nem-soft-precisamos-falar-sobre-as-human-skills. Acesso em: 21 abr. 2022.

6   STRAUSS, V. The surprising thing Google learning about its employees – and what it means for today's students. *The Washington Post*, 20 dez. 2017. Disponível em: www.washingtonpost.com/news/answer-sheet/wp/2017/12/20/the-surprising-thing-google-learned-about-its-employees-and-what-it-means-for-todays-students. Acesso em: 6 jun. 2022.

de resolver problemas, boa comunicação, escuta ativa, capacidade de ensinar os outros e de articular ideias complexas.

Para ampliar a pesquisa inicial ganhou forma o Projeto Aristóteles, realizado com o objetivo de descobrir como criar equipes de trabalho mais produtivas. A coleta de dados envolveu entrevistas com funcionários e acompanhamento de mais de 180 equipes de trabalho. Em 2016, um artigo do *New York Times* divulgou os resultados do trabalho e revelou que no relacionamento de equipes de maior sucesso existem dois elementos: "tomada de turnos conversacionais" (respeito pelo tempo de fala do outro) e "sensibilidade social" (intuição sobre o que outras pessoas estão sentindo).

Estes dois aspectos são elementos que compõem o que foi chamado pela Dra. Amy Edmondson, da *Harvard Business School*, de "segurança psicológica". A autora do livro *Organização sem medo: criando segurança psicológica no local de trabalho para aprendizagem, inovação e crescimento* explica que a segurança psicológica é um elemento da cultura organizacional que garante aos membros de uma equipe a confiança de que são aceitos e de que podem ser autênticos para apresentar suas ideias e opiniões sem serem criticados, punidos ou rejeitados. Desse modo, para Edmondson, ter segurança psicológica é estar seguro e confortável para ser você mesmo no ambiente de trabalho e ter a ciência de que será ouvido, e não julgado, ao compartilhar ideias ou mesmo quando cometer erros.

"A segurança psicológica permite que as pessoas tragam seu eu completo e único para o trabalho, assumam riscos interpessoais, compartilhem suas perspectivas livremente e sejam respeitadas e valorizadas." Essa afirmação foi feita por Adam Leornard, que atua na área de Desenvolvimento de Pessoas do Google, em entrevista concedida à revista *Você SA*, em 2020. Ele explica que "é difícil ser inovador sem segurança psicológica, porque o processo criativo envolve uma série de falhas e as pessoas não correrão os riscos necessários, a menos que se sintam seguras". Por fim, as equipes com alta segurança psicológica se adaptam melhor às mudanças, tomam decisões com mais inteligência e superam tempos de incerteza, enquanto mantêm seu moral positivo".

**Fontes:** DUHIGG, C. What Google learned from its quest to build the perfect team. The New York Times Magazine, 25 fev. 2016. Disponível em: www.nytimes.com/2016/02/28/magazine/what-google-learned--from-its-quest-to-build-the-perfect-team.html. Acesso em: 21 abr. 2022.

TOZZI, E. A saúde mental não pode mais ficar nas sombras. Você RH, 15 set. 2020. Disponível em: https://vocerh.abril.com.br/politicasepraticas/saude-mental. Acesso em: 21 abr. 2022.

A relevância da aprendizagem socioemocional relacionada ao mundo do trabalho abarca três aspectos centrais,[7] conforme descrito a seguir.

---

7  GONDIM; MORAIS; BRANTES, 2014.

**1** Os conhecimentos e práticas obtidos na educação formal, profissionalizante e continuada não garantem o bom desempenho em atividades profissionais ou crescimento na carreira.

**2** Os desafios do mundo contemporâneo demandam que todo profissional assuma um papel de aprendiz por toda a vida. Nesse sentido, as competências socioemocionais são condutos que facilitam a manutenção de altos níveis de motivação, regulação de emoções e proporcionam relações saudáveis e produtivas.

**3** As competências socioemocionais estão associadas ao bem-estar no trabalho.

Isso acontece porque as competências socioemocionais permitem que os profissionais tenham maior grau de autoconfiança para interagir de forma mais fluida, aprendam uns com os outros e desenvolvam competências que lhes asseguram um bom desempenho nas atividades laborativas dentro do ambiente corporativo, enquanto promovem bem-estar.[8]

Cabe destacar que, apesar da aprendizagem socioemocional favorecer um melhor desempenho em ambientes profissionais, precisamos ser cuidadosos para que o excesso de trabalho não seja exatamente o motivo central que vai afetar a nossa saúde física e mental (como temos visto tantas vezes em nossa sociedade capitalista). Vamos discutir esse ponto com mais profundidade nos capítulos que compõem a **Parte II** do livro, que tratam do tema autogestão.

Por fim, ao entender como as *soft skills* são valorizadas e relevantes no mercado de trabalho, conseguimos vislumbrar como o pouco investimento em programas que promovem a aprendizagem socioemocional na educação básica e no ensino superior tem tido consequências nocivas, que mais tarde são observadas no mundo do trabalho. Por isso que a educação corporativa tem investido em programas de autoconhecimento, autogestão, desenvolvimento de habilidades sociais (só para mencionar alguns) buscando ajudar as pessoas em seu desenvolvimento nas dimensões pessoal e social. Esses aspectos impactam diretamente a cultura e o clima organizacional, o trabalho em equipes, a saúde mental dos colaboradores e assim por diante. Mas sigamos adiante, pois no próximo capítulo vamos conhecer iniciativas e programas relevantes que apoiam o desenvolvimento socioemocional das pessoas em variadas etapas da vida.

---

8   GONDIM; MORAIS; BRANTES, 2014.

# Capítulo 5

## Programas que apoiam a aprendizagem socioemocional com metodologias ativas

Como as primeiras fases da vida são primordiais para construção da identidade de desenvolvimento de competências socioemocionais e condutas pró-sociais, encontramos uma variedade de programas de intervenção que têm sido implementados em diferentes contextos educacionais (educação básica, superior, corporativa). São programas voltados para crianças em idade escolar e facilitados por educadores que recebem formação específica para isso (como *Líder em mim*, *Pleno*, *Escola da Inteligência*, *Inteligência de Vida*,[1] só para mencionar alguns). Existem também iniciativas que focam o desenvolvimento de *soft skills* e cuidados com a saúde mental de profissionais, ofertadas por empresas e escolas especializadas (como *Vitalk* e *Baex*),[2] programas customizados criados por universidades corporativas e encontrados em escolas de negócio (como Fundação Instituto de Administração – FIA; Fundação Getúlio Vargas – FGV; e Fundação Dom Cabral – FDC),[3] que contam com a atuação de professores especialistas. Encontramos ainda programas de intervenção que focam na aprendizagem socioemocional de professores.[4]

Além disso, pessoas interessadas em aprendizagem socioemocional têm aderido a iniciativas individuais (como fazer psicoterapia e participar de sessões de mentoria e de *coaching*) ou até mesmo se inscrito em programas abertos focados no autoconhecimento (como *Pathwork Brasil*).[5]

---

1   Saiba mais em: www.olideremmim.com.br, https://programapleno.com.br, https://programapleno.com.br, https://escoladainteligencia.com.br e www.inteligenciadevida.com.br/pt.

2   Saiba mais em: www.vitalk.com.br e www.baex.com.br/soft-skills.

3   Saiba mais em: https://fia.com.br/extensao/soft-skills-gestao-projetos, https://bit.ly/3tjZscG, e https://www.fdc.org.br/cursos-curta-duracao/lideranca-transformadora.

4   Saiba mais em: https://revistas.rcaap.pt/rpe/article/view/15133.

5   Saiba mais em: http://pathworkbrasil.com.br.

Acredito que uma iniciativa não invalida a outra e que, muitas vezes, essa jornada de desenvolvimento de um educador vai contar com contribuições de fontes variadas. Além disso, no processo de aprendizagem socioemocional, é esperado que ocorram mudanças de rumo ou que sintamos a necessidade de mudar as estratégias de acordo com o momento de vida e desafios enfrentados.

Dependendo do nível de maturidade e autonomia de cada pessoa, existem vários caminhos que podem ser traçados para que a aprendizagem socioemocional ocorra, entretanto o autoconhecimento é sempre uma etapa fundamental. Geralmente, esses caminhos incluem iniciativas de desenvolvimento pessoal e coletivo. A seguir vou apresentar alguns programas específicos que podem nortear este processo na infância, adolescência, na vida adulta e na maturidade, e que têm apoiado o desenvolvimento socioemocional em ambientes formais e informais de aprendizagem.

## 5.1. Casel – Aprendizagem socioemocional em escolas

A organização *Collaborative for Academic, Social and Emotional Learning* (Casel)[6] é composta por pesquisadores que desenham vários programas de aprendizagem socioemocional para instituições de ensino e depois medem o impacto das intervenções.

O Casel justifica que é pelo processo de Aprendizagem Social e Emocional (ASE) que crianças e adultos aprendem a gerenciar as suas emoções, definir e alcançar objetivos positivos, tomar decisões responsáveis, sentir e demonstrar empatia por outras pessoas e também estabelecer e conservar boas relações sociais. Programas Casel que promovem a ASE geralmente são estruturados em sessões de 30 minutos, que envolvem ativamente os alunos em seu crescimento social, emocional e acadêmico. Esses momentos de aprendizado são cuidadosamente articulados ao currículo escolar e incluem ações realizadas em sala de aula e outros espaços escolares, além de casa e da comunidade. O Casel[7] desenha programas embasados na estrutura apresentada na Figura 5.1.

---

[6] A tradução para o português é *Coletivo para Aprendizagem Acadêmica, Social e Emocional*.
[7] WHAT is the Casel framework?. *Casel (Collaborative for Academic, Social and Emotional Learning)*, 2021. Disponível em: https://casel.org/fundamentals-of-sel/what-is-the-casel-framework/. Acesso em: 5 fev. 2022.

**Figura 5.1** – Estrutura que embasa os programas do Casel

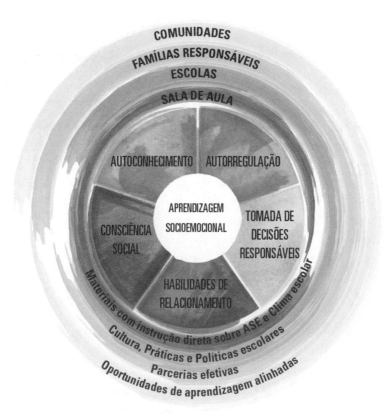

**Fonte:** CASEL.

Vejamos, então, de forma bastante objetiva, o que cada uma das cinco competências significa.

- **Autoconhecimento:** reconhecimento de emoções, valores, potencialidades, limitações.
- **Autogestão:** capacidade de gerenciar emoções e comportamentos, de ter perseverança e resiliência para alcançar objetivos e de controlar impulsos etc.
- **Habilidades de relacionamento:** capacidade de criar e manter relações sociais saudáveis e positivas e que abrangem a cooperação, boa comunicação, escuta ativa, resolução de conflitos etc.
- **Consciência social:** discernimento de sentimentos e emoções de outras pessoas, e capacidade de se colocar no lugar delas, mesmo que venham de diferentes contextos, culturas e origens.

- **Tomada de decisões responsáveis:** tomada de boas decisões nos âmbitos individual e social, comportamentos pautados na ética e em valores.

Na infância e adolescência, a aprendizagem socioemocional ocorre em sala de aula, pelo uso de metodologias ativas e ações pedagógicas, o que propicia o desenvolvimento de competências cognitivas e socioemocionais. Essa aprendizagem pode se dar também em outros espaços da escola, como parquinho, refeitório, pátio, quadra, contando com o envolvimento de toda a comunidade escolar. Deve-se criar um ambiente e uma cultura que favoreçam a parceria com a família/responsáveis, pois tal contato é fundamental para que esse desenvolvimento aconteça de forma integral, com todos os envolvidos entendendo qual é o seu papel na formação de cada criança. Por fim, na comunidade, podemos encontrar locais seguros e programas que apoiam crianças e jovens no desenvolvimento de competências fundamentais para que exerçam sua cidadania de forma responsável.

> **CONVITE PARA AÇÃO**
>
> *ESTRATÉGIA 5: COLETÂNEA DE RELATOS SINGELOS E SIGNIFICATIVOS (CAPÍTULO 6) - PREVÊ A COLETA DE RELATOS DE MEMBROS DA FAMÍLIA E DE AMIGOS PRÓXIMOS SOBRE MOMENTOS DE SUA HISTÓRIA DE VIDA. POSTERIORMENTE DEVEM SER ORGANIZADOS EM UMA COLETÂNEA DE TRECHOS SIGNIFICATIVOS DE SUA HISTÓRIA DE VIDA, CONTADOS POR PESSOAS QUE VOCÊ AMA E A PARTIR DE SUA PRÓPRIA PERSPECTIVA.*

Uma pesquisa[8] realizada por membros do Casel, acompanhou 270.034 crianças que haviam participado de programas de intervenção para o desenvolvimento de habilidades socioemocionais. Os resultados evidenciaram que aquelas que participaram desses programas tiveram o desempenho acadêmico 11% maior em relação àquelas que não participaram. Além disso, estudos divulgados pela organização demonstram menor taxa de abandono escolar, menos problemas comportamentais na escola e na sala de aula e índices de uso de drogas, gravidez na adolescência, problemas de saúde mental e comportamento criminoso reduzidos, algo similar ao que James Heckman observara na década de 1960, com o *Perry Preschool Project*, apresentado no início do **Capítulo 1**.

---

8  WEISSBERG, R. P.; DURLAK, J. A.; DOMITROVICH, C. E.; GULLOTTA, T. P. Social and emotional learning: past, present, and future. *In*: DURLAK, J. A.; DOMITROVICH, C. E.; WEISSBERG, R. P.; GULLOTTA, T. P. (eds.). *Handbook of social and emotional learning*: research and practice. New York: Guilford, 2015.

**Reflexão e registro**

**Perspectiva pessoal:** Quando você tinha idade escolar, como desenvolveu as competências socioemocionais? Quem foram as pessoas, grupos e/ou programas que apoiaram você neste processo de maneira formal ou informal?

**Perspectiva profissional:** A instituição ou organização onde atua como educador adota algum programa específico de apoio ao desenvolvimento socioemocional dos estudantes e/ou educadores? Se sim, quais são as principais características deste programa? Se não, anote algumas ideias iniciais de como o programa poderia ser organizado?

## 5.2. Desenvolvimento de conduta pró-social

O programa *Desenvolvimento de conduta pró-social por meio da educação emocional em adolescentes* foi criado por Salom, Moreno e Blázquez[9] e aplicado inicialmente para adolescentes na Espanha. O programa coloca enfoque na aprendizagem pró-social e visa à prevenção de ações violentas (desrespeito a professores, colegas, pais, além da quebra de normas sociais) dentro e fora da escola. Com isso, esperam formar cidadãos conscientes de seu papel, que agem a partir de valores morais e éticos, que abraçam a diversidade e respeitam as diferenças.

Segundo os autores, a conduta pró-social abrange comportamentos que beneficiam outras pessoas, grupos e o sistema político vigente. Pode ser baseado em uma mistura de motivos altruístas e egoístas. O trio explica que as condutas pró-sociais não são universais. Um exemplo disso é a dilaceração do clitóris de mulheres Massai, no Quênia, África. Para os homens dessas culturas, isso deve ser feito para proteger a própria mulher, que poderia se tornar uma prostituta ou teria dificuldade para se casar, caso isso não fosse feito.

O conceito de comportamento pró-social é muito amplo, por isso Dovidio, Piliavin, Schroeder e Penner[10] os dividem em três áreas, conforme a Figura 5.2.

---

9   SALOM, E.; MORENO, J. M.; BLÁZQUEZ, M. *Desenvolvimento da conduta pró-social por meio da educação emocional em adolescentes*. Petrópolis: Editora Vozes, 2012.

10  DOVIDIO, J. F.; PILIAVIN, J. A.; SCHROEDER, D. A.; PENNER, L. A. *The social psychology of prosocial behavior*. New York: Lawrence Earlbaum, 2006.

**Figura 5.2** – Três áreas do comportamento pró-social

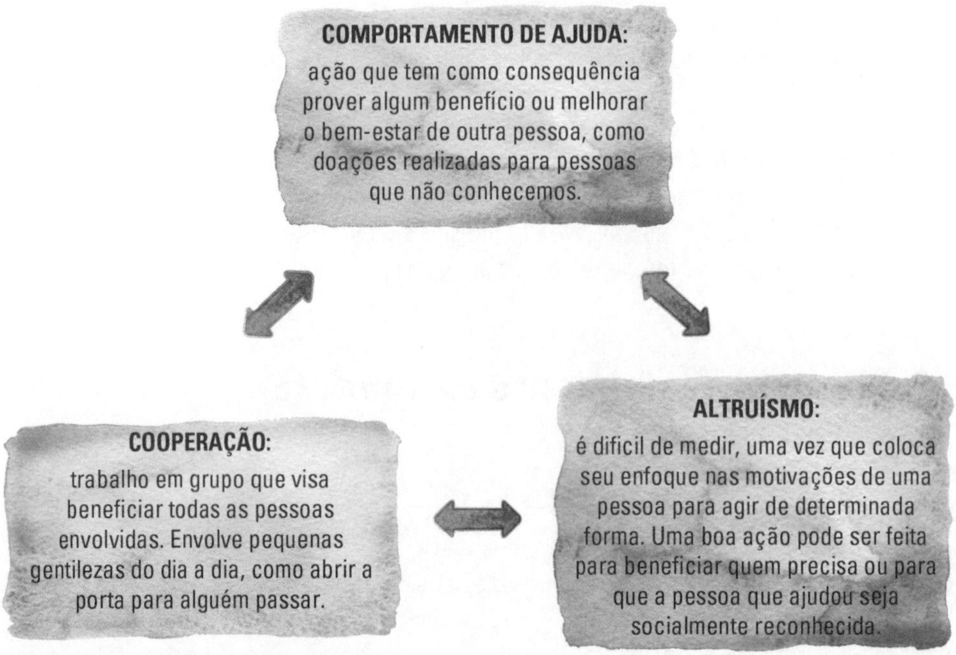

**Fonte:** adaptada de DOVIDIO; PILIAVIN; SCHROEDER; PENNER, 2016.

O enfoque do programa é o trabalho com jovens de 12 a 15 anos. Está organizado em 15 sessões de aproximadamente 50 minutos semanais. Em livro publicado em 2013, Salom, Moreno e Blázquez apresentam orientações para a condução das sessões, que foram estruturadas em áreas específicas com enfoque nas variáveis apresentadas a seguir:

**Intrapessoais:**

1. **Autoconceito:** respeitar-se e estar ciente de si mesmo.
2. **Autoconsciência emocional:** conhecer os próprios sentimentos e as origens deles.
3. **Assertividade:** comunicar-se abertamente, defendendo seus direitos sem agressividade ou passividade.
4. **Autorrealização:** traçar metas e objetivos a serem atingidos ao longo da vida.
5. **Autoatualização:** atingir potencialidades a partir de objetivos e metas traçados.

## Interpessoais:

6. **Empatia:** reconhecer, compreender e mostrar interesse pelos outros e suas emoções.

7. **Responsabilidade social:** ser um membro de um grupo social construtivo.

8. **Relações interpessoais:** dar e receber afeto, além de manter relações de amizade.

## Adaptabilidade:

9. **Teste de realidade:** ter evidências objetivas para confirmar os sentimentos.

10. **Flexibilidade:** lidar com mudanças do meio de forma equilibrada.

11. **Solução de problemas:** reconhecer o problema e estar seguro diante dele, formular o problema claramente, criar o maior número de soluções que for possível e escolher qual decisão deve ser utilizada.

## Administração de estresse:

12. **Tolerância ao estresse:** escolher o melhor curso de ação para vencer o estresse.

13. **Controle de impulsos:** controlar as emoções e ter a capacidade de resistir a um impulso.

## Estado de ânimo e motivação:

14. **Otimismo:** ter atitude positiva diante das adversidades.

15. **Felicidade:** ter capacidade de desfrutar a vida de forma individual e coletiva, além da capacidade de estar satisfeito e experimentar sentimentos positivos.

O livro também inclui roteiros detalhados com atividades que devem ser aplicadas nas sessões, até mesmo com os pais em algumas delas. Como exemplo, apresentamos a atividade *Coisa de Cinema*, que faz parte da sessão sobre Empatia, na área Interpessoais. O objetivo com a atividade é explorar os sentimentos de personagens de filmes escolhidos pelos próprios jovens. Para começar a atividade, os jovens são divididos em grupos de até cinco participantes. Em seguida são convidados a escolher um filme que tenham visto e que gostem muito. Depois devem escolher três personagens do filme e descrever as emoções transmitidas por esses personagens em diferentes momentos da história. Logo, os adolescentes são convidados a compartilhar com seu grupo sua resposta à seguinte pergunta: Como as emoções transmitidas pelos personagens fizeram com que você se sentisse em momentos marcantes do filme? Quais foram as cenas mais emocionantes para você e por quê?

O processo de aprendizagem socioemocional pode acontecer de variadas formas e abre espaço para reflexões, acolhimento e aprendizado sobre si mesmo, sobre outros e a prática da empatia, compaixão, diversidade, inclusão, cidadania. Desse modo, forma pessoas mais conscientes sobre o seu papel no mundo do ponto de vista individual e coletivo.

##  5.3. Iniciativas voltadas para educadores, instituições de ensino e organizações

As demandas e os desafios da vida adulta contemporânea (familiar, profissional, social, financeira) fazem com que muitos de nós vivamos situações de constante tensão e irritabilidade. Essa realidade acaba se tornando estressante, diminuindo assim a qualidade de nossas relações e nossa produtividade no ambiente de trabalho. Por isso encontramos uma variedade de iniciativas que permitem que pessoas de múltiplos perfis e em diferentes momentos de vida ampliem sua capacidade de se relacionar de forma positiva com outras pessoas, lidem com as suas emoções e sejam mais eficazes na realização de tarefas do dia a dia (como trabalho, estudo, lazer etc.) de forma equilibrada e saudável.

Essas iniciativas[11] podem ser ofertadas por instituições de ensino preparadas para apoiar o desenvolvimento socioemocional de seus professores, líderes, gestores, designers e pesquisadores. Elas podem ser customizadas e oferecidas para um grupo específico de educadores ou compor a trajetória de educadores que desejam desenvolver a aprendizagem socioemocional de forma individual.

Os programas de desenvolvimento socioemocional, promovidos por instituições de ensino e organizações, são relevantes especialmente para apoiar educadores no gerenciamento do estresse do cotidiano escolar, universitário e corporativo. O papel do gestor ou líder é exatamente mapear e reconhecer as necessidades de professores, assistentes de sala, designers educacionais, por exemplo, para desenhar e/ou contratar

> **CONVITE PARA AÇÃO**
>
> ESTRATÉGIA I: HISTÓRIA DE VIDA ILUSTRADA (CAPÍTULO 6) - PROMOVE REFLEXÕES E PROPÕE QUE SE REGISTRE UM BREVE RECORTE DE SUA HISTÓRIA DE VIDA, LANÇANDO MÃO DE RECURSOS VISUAIS QUE O AJUDEM A RELEMBRAR MOMENTOS MARCANTES.

---

11 MARQUES, A. M.; TANAKA, L. H.; FÓZ, A. Q. B. Avaliação de programas de intervenção para a aprendizagem socioemocional do professor: uma revisão integrativa. Revista Portuguesa de Educação, [S. l.], v. 32, n. 1, p. 35-51, 2019. Disponível em: http://doi.org/10.21814/rpe.15133. Acesso em: 7 jun. 2022.

programas adequados para o grupo que lidera. Na verdade, acredito que uma conversa franca com diferentes representantes de cada grupo de educadores é fundamental para que o gestor entenda o que precisam.

No caso dos professores, pesquisas revelam que o estresse laboral impacta o seu relacionamento com os alunos e até mesmo a qualidade das experiências de aprendizagem vivenciadas pelos estudantes. Os docentes que atuam em ambientes de alta vulnerabilidade social enfrentam ainda maior sofrimento ao lidar com pobreza, violência, sobrecarga de trabalho, classes superlotadas, falta de reconhecimento de seu trabalho, dentre outros aspectos que levam à insatisfação com a profissão e a diminuição do comprometimento com a atividade profissional.[12] Das opções de formação socioemocional voltadas para educadores, apresento a seguir algumas iniciativas que considero relevantes e que podem inspirar você, educador, a desenhar ou implementar um programa compatível com a realidade em que está inserido.

- **Vivescer:**[13] iniciativa do Instituto Península centrada no desenvolvimento integral de educadores. É uma plataforma 100% gratuita, que abarca uma comunidade de aprendizagem criada para educadores de todos os segmentos educacionais. Oferece cursos que podem ser realizados de acordo com o interesse do educador e estão centrados em quatro grandes temas:

  **1** **Emoções:** o educador aprende a construir um ambiente de equilíbrio e segurança emocional para si mesmo e para os alunos e a propor atividades emocionalmente envolventes na sala de aula.

  **2** **Mente:** o educador reflete sobre as melhores formas de aprender e ensinar, além de estratégias que colocam o estudante no centro do processo de aprendizagem.

  **3** **Corpo:** o educador aprende sobre o impacto do trabalho no corpo e na sua vida pessoal e profissional, o que inclui cuidados com a saúde e energia em sua rotina.

  **4** **Propósito:** o educador é convidado a se conectar com o seu propósito de vida para ser um profissional com mais sentido. Em função disso, vai analisar sua história de vida, seus valores e sua prática.

---

12 MARQUES, A. M.; FÓZ, A. Q. B.; LOPES, E. G. Q.; TANAKA, L. H. Emotional education program: a participative intervention with teachers. *Qualitative Research Journal*, v. 21, n. 3, p. 274-285, 2021. Disponível em: https://doi.org/10.1108/qrj-07-2019-0052. Acesso em: 7 jun. 2022.

13 Saiba mais em: https://vivescer.org.br/sobre-as-jornadas.

A rede conta com 98 mil educadores cadastrados, que atuam em 22 mil escolas localizadas em 27 estados brasileiros.

- **Care (Cultivating Awareness and Resilience in Education):**[14] programa de desenvolvimento profissional ofertado para professores nos Estados Unidos. É aplicado em 30 horas presenciais divididas de quatro a seis dias, com duração de quatro a seis semanas e telefonemas de *coaching* entre as sessões. Visa preparar professores para lidarem com o estresse laboral e lhes assegurar que encontrem maior sentido na profissão docente.

   O programa *Care* foi desenvolvido com o apoio do *Garrison Institute* e os resultados obtidos foram investigados em duas pesquisas financiadas pelo Departamento de Educação dos Estados Unidos. As descobertas evidenciaram que o programa não apenas melhora o bem-estar e a resiliência dos professores, como também melhora o clima da sala de aula e o aprendizado acadêmico dos alunos.

- **Pós-graduação em Gestão da Inovação na Escola do Instituto Singularidades:**[15] coordeno um curso de pós-graduação no Instituto Singularidades (escola referência no Brasil em formação de educadores), cujo objetivo é formar profissionais para que concebam, implementem e avaliem inovações na escola, nos âmbitos de ensino e aprendizagem e da gestão escolar. O curso abre espaços para reflexões, debates e trocas, de forma teórico-prática e ética, sobre caminhos para que saberes e projetos inovadores sejam implementados na escola a partir da articulação de três pilares: 1) o uso de tecnologias e mídias; 2) a adoção de metodologias ativas de aprendizagem; e 3) a promoção da aprendizagem socioemocional.

   O currículo contém três disciplinas distintas voltadas, especificamente, para formação socioemocional: 1) Propósito do Educador: Motivações e Caminhos para Inovar; 2) Educação Socioemocional, Saúde Mental e Projeto de Vida para Nativos Digitais; e 3) O Uso Consciente e Ético das Tecnologias Digitais. Cabe destacar que, em todas as disciplinas, são propostas atividades que apoiam o desenvolvimento socioemocional dos educadores. O currículo do curso, alinhado com a BNCC, dá a oportunidade para que educadores ampliem seu repertório e experiências, preparando-os para serem agentes de inovação nos ambientes educacionais em que atuam.

---

14 Em português, a tradução para o nome do programa é *Cultivando Conscientização e Resiliência em Educação*. Saiba mais em: https://hundred.org/en/innovations/care-cultivating-awareness-and-resilience-in-education-for-teachers#f60dfa22.

15 Saiba mais em: https://posead.institutosingularidades.edu.br/Curso/gestao-da-inovacao-na-escola.

Existem, ainda, opções de formação que o educador pode buscar e que tratam do desenvolvimento socioemocional de forma mais ampla (não necessariamente vinculada à carreira no campo da Educação). Das muitas opções existentes, apresento aquelas que tenho visto que realizam um trabalho sério e relevante no contexto brasileiro:

- **The School of Life Brasil:**[16] oferece iniciativas voltadas ao desenvolvimento de inteligência emocional. Propõe experiências de aprendizagem nas quais as pessoas podem explorar questões relacionadas a autoconhecimento, trabalho, amizades, sociedade, família, amor e cultura. Para isso ofertam cursos, programas, palestras, livros e oficinas para organizações e indivíduos, lançando mão de conteúdos culturais (advindos de temas como Filosofia, Literatura, Psicologia, Artes Visuais), que provocam, nutrem e estimulam a visão de novas perspectivas.
- **Instituto Amuta:**[17] é uma plataforma que usa estratégias do design para transformar as relações humanas. Trabalham com a metodologia do design de conexões para criar comunidades de aprendizagem, que apoiam o desenvolvimento socioemocional das pessoas e a mudança de cultura organizacional.
- **Escola de Você:**[18] escola brasileira cujo enfoque é o desenvolvimento de habilidades socioemocionais. Tem programas específicos para o desenvolvimento de mulheres empreendedoras e que atuam no mercado de trabalho.

A participação de uma pessoa em um programa de aprendizagem socioemocional deve estar embasada em questões bastantes práticas, como: acesso, disponibilidade de tempo e financeira para o investimento. Mas também deve ser pautada pela afinidade e pelo reconhecimento que os valores norteadores da iniciativa ou do profissional elegido são condizentes com seus valores pessoais. Valores são construtos pessoais e sociais e, basicamente, expressam aquilo que é valorizado e importante para uma pessoa. Existem valores que são morais, como bondade, liberdade, cooperação, verdade, justiça, altruísmo e generosidade. Mas também existem valores que não consideram o bem comum e estão pautados pelo egoísmo. Por exemplo, uma pessoa que compra roupas de uma marca que sabidamente não oferece boas condições de trabalho para os funcionários (longas horas, péssima remuneração, ambientes insalubres etc.) demonstra não estar atenta a essas questões. Já se a pes-

---

16 Saiba mais em: www.theschooloflife.com/saopaulo.

17 Saiba mais em: www.institutoamuta.com.br.

18 Saiba mais em: www.escoladevoce.com.br.

soa precisa comprar roupas por preços mais acessíveis, existem opções sustentáveis, como a moda circular.

Saber quais são seus valores, suas características, seus talentos e suas preferências é fundamental para o processo de autoconhecimento. Por isso, para encerrar esta parte do livro, você será convidado a utilizar algumas estratégias, as quais estão embasadas em metodologias ativas, que devem ajudar na ampliação de seu autoconhecimento. Utilizá-las é um caminho para articular os princípios que norteiam este livro: conhecimentos, emoções e práticas que favorecem a definição do propósito.

### CONVITE PARA AÇÃO

ESTRATÉGIA 4: MAPEAMENTO DE VALORES (CAPÍTULO 6) - PERMITE QUE, DIANTE DA APRESENTAÇÃO DE UM CENÁRIO HIPOTÉTICO, SE FAÇA ESCOLHAS E, A PARTIR DISSO, RECONHEÇA VALORES QUE SÃO IMPORTANTES PARA SUA VIDA.

# Capítulo 6
## Agora é com você: estratégias de autoconhecimento

Nos primeiros capítulos deste livro, você entendeu a relevância do autoconhecimento para fomentar a aprendizagem socioemocional. Agora chegou o momento de realizar as atividades embasadas nos princípios das metodologias ativas e que darão a oportunidade para que se explore esta relevante dimensão de sua aprendizagem socioemocional. Cada estratégia demanda um tempo específico para ser vivenciada em etapas que estão descritas a seguir. Você pode organizar o seu tempo para realizar as atividades de forma tranquila, quando for conveniente para você, pois não precisam ser realizadas todas de uma vez, no mesmo dia e horário. Escolha um local calmo, silencioso e confortável e deixe os materiais necessários disponíveis.

Recomendo que você, educador, vivencie cada estratégia proposta antes de adotá-las com outras pessoas (seus alunos, colegas de trabalho, profissionais etc.). Assim, irá perceber se as estratégias precisam ser adaptadas para a realidade e os recursos que possui para a promoção do autoconhecimento de outras pessoas. Vamos lá?

# Estratégia 1:
## História de vida ilustrada[1]

**Enfoque da aprendizagem socioemocional:** autoconhecimento.

**Breve descrição da estratégia:** visa levar as pessoas a refletir e registrar de forma visual um breve recorte de sua história de vida, lançando mão de recursos visuais que as ajudem a relembrar de momentos marcantes (positivos e negativos). A atividade pode ser realizada em ambientes presenciais ou virtuais (de forma síncrona ou assíncrona).

## O QUE SABER/FAZER ANTES DE COMEÇAR:

**A estratégia pode ser utilizada por:** crianças a partir de sete anos, adolescentes, jovens, adultos e idosos (se for necessário é possível adaptações para que seja adequada para o público e contexto adotado).

**Objetivo:** mapear momentos marcantes e significativos da vida.

**Tempo estimado:** entre 40 e 120 minutos (depende da pessoa).

**Número de participantes:** a estratégia deve ser adotada, inicialmente, de forma individual. Aquilo que for produzido pode, ou não, ser compartilhado em pequenos grupos, dependendo de alguns fatores descritos a seguir, no item **Adaptação da Estratégia**.

**Recursos e materiais físicos e digitais:** se for realizar a atividade sem o uso de tecnologias, separe e imprima fotos de momentos importantes de sua vida. É desejável que escolha fotos de diferentes fases da vida. Você também vai precisar de cartolina ou folha de *flip chart*, caneta, lápis de cor, canetinha e notas adesivas. Se for adotar a estratégia usando espaços digitais, separe as fotos em uma pasta específica de seu celular, *tablet* ou computador e realize a atividade em espaços digitais (como Google Docs e Mural) para registros de informações e compartilhamento dos resultados (se for o caso).

**Adaptação da estratégia:** as Etapas 5 e 6 da estratégia só devem ser realizadas com a mediação de um professor ou facilitador e em contextos síncronos (presenciais ou remotos). Em modelos assíncronos, essa atividade deve terminar na Etapa 4 com o envio, ou não, do que foi produzido via plataforma. Para aplicar a Etapa 5 é também preciso avaliar o grau de maturidade do grupo para compartilhar e ouvir relatos da história de vida de seus pares.

---

1  Inspirada em: SHINODA, C. *Propósito de vida*: um guia prático para desenvolver o seu. São Paulo: Benvirá, 2021; e CLARK, T. *Business model you*: o modelo de negócios pessoal. Rio de Janeiro: Alta Books, 2013.

## PASSO A PASSO DA APLICAÇÃO

Acesse as fotos previamente selecionadas e separe um tempo para resgatar memórias de momentos importantes que já viveu (felizes e tristes). Enquanto as memórias emergem, escreva notas adesivas, ou digitais, destacando quais momentos foram esses (por exemplo, nascimento, morte da minha avó, viagem para Argentina, contusão e adeus ao sonho de jogar futebol profissionalmente, trabalho voluntário em escola de futebol na periferia, começo do namoro etc.)

Elabore uma linha do tempo na cartolina, na folha de *flip chart* ou no espaço digital onde poderá organizar as notas adesivas de forma cronológica, incluindo os momentos marcantes que foram positivos (na parte superior) e negativos (na parte inferior), como apresentado no exemplo a seguir. Ao pensar nesses momentos, resgate emoções positivas e negativas e tente indicar essas emoções na sua linha do tempo. Use cores diferentes, se quiser, para representar os momentos felizes e desafiadores, conforme apresentado em tons de cinza a seguir. Inclua algumas fotos na linha do tempo de tal maneira que tenha um registro visual dos momentos relevantes de sua história de vida. Atenção: é preciso se respeitar para fazer essa atividade e trazer apenas momentos difíceis com os quais consiga lidar. Apresento um exemplo ilustrativo da linha do tempo de João.

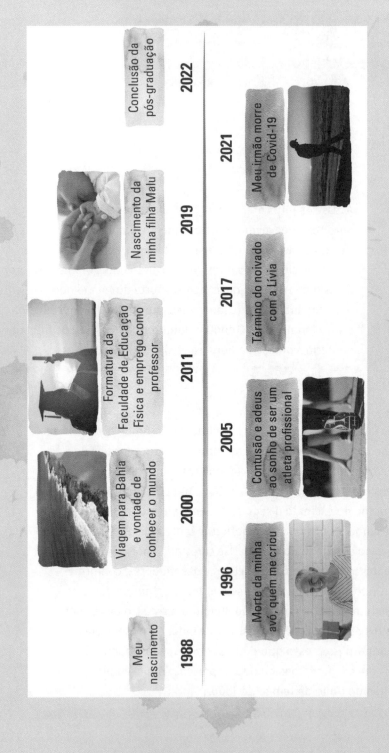

Se quiser, você pode compartilhar momentos específicos de sua história de vida com o seu parceiro de jornada de aprendizagem socioemocional e, em seguida, pedir que explicite aspectos que admira em você, e vice-versa. O resgate da história de vida nos ajuda a mapear os nossos valores e o que nos trouxe até aqui. Com isso, fica mais fácil projetar para onde queremos ir.

Quando for adotar essa estratégia para desenvolver o autoconhecimento em outras pessoas, após a criação da linha do tempo, divida as pessoas em grupos pequenos, de no máximo três participantes, e peça que cada pessoa compartilhe pontos importantes de sua história de vida (de livre escolha) em até cinco minutos, destacando a importância da confidencialidade das informações compartilhadas[2]. Depois que cada membro do grupo compartilhar o seu relato, os outros membros do grupo devem dizer, também em até cinco minutos (tempo total), aspectos que admiraram em cada pessoa, sem dar conselhos ou fazer perguntas específicas sobre algum episódio compartilhado. Encerre a atividade explicando que fatos da história de vida que cada pessoa considera relevante podem ser excelentes evidências sobre quais são os seus valores, ponto fundamental para termos clareza de nosso propósito de vida.

**Evidências de que a aprendizagem socioemocional está sendo desenvolvida:**
- Capacidade de selecionar momentos positivos e desafiadores da vida.
- Clareza ao relatar trechos importantes da história de vida.

---

2  Essa parte da atividade só deve ser realizada com a mediação de um professor ou facilitador e em contextos síncronos (presenciais ou remotos). Em modelos assíncronos, essa atividade deve terminar na Etapa 4, com o envio, ou não, do que foi produzido via plataforma. Para aplicar a Etapa 5 também é preciso avaliar o grau de maturidade do grupo para compartilhar e ouvir relatos da história de vida de seus pares.

# Estratégia 2:
## Autopersona

**Enfoque da aprendizagem socioemocional:** autoconhecimento e percepção de autoconceito.

**Breve descrição da estratégia:** a autopersona é um exercício rápido de autoconhecimento e percepção de autoconceito que possibilita que uma pessoa reflita sobre quem é e como se vê. Nesta estratégia, apresento os passos básicos para que você, educador, realize esta atividade e exercite o seu autoconhecimento. A estratégia também pode ser usada para que apoie outras pessoas em seu processo de aprendizagem socioemocional.

## O QUE SABER/FAZER ANTES DE COMEÇAR:

**A estratégia pode ser utilizada por:** crianças (*template* 1), adolescentes, jovens, adultos, idosos (*template* 2).

**Objetivo:** promover a reflexão sobre si e como a pessoa se vê.

**Tempo estimado:** pode variar entre 15 e 30 minutos (por crianças) e 30 e 60 minutos (por adolescentes, jovens e adultos).

**Número de participantes:** individual e posteriormente coletivo.

**Recursos e materiais físicos e digitais:** O *template* da autopersona pode ser impresso em folhas de *flip chart* ou papel sulfite, se a atividade for realizada de forma presencial. No caso de um encontro remoto (on-line síncrono) ou em programas de Educação a Distância, é necessário disponibilizar o *template* em um espaço digital editável indicando o prazo de entrega na plataforma.

**Adaptação da estratégia:** preparei dois *templates* de autopersona. O primeiro foi concebido para que seja aplicado a crianças de seis anos (já alfabetizadas) até 12 anos. Você pode fazer adaptações no *template*, de acordo com faixa etária e características das crianças. O segundo modelo apresentado pode ser aplicado a adolescentes, jovens, adultos e idosos. Adaptações também são bem-vindas, de acordo com objetivos específicos de quem adota a ferramenta para si mesmo ou aplica com outras pessoas.

## PASSO A PASSO DA APLICAÇÃO

**1** — O objetivo da atividade deve ser conhecido por todos os participantes, que devem também exercitar o autoconhecimento e o autoconceito, etapas fundamentais do processo de desenvolvimento de habilidades socioemocionais.

**2** — É importante refletir antes de preencher cada campo do *template* e ser honesto ao incluir as respostas em cada campo da ferramenta.

**3** — Explique cada campo do *template* e o que espera que seja incluído neles.

**4** — Por fim, coloque-se à disposição para sanar dúvidas que emergirem.

### *Template* de autopersona para crianças (de 6 a 12 anos)

Quero te conhecer melhor... vamos fazer uma viagem para dentro de você?
Responda às seguintes perguntas da forma mais sincera que puder.

**Qual é o seu nome?**

_____

**O que você gosta em seu jeito de ser?**

_____
_____
_____
_____

**O que te deixa feliz?**

_____
_____
_____
_____

**Você gostaria de ter um amigo como você? Por quê?**

_____
_____
_____
_____

**O que você não gosta em você?**

_____
_____
_____
_____

**O que te deixa triste?**

_____
_____
_____

**Faça um desenho bem bonito que represente quem você é.**

**Circule cinco emoções e sentimentos que sente com mais frequência durante um dia**

| | |
|---|---|
| Amor | Saudades |
| Raiva | Inveja |
| Tristeza | Carinho |
| Amizade | Ciúmes |
| Ansiedade | Compaixão |
| Medo | Alegria |
| Calma | Solidão |

**Agora crie um novo nome que representa quem você acredita que é!**

_____

**Fonte:** elaborado pela autora e inspirado em CAVALCANTI; FILATRO, 2018[3] e OTERO; RENNÓ, 1994.[4]

---

3   FILATRO, A.; CAVALCANTI, C. C. *Metodologias Inov-ativas na educação presencial, a distância e corporativa.* São Paulo: Saraiva Uni, 2018.
4   OTERO, R.; RENNÓ, R. *Ninguém é igual a ninguém:* o lúdico no conhecimento do ser. São Paulo: Editora do Brasil, 1994.

## *Template* de autopersona para adolescentes, adultos e idosos

Quero te conhecer melhor... vamos fazer uma viagem para dentro de você?
Responda às seguintes perguntas da forma mais sincera que puder.

**Qual é o seu nome?**

_____

| Indique suas principais características. | Destaque as principais qualidades que acredita possuir nos âmbitos: | Destaque elementos negativos que acredita possuir nos âmbitos: |
|---|---|---|
| _____ _____ _____ _____ | Social: Emocional: Intelectual: Físico: | Social: Emocional: Intelectual: Físico: |
| **Quais são os principais valores que norteiam as suas ações?** | **Indique as suas principais motivações.** | **Desenhe a sua autopersona.** |
| **Quais são seus principais sonhos a curto, médio e longo prazos?** | | |

**Fonte:** elaborado pela autora e inspirado em SALOM; MORENO; BLÁZQUEZ, 2012.

## Evidências de que a aprendizagem socioemocional está sendo desenvolvida:

• Saber comunicar quem é.

• Demonstrar que aceita quem é e que está confortável com as forças e fraquezas que possui.

Capítulo 6 – Agora é com você: estratégias de autoconhecimento  83

# Estratégia 3:
## Teste de personalidade versus matriz de percepções

**Enfoque da aprendizagem socioemocional:** autoconhecimento.

**Breve descrição da estratégia:** nesta atividade você será convidado a responder um teste de personalidade disponível de forma gratuita na web e que, dentre aqueles que estão disponíveis, tem sido considerado consistente por vários pesquisadores. O teste é uma versão simplificada do inventário pago MBTI (Myers-Briggs Type Indicator), criado por uma mãe e sua filha (Katherine Briggs e Isabel Briggs Myers, respectivamente) e utilizado por muitas organizações. Foi desenvolvido a partir dos cinco tipos de personalidade apontados pela teoria do Big Five.[5] O teste on-line pode ser acessado pelo QR Code disponível nesta página. Com as respostas em mãos, que indicam os traços de sua personalidade, você irá refletir e preencher a matriz com as suas percepções apresentando exemplos. Em seguida, converse com algumas pessoas próximas sobre quem você é. Assim, espero que amplie a sua visão sobre quem você é as características que fazem com que seja uma pessoa única.

www.16personalities.com/br/teste-de-personalidade

---

[5] Abertura a novas experiências (flexível para viver situações diferentes), extroversão (ser uma pessoa amigável, autoconfiante, sociável etc.), amabilidade (ser altruísta, cooperativo e amável), consciência (ser uma pessoa esforçada, organizada e autônoma) e estabilidade emocional (consistência nas reações emocionais). Big Five Inventory-BFI (JOHN; DONAHUE; KENTLE, 1991).

## O QUE SABER/FAZER ANTES DE COMEÇAR

**A estratégia pode ser utilizada por**: jovens a partir dos 18 anos, adultos e idosos podem realizar a atividade completa. Creio que a atividade precisa ser adaptada para ser aplicada a crianças e adolescentes de até 17 anos, pois o teste de personalidade que indico não é apropriado para essa faixa etária (veja como na "adaptação da estratégia" logo a seguir).

**Objetivo**: observar traços de personalidade identificados no resultado do teste de personalidade e comparar com a percepção de pessoas próximas.

**Tempo estimado**: de 15 a 20 minutos para responder o teste; de dez a 15 minutos para preencher a matriz com as suas percepções; e de 20 a 40 minutos para conversar com pessoas próximas sobre os resultados e preencher a matriz com as percepções delas.

**Número de participantes**: a atividade do teste de personalidade deve ser realizada, inicialmente, de forma individual e, posteriormente, envolve uma conversa com uma a três pessoas próximas de sua escolha.

**Recursos e materiais físicos e digitais**: teste de personalidade on-line, papel, caneta, lápis, celular ou *tablet* para preenchimento da matriz de forma física ou em espaços digitais.

**Adaptação da estratégia**: a atividade pode ser adaptada para ser realizada por crianças e adolescentes (entre oito e 17 anos) se forem suprimidas as Etapas 1 a 3. Neste caso, o importante é coletar percepções do próprio estudante na matriz e, posteriormente, de pessoas sobre as suas principais caraterísticas (Etapa 3 em diante, descrita a seguir). Se o educador considerar apropriado e o aluno quiser, é possível promover rodas de conversa em trios falando sobre identidade e personalidade.

Capítulo 6 - Agora é com você: estratégias de autoconhecimento

## PASSO A PASSO DA APLICAÇÃO

Acesse o site do teste rápido de personalidade criado pelos psicólogos Raymond Cattell, Maurice Tatsuoka e Herbert Eber, cuja versão em português está disponível no link indicado na descrição desta estratégia. Responda a todas as perguntas da forma mais honesta possível, indicando o quanto concorda ou discorda de cada afirmação. Evite escolher as respostas mais "neutras" da escala. Um exemplo que você encontrará no teste é: "Geralmente, você inicia conversas?". Esse tipo de pergunta busca identificar se você é uma pessoa extrovertida.

Depois que enviar as respostas ao teste você receberá o resultado, que indica quais são algumas das características da sua personalidade. Lembre-se de que não se deve ficar estritamente preso a este resultado uma vez que, já discutimos aqui, definir a personalidade de uma pessoa é uma atividade complexa, pois somos muito mais do que uma descrição padronizada. Explore as características e descrições dos outros tipos personalidade no próprio site do teste: www.16personalities.com/br/descricoes-dos-tipos.

A partir dos resultados do teste, dedique um tempo para refletir sobre a descrição de sua personalidade e sua própria percepção de quem é. Para isso, preencha, de forma individual, a matriz de perspectiva disponível a seguir.

| Características da minha personalidade que estão descritas nos resultados do teste | Exemplos de situações em que estes traços de personalidade emergem | *Insights* importantes sobre quem sou e que podem me ajudar na prática do autoconhecimento |
|---|---|---|
| Exemplo: extroversão. | Exemplo: visitar amigos e familiares é energizante. Gosto muito de estar com as pessoas, de conversar, de me comunicar. | Exemplo: apesar de minha personalidade extrovertida, também tenho momentos em que preciso ficar sozinha/sozinho para refletir e recuperar as energias. |

Agora, marque um encontro com uma pessoa muito próxima, que pode ser um cônjuge, um amigo de infância ou um amigo educador de longa data (quem sabe o seu parceiro nesta jornada de aprendizagem socioemocional). Esta coleta de percepções pode ser realizada, preferencialmente, com entre uma e três pessoas com quem convive bastante e que conhecem você com profundidade. Apresente o resultado de seu teste de personalidade e peça para que a pessoa escolhida fale sobre os aspectos dispostos na matriz de perspectiva, enquanto você a preenche com as informações e percepções compartilhadas por ela.

| Percepções coletadas sobre as características da minha personalidade | Exemplos trazidos na coleta de percepções de situações em que estes traços de personalidade emergem |
| --- | --- |

No final, agradeça à pessoa por compartilhar as percepções dela com você.

Compare os conteúdos da matriz que você preencheu e aquelas que contêm informações compartilhadas pelas pessoas com quem conversou. Isso vai ajudá-lo a avançar em seu autoconhecimento, não só a partir da perspectiva do teste de personalidade, mas, principalmente, a partir da sua visão pessoal e da de pessoas que te conhecem e convivem com você.

Por fim, recomendo que assista a uma TED *Talk* bastante interessante, ministrada pelo Dr. Brian Little, que explica como a nossa personalidade é única: *Quem é você realmente? O puzzle da personalidade.*[6]

**Evidências de que a aprendizagem socioemocional está sendo desenvolvida:**
- Saber descrever e reconhecer características de sua identidade e personalidade.
- Acolher e reconhecer as percepções de outras pessoas e com isso ampliar o autoconhecimento.

---

6  LITTLE, B. Quem é você realmente? O puzzle da personalidade. *TED 2016*. Disponível em: https://bit.ly/39IjXsZ. Acesso em: 29 abr. 2022.

# Estratégia 4:
## Mapeamento de valores[7]

Enfoque da aprendizagem socioemocional: autoconhecimento.

**Breve descrição da estratégia:** permite, a partir da apresentação de um cenário hipotético, que você faça escolhas e, a partir disso, reconheça valores que são importantes para sua vida.

## O QUE SABER/FAZER ANTES DE COMEÇAR

**A estratégia pode ser utilizada por:** crianças a partir de nove anos, adolescentes, jovens, adultos e idosos (se for necessário, é possível fazer adaptações para público e contexto em que será adotada).

**Objetivo:** identificar valores relevantes que norteiam suas escolhas e decisões ao longo da vida.

**Tempo estimado:** 30 a 40 minutos.

**Número de participantes:** a estratégia pode ser adotada de forma individual e os resultados podem ser compartilhados em pequenos grupos depois de mapeados.

**Recursos e materiais físicos e digitais:** papel, caneta, lápis, celular ou *tablet* para gravação de vídeos, espaços digitais para registros de informações e compartilhamento (se for o caso) dos resultados.

**Adaptação da estratégia:** dependendo da faixa etária, é possível propor um cenário diferente e até mesmo provocar conversas entre as pessoas depois que fizerem o seu mapeamento de valores de tal maneira que discutam com familiares e amigos próximos se os valores indicados são, de fato, aqueles que norteiam as suas ações.

---

7   Inspirada em PROA. *Jovens a bordo do futuro*: projeto de vida. São Paulo: PROA, 2020. p. 310.

## PASSO A PASSO DA APLICAÇÃO

Apresentação de cenário: Qual é o lugar do mundo que já visitou e mais gostou ou um local que sonha em conhecer? Imagine que você tem a oportunidade de morar neste lugar por dois anos e que pode escolher de três a seis pessoas para morar ou conviver diariamente com você neste novo lugar. Quem seriam essas pessoas?

Escreva o nome e, em poucas palavras, o motivo por que essas pessoas foram escolhidas. Ou seja, preencha somente as duas primeiras colunas da tabela. Por enquanto, deixe a coluna "Valores" em branco.

| Pessoa escolhida | Motivos | Valores |
|---|---|---|
| Exemplo: irmã. | É minha melhor amiga e posso confiar nela. | |
| | | |
| | | |
| | | |

Indique quais são as pessoas que não levaria com você. Por favor, também indique os motivos em poucas palavras. Deixe a coluna "Valores" em branco por enquanto.

| Pessoa escolhida | Motivos | Valores |
|---|---|---|
| Exemplo: colega de trabalho. | É muito ambicioso e já percebi que mente quando deseja passar uma boa impressão para o chefe. | |
| | | |
| | | |
| | | |

**4** Agora, consulte a lista de valores pessoais e profissionais apresentada a seguir. Se for preciso, complete o quadro com valores que não incluí e são muito importantes para você.

| Valores pessoais e profissionais | | | Complete a lista... |
|---|---|---|---|
| Amor | Obediência | Sabedoria | |
| Amizade | Sucesso | Saúde | |
| Altruísmo | Justiça | Religiosidade | |
| Bondade | Generosidade | Fidelidade | |
| Criatividade | Compaixão | Beleza | |
| Confiança | Verdade | Reconhecimento social | |
| Família | Responsabilidade | Obediência | |
| Educação | Trabalho | Sucesso | |
| Honestidade | Espiritualidade | Ambição | |
| Liberdade | Independência | Humildade | |

**Fonte:** adaptado de PRIOSTE, 2012.[8]

**5** Volte para as duas listas de pessoas que gostaria e que não gostaria que estivessem bem próximas de vocês nos dois anos seguintes. Leia os motivos e inclua os valores que são importantes para você. Exemplo 1 – Levaria a minha irmã; valores: família, confiança e amizade. Exemplo 2 – Não levaria meu colega de trabalho; valores: verdade, honestidade.

**6** A partir dos valores que identificou nesta atividade, faça um mapeamento mais específico indicando até cinco valores extremante importantes e dez valores importantes.

| Dez valores importantes | Cinco valores extremamente importantes |
|---|---|
| | |

**Evidências de que a aprendizagem socioemocional está sendo desenvolvida:**

- Saber comunicar quais são os seus valores.
- Ter comportamentos coerentes com os valores que relata ter.

---

8 PRIOSTE, A.; NARCISO, I.; GONÇALVES, M. Questionário de valores pessoais readaptado: processo de desenvolvimento e contributos iniciais para a validação. *RIDEP*, v. 1, n. 34, p. 175-199, 2012. Disponível em: www.aidep.org/03_ridep/R34/ART%209.pdf. Acesso em: 21 abr. 2022.

# Estratégia 5:

## Coletânea de relatos singelos e significativos

**Enfoque da aprendizagem socioemocional:** autoconhecimento.

**Breve descrição da estratégia:** permite que você registre relatos de membros da família e amigos próximos sobre momentos de sua história de vida. As falas devem ser filmadas ou gravadas para que, posteriormente, sejam organizadas em uma coletânea de relatos singelos e significativos de trechos de sua história de vida contados por pessoas que ama. Posteriormente, você vai ressignificar e recontar trechos de sua história de vida, que também irão compor a coletânea.

## O QUE SABER/FAZER ANTES DE COMEÇAR

**A estratégia pode ser utilizada por:** crianças a partir de oito anos, adolescentes, jovens, adultos e idosos.

**Objetivo:** pedir que pessoas próximas compartilhem momentos marcantes e significativos da sua vida, que serão gravados e revisitados para embasar o seu relato destes momentos.

**Tempo estimado:** entre 60 e 240 minutos (dependendo do número de relatos coletados).

**Número de participantes:** a pessoa que está coletando os relatos sobre sua vida e aquelas que vão compartilhar as histórias (sugiro de três a cinco pessoas).

**Recursos e materiais físicos e digitais:** seleção de um dispositivo digital que possa filmar ou gravar um arquivo de áudio. Pode ser celular, câmera de vídeo, gravador, tablet ou computador. Posteriormente, é possível utilizar um aplicativo para edição de áudio e/ou vídeo.

**Adaptação da estratégia:** a atividade pode ser realizada com crianças de quatro a oito anos, mas sem o recurso de gravação. Neste caso, recomenda-se que elas conversem com os pais, avós ou tios sobre episódios da vida delas e, depois, façam desenhos sobre eles. Outra opção é contar, em sala de aula ou por sessão de videoconferência com o acompanhamento de um educador, os relatos compartilhados por familiares para os colegas.

Capítulo 6 – Agora é com você: estratégias de autoconhecimento    91

## PASSO A PASSO DA APLICAÇÃO

**1** Escolha de três a cinco pessoas bastante próximas e que conviveram com você em diferentes fases da vida. Diga que está trabalhando no seu autoconhecimento e que gostaria de preparar uma coletânea de relatos sobre momentos de sua vida que, talvez, não estejam tão claros em sua memória ou que gostaria de conhecer diferentes perspectivas sobre momentos singelos e/ou significativos de sua vida. Ou seja, quer ouvir a história a partir do olhar de outra pessoa. O momento selecionado para ser compartilhado é de livre escolha do convidado para participar da atividade: pode ser um momento engraçado ou despretensioso, que revela características suas em uma determinada etapa da vida, ou pode ser um relato de um momento de grandes decisões, de superação, de aprendizado. Combine data e horário para conversar com cada pessoa selecionada. Diga que o relato será gravado (na forma de áudio ou vídeo) e se certifique de que a pessoa se sente confortável com isso.

**2** No dia agendado, vá até o local combinado e agradeça à pessoa pela disponibilidade de compartilhar o relato sobre um momento de sua história de vida. Peça autorização para gravar o relato no formato acordado previamente (áudio ou vídeo). Organize o equipamento e deixe tudo pronto para o início da gravação.

**3** Peça que a pessoa inicie falando o seu nome, qual é o grau de relação com você (exemplo: pai, avô, madrinha, amiga de infância etc.) e há quanto tempo vocês se conhecem. Em seguida, peça que descreva, com o máximo possível de detalhes, o relato sobre algum momento da sua vida que escolheu compartilhar. Deixe a pessoa contar toda a história e, se no final tiver alguma dúvida ou quiser explorar algum ponto específico, sinta-se à vontade para perguntar. Por fim, agradeça ao familiar ou amigo por ter compartilhado o relato com você.

**4** Depois que coletar todos os relatos, gaste um tempo para ouvir aquilo que as pessoas contaram sobre você, suas características, seu jeito de se divertir, de resolver problemas, de acolher e amar os outros. Anote aspectos que chamaram a sua atenção, pois reforçam a visão que tem sobre quem você é, e outros que revelam características suas que, talvez, tenham emergido poucas vezes na vida.

**5** Para terminar, grave um vídeo ou áudio e reconte os momentos apresentados pelas pessoas que selecionou, a partir da sua perspectiva. Explique como se sentiu naquele momento e como este relato representa aquilo que você é (ou não é): seus valores, sonhos, objetivos.

**Evidências de que a aprendizagem socioemocional está sendo desenvolvida:**
- Ressignificação de momentos de sua história de vida a partir do relato de pessoas muito próximas.
- Capacidade de recontar os relatos indicando suas características pessoais e emoções.

## Checkpoint com parceiro de jornada

Chegou o momento de marcar uma conversa com o educador, ou os educadores, que elegeu para vivenciarem esta jornada de aprendizagem socioemocional com você. Esse encontro não é obrigatório e só deve ocorrer se estiver confortável. Entretanto, pode ser um momento produtivo em que vocês compartilhem e discutam o que responderam nas sessões **Reflexão e registro** disponíveis nos capítulos anteriores. Além disso, sugiro que, neste encontro, vocês elejam pelo menos uma das estratégias propostas neste capítulo para apresentar para o parceiro e conversar sobre aspectos importantes do autoconhecimento. Neste momento de conversa, trocas de experiências e percepções podem gerar *insights* interessantes sobre como avançar seu desenvolvimento socioemocional e como trabalhar esta dimensão no ambiente educacional onde atua.

# PARTE II

## SAÚDE MENTAL NA ERA DIGITAL: ESTRATÉGIAS DE AUTOGESTÃO E *COPING*

# Introdução à Parte II

Viver os momentos mais difíceis da pandemia da Covid-19 dentro de casa foi uma experiência dolorosa para todos nós. Agora, imagine o que foi a experiência de trabalhar em hospitais precisando lidar todos os dias com o luto, o sofrimento, uma intensa demanda de trabalho e níveis de ansiedade e estresse altíssimos. Foi exatamente isso que aconteceu com os gestores educacionais, professores e participantes do MBA Executivo em Gestão da Saúde do Centro de Ensino e Pesquisa do Einstein. Foi neste contexto que o então coordenador do curso Prof. Dr. João Paulo Bittencourt e outras pessoas vinculadas ao programa criaram uma iniciativa que visava a acolher e apoiar emocionalmente as pessoas da comunidade do MBA naqueles momentos de crise. Pedi para o Bittencourt compartilhar informações sobre como foi criar e manter a iniciativa "Bom dia, Vietnã" [1] e os resultados dessa iniciativa na promoção de acolhimento, senso de pertencimento e suporte para a saúde mental de um grupo que viu muito de perto as consequências da maior crise sanitária dos últimos tempos.

## VALE A PENA CONHECER – CRIAÇÃO DE COMUNIDADE PARA ENFRENTAMENTO DE MOMENTOS DE CRISE

**Por: João Paulo Bittencourt**

No dia 4 de março de 2020, eu estava trabalhando em nosso novo centro de formação de executivos de saúde, na Avenida Paulista, quando recebi uma ligação muito importante. Por meio dela, entendi que vivíamos uma crise sem precedentes em nossa geração. Em um primeiro momento,

---

1   O nome foi escolhido em alusão ao filme de comédia dramática "Bom Dia, Vietnã". Lançado em 1987, conta a história de um DJ das forças armadas americanas que, em 1964, mantinha um programa de rádio transmitido para as tropas americanas que lutavam na Guerra do Vietnã. Pelo uso do humor e entretenimento, o DJ fazia os soldados sorrirem mesmo em meio às mazelas de um conflito militar.

pensei em minha família e no que faríamos diante de uma pandemia global. Depois, nos amigos, estudantes, professores e profissionais de saúde. Estávamos diante de um desafio que envolveria decisões metodológicas e tecnológicas, mas, sobretudo, humanas. Liguei, então, para um grupo especial de estudantes do MBA Executivo em Gestão de Saúde, com os quais eu mantinha uma relação próxima e de parceria. Convoquei a todos para uma ação de união e de proximidade entre alunos e docentes durante o período.

Nesse grupo, a Aline Ribeiro, uma experiente profissional de Gestão de Pessoas e com diversos anos vivenciados em missões humanitárias, foi a primeira a topar. Foi ela o alicerce para iniciar e manter a ação que se seguiria pelos próximos 100 dias de pandemia: o "Bom dia, Vietnã (BDV)".

Construída ao longo do caminho, a iniciativa envolvia a abertura de um link, todos os dias, às seis e meia da manhã, para cuidarmos uns dos outros. Docentes, estudantes, amigos. Muitos deles na linha de frente da pandemia em todos os cantos do Brasil. Entre os temas tratados, medo, luto, vacina, características do vírus... tudo foi discutido nesse fórum.

Em poucos dias, pudemos contar com referências de várias áreas, generosas participações voluntárias de profissionais da saúde, gestores, artistas e atletas. Todos com relevante contribuição e aflitos com a situação que então vivíamos. Choramos, sofremos, sorrimos e tivemos esperança. Insisti durante os encontros: vamos lutar para não padecermos todos juntos. Mas não deixemos de nos dar o direito de padecer.

E os dias seguiram. Começamos a perder entes queridos. O cuidado de amigos enviando flores a quem estava sofrendo era um dos detalhes preciosos desse processo. Em um dia, descobríamos sobre uma perda, e em outro sobre um nascimento. Caíamos, levantávamos. E no outro dia, às 6h30, conectávamos.

Mais participantes se juntaram à organização do BDV, pois era difícil ter pessoas e temas relevantes todos os dias. E a cada encontro alguém fantástico aparecia com muita força, compreensão e empatia. Essas pessoas construíram, fizeram e farão parte da história da pandemia. Para cada gestor, colega, professor, estudante e amigo que foi apoiado diretamente, muitas pessoas foram apoiadas indiretamente.

Outro dia ouvi de uma estudante que, em determinados momentos, a única parte boa do seu dia era o BDV. Eu a entendi, porque comigo aconteceu o mesmo. E só era bom porque lá encontrávamos pessoas que admiramos, a quem pudemos ajudar e que estiveram ao nosso lado, permitindo-nos sermos nós mesmos. Minha esperança como gestor educacional e, sobretudo, como professor, é que essas pessoas continuem propiciando muitos espaços assim, onde estiverem.

A intenção ao criar o BDV era de que houvesse um ponto de apoio mútuo. Tudo podia acontecer e precisávamos intensamente uns dos outros. A educação transforma vidas e gera muitas oportunidades, e isso é maravilhoso. Mas ela precisa ser mais do que a preparação para a vida. Afinal, ela é a vida! Dura, linda, ora doce, ora amarga, e precisa ser reconhecida como tal. Se a educação não nos conduz ao autoconhecimento e a sermos melhores pessoas, teremos perdido a melhor parte dela.

Emociona-me pensar que um educador tenha usado o que tinha à sua disposição para criar uma comunidade, onde as pessoas encontraram suporte socioemocional para dar conta dos horrores encontrados todos os dias nos corredores, quartos e leitos das UTI de hospitais.

Do lado de cá, vivi a pandemia a partir de duas perspectivas: a de mãe e a de profissional. Como mãe, acompanhei de perto duas crianças virarem adolescentes, enquanto faziam isolamento social. Sofri as agruras de ver as escolas fechadas, sem ter perspectiva de quando os meninos poderiam viver este período tão bonito da vida da forma como imaginava que deveriam viver – perto dos amigos, da família, explorando novas realidades e novos contextos. Por outro lado, como profissional, esse período foi extremamente demandante. Muitos dos temas que estudo há décadas se tornaram fundamentais e a procura por palestras, cursos, formações, projetos de educação on-line cresceu muito. Posso dizer que trabalhei muito na pandemia, por acreditar que poderia fazer a diferença na vida de muitos educadores que precisavam de ajuda e de que alunos não se sentiam motivados a aprender, nos variados modelos emergenciais adotados pelas escolas (na melhor das intenções).

Naquele período, vi especialmente como foi difícil manter a minha saúde mental e até colocar em prática alguns rituais e estratégias que favorecem a aprendizagem socioemocional, que havia incorporado em minha rotina há vários anos. Não foi nada simples manter o equilíbrio entre o tempo de tela usado para trabalhar, aprender coisas novas, manter contato com a família e amigos, acessar notícias, assistir a séries que "distraem a mente" e realizar basicamente todas as atividades da vida.

Foi certamente um período bastante desafiador para nós educadores. Fiz questão de anotar em um *post-it* e colar na parede do meu escritório as falas daqueles que compartilhavam as dores nas formações docentes que eu ministrava via videoconferência e, às vezes, pedidos angustiados de ajuda, que chegavam nos grupos de WhatsApp: "Como consigo alfabetizar uma criança via Zoom?", "Como engajar os profissionais para abrirem a câmera e participarem das aulas? Sinto que estão respondendo *e-mail* enquanto dou aula.", "Como estruturar um curso on-line de escala que tenha qualidade?".

Este "*espírito do tempo*" sentido e vivido por nós foi tangibilizado em um artigo intitulado *Exaustos e mal remunerados: grande número de professores nos Estados Unidos estão deixando a profissão*,[2] publicado pelo

---

2   SAINATO, M. Exhausted and underpaid: teachers across the US are leaving their jobs in numbers. *The Guardian*, 2021. Disponível em: www.theguardian.com/world/2021/oct/04/teachers-quitting-jobs-covid-record-numbers. Acesso em: 21 abr. 2022.

jornal britânico *The Guardian*, no final de 2021. O texto apresentou um quadro preocupante de que muitos professores nos Estados Unidos estavam se aposentando antes da hora ou simplesmente abandonando a carreira docente. Os motivos eram o trabalho excessivo (quase desumano), o pouco reconhecimento e o enfrentamento de problemas de saúde mental e física. No Brasil e em outras partes do mundo o cenário observado foi semelhante.

Sim, este momento impactou a saúde mental de muitos educadores. De fato, uma pesquisa realizada em 2020 pela *Nova Escola* com 1,9 mil educadores brasileiros revelou que 72% deles consideram que sua saúde mental foi afetada durante a pandemia. Sabemos que não foram só as condições de trabalho, muitas vezes exaustivas, que levaram esses profissionais a se sentirem estressados, ansiosos e depressivos. Para além de precisarem adequar a sua prática laboral às diferentes realidades, muitos tiveram de lidar com luto, doença, perda da liberdade de ir e vir, distanciamento físico de amigos e familiares, dificuldades financeiras, só para mencionar algumas complicações. Os limites entre casa, escola, universidade, espaços de lazer e ambiente de trabalho foram quebrados e, neste processo, muitos de nós criamos (mesmo sem saber) dependência de nossos dispositivos móveis e de tecnologia em geral.

Este também foi um momento que acompanhei uma rápida curva de aprendizagem. Vi educadores aprendendo a usar riquíssimos recursos digitais disponíveis em aplicativos, portais, jogos e ferramentas educacionais para promover experiências de conhecimento incríveis. O debate sobre metodologias de aprendizagem e estratégias para a criação de aulas on-line, centradas no protagonismo dos alunos, começou a ocupar a mente de educadores. Diante do novo desafio imposto, estes foram obrigados a usar as tecnologias em sua prática sem, muitas vezes, terem recebido uma preparação adequada para isso. Porém observei mais: notei as pessoas dedicando tempo exacerbado aos *games*, às redes sociais, aos canais de notícias (muitas delas bem tristes) e até mesmo a conteúdos questionáveis (violentos, pornográficos ou com visões políticas radicais e que fomentam discursos de ódio).

A saúde mental de crianças, jovens, adultos e pessoas mais maduras tem sido, há várias décadas, tema de pesquisa e discussão na academia e nos órgãos de saúde nacionais e mundiais. O que você acredita ser saúde mental? Esta não é uma resposta simples, uma vez que existem vários entendimentos e diversas concepções sobre o termo. Algumas delas, inclusive, são bastante críticas. Para além da definição da OMS, já apresentada na abertura deste livro, creio que os pesquisadores brasileiros Almeida Filho,

Coelho e Peres[3] trazem uma definição clássica, abrangente e coerente. Para eles, "saúde mental significa um *socius* saudável; ela implica emprego, satisfação no trabalho, vida cotidiana significativa, participação social, lazer, qualidade das redes sociais, equidade, enfim, qualidade de vida".

Este é um que tema tem preocupado a todos nós, pois sabemos que as consequências da falta de saúde mental são devastadoras. A mente afeta o corpo de forma poderosa, afinal, existe uma relação muito forte entre saúde física, mental e qualidade de vida. Por isso que esse assunto tem gerado a curiosidade e o interesse de pessoas, especialmente nos últimos anos. Em junho de 2020, por exemplo, as buscas por termos relacionados à "saúde mental" na internet atingiram um número recorde, com aumento de 61% na procura em relação ao mesmo período no ano anterior.[4] Naquele mesmo ano, a busca por termos como "exaustão mental" também foi inflacionada em mais de 150%.

São vários os aspectos que afetam a nossa saúde mental, dentre eles, ansiedade, estresse, depressão, abusos físicos e psicológicos, vícios, excesso de trabalho, problemas do sono, só para mencionar alguns. O'Connel, Boat e Warner[5] defendem que a prevenção no âmbito da saúde mental é composta por ações antecipadas, que podem ser adotadas pelas pessoas, para ajudarem na redução de ameaças que impactam o bem-estar psicológico. Tais ações preventivas passam pela aprendizagem socioemocional e pelo uso de metodologias ativas, que preparam as pessoas para que criem sistemas de proteção individual e/ou coletiva. Com isso, diminuem-se os fatores de risco relacionados a aspectos que impactam negativamente a saúde mental.[6]

Na **Parte II** deste livro, você encontra capítulos que tratam dos desafios para manter uma boa saúde mental na era digital. Também serão explorados os caminhos para fomentar a aprendizagem socioemocional nas áreas de autogestão e *coping* (estratégias para o enfrentamento do estresse), a partir de relações saudáveis. Com isso, espero que você, educador, reflita e até incorpore em sua vida pessoal e profissional algumas das estratégias ativas e os elementos que podem ajudar a ter uma melhor saúde.

---

3 ALMEIDA FILHO, N.; COELHO, M. T. A.; PERES, M. F. T. O conceito de saúde mental. *Revista USP*, 43, p. 100-125, 1999.

4 PINHEIRO, A. C. Saúde mental bate recorde de busca no Google na quarentena. *Revista Cláudia*, 7 ago. 2020. Disponível em: https://claudia.abril.com.br/saude/saude-mental-bate-recorde-de-busca-no-google-na-quarentena. Acesso em: 21 abr. 2022.

5 O'CONNEL, M. E.; BOAT, T.; WARNER, K. E. *Preventing mental, emotional, and behavioral disorders among young people*: progress and possibilities. Washington: The National Academies Press, 2009. p. 592.

6 ABREU, S.; MIRANDA, A. A. V.; MURTA, S. G. Programas Preventivos Brasileiros: quem faz e como é feita a prevenção em saúde mental? *Psico-USF*, Bragança Paulista, v. 21, n. 1, p. 163-177, 2016.

# Capítulo 7

# Autogestão para lidar com fatores que impactam negativamente a saúde mental

Pense na última vez que assistiu às notícias divulgadas em um telejornal ou até mesmo nas atividades que realizou na última semana. Você diria que os fatos e desafios que vieram à sua memória são simples e fáceis de compreender/resolver ou são complexos? Complexidade é a palavra usada por vários pensadores contemporâneos – como Edgard Morin,[1] Zygmunt Bauman[2] e Pierre Lévy[3] – para definir o momento em que vivemos. A raiz da palavra complexidade vem do latim *complexus*, e seu significado é "aquilo que está tecido junto". Existem variados fatores sociais, econômicos, profissionais, tecnológicos, ambientais (só para mencionar alguns) de nossa vida contemporânea que fazem com que a complexidade seja uma realidade que nos acompanha diariamente e impacta a nossa saúde mental e física.

Gostaria, inicialmente, de explorar um elemento abordado pelo autor e filósofo coreano Byung-Chul Han, que é professor universitário de Filosofia e Estudos Culturais em Berlim. No livro *Sociedade do cansaço*[4] ele apresenta alguns motivos de, muitas vezes, nos sentirmos exaustos o tempo todo. Ao dialogar de forma crítica com as ideias de pensadores como Michel Foucault, Hannah Arendt e Friedrich Nietzsche, dentre outros, o autor explica que, em nossa sociedade, existe uma grande cobrança por desempenho e performance, ou seja, a cobrança pela alta produtividade. O discurso positivo e meritocrático, muito disseminado na atualidade, especialmente nas redes sociais, pode ser visto em frases como "*Yes, we can*", "Quem trabalha consegue", "Nunca desista dos seus sonhos", e isso gera uma pressão tão grande que tem impactado muitos de nós.

O autor defende que a positividade deve ser vista de forma crítica, pois sabemos que somos imperfeitos e que existem coisas que talvez não vamos

---

1   MORIN, E. *Educação e complexidade*: os sete saberes e outros ensaios. Organizado por Maria da Conceição de Almeida e Edgard de Assis Carvalho. Trad. Edgard de Assis Carvalho. São Paulo: Cortez, 2002.
2   BAUMAN, Z. *Modernidade líquida*. Rio de Janeiro: Jorge Zahar, 2001.
3   LÉVY, P. *Cibercultura*. São Paulo: Editora 34, 2009.
4   HAN, B. C. *Sociedade do cansaço*. Trad. Enio Paulo Giachini. Petrópolis: Editora Vozes, 2015. p. 80.

conseguir realizar na vida, mesmo com os nossos melhores esforços. Em outras palavras, uma professora de uma faculdade pequena, localizada em uma região de vulnerabilidade social, talvez fique frustrada uma vez que, por mais que se esforce para preparar os seus alunos para ingressar no mercado de trabalho, tem notado que, nos últimos anos, poucos deles conseguiram as vagas para *trainee* nas empresas em que "sonham" trabalhar. Neste caso, fica evidente para ela que essas vagas acabam sendo disponibilizadas para alunos de universidades de renome. Essa realidade não deve impedi-la de realizar o seu trabalho da melhor forma possível. Talvez ela não consiga alcançar esse objetivo pessoal de forma integral, mas pode ficar satisfeita ao saber que está dando o seu melhor e que os alunos têm nela um exemplo de alguém responsável, dedicado e consistente. Isso deve inspirá-los a achar caminhos para construir uma carreira profissional de sucesso.

Segundo Han, a positividade impulsiona a autocobrança, que, por sua vez, é alimentada por conteúdos que bombardeiam as redes sociais. Pouca gente usa essas populares arenas digitais para contar sobre seus fracassos e vulnerabilidades. Nas páginas do LinkedIn, Instagram, Twitter e TikTok geralmente aparecem conquistas, diplomas, viagens e festas. O excesso de informações e estímulos a que somos submetidos diariamente fomenta em nós a pressão para sermos considerados pessoas e profissionais de sucesso, isto é, autênticos, produtivos, inovadores.

Na visão do autor, a combinação do excesso de trabalho (superprodução), autocobrança por resultados (superdesempenho) e o acesso a um grande volume de informações (supercomunicação) geram o que chama de "violência da positividade". O filósofo explica que esse tipo de violência, associado ao cansaço extremo, favorece o isolamento social, o individualismo e o surgimento de patologias que afetam a saúde mental e física, como depressão, hiperatividade, déficit de atenção, ansiedade e síndrome de *burnout*.

A propósito, você sabe o que é a síndrome de *burnout*? Esse termo refere-se ao esgotamento profissional provocado pelo esforço prolongado resultante de situações desgastantes de trabalho. A síndrome foi incluída na Classificação Internacional de Doenças da OMS, que entrou em vigor em 2022. A psicóloga Ana Gabriela Andriani, que é doutora pela Unicamp, explica em uma entrevista que, ao buscar desempenhar bem seus papéis, "as pessoas vêm se utilizando de artifícios químicos e medicamentos para que oscilações emocionais não aconteçam. Elas não podem ficar tristes nem desmotivadas; precisam garantir a estabilidade de humor e a alta produtividade sempre".[5]

---

5   FERRARI, W. A sociedade do cansaço é cada vez mais realidade; como se blindar? *Consumidor moderno*, 3 jun. 2021. Disponível em: www.consumidormoderno.com.br/2021/06/03/sociedade-cansaco-blindar. Acesso em: 21 abr. 2022.

É preocupante que a supercobrança, a demanda por superdesempenho e a supercomunicação que têm afetado a saúde de educadores também impactem negativamente o bem-estar psicológico de estudantes e profissionais. Existem ambientes educacionais e de trabalho que promovem a competitividade entre as pessoas com altas exigências por desempenho (acadêmico e/ou profissional). Isso estimula a prática da autocobrança e me faz refletir: Será que toda a pressão que crianças, jovens e profissionais recebem de suas famílias, amigos, instituições de ensino e/ou organizações tem contribuído para o adoecimento mental coletivo?

## Reflexão e registro

**Perspectiva pessoal:** O excesso de trabalho (superprodução), autocobrança por resultados (superdesempenho) e o acesso a um grande volume de informações (supercomunicação) têm afetado a sua saúde mental nos últimos tempos? Como?

**Perspectiva profissional:** Como você lida com a sua realidade profissional atual? Você se sente realizado ou geralmente está extremamente cansado? Quais são as expectativas que as outras pessoas têm sobre o seu desempenho no trabalho e quais são as suas expectativas em relação a você mesmo e aos estudantes e/ou profissionais que participam das disciplinas, cursos, programas e educacionais em que está envolvido? Como é o seu ambiente de trabalho em relação à saúde mental?

Como educadores enfrentamos uma rotina de trabalho intensa e, sim, sabemos que precisamos ser produtivos. Nós temos projetos pessoais, sociais e profissionais que queremos tirar do papel. Os alunos e as famílias precisam de nós. As instituições e organizações também. Comunidades inteiras e a sociedade precisam de nós. No entanto, devemos ficar atentos para não contribuirmos para a criação de ambientes educacionais que fomentem o que Byung-Chul Han chama de "violência da positividade".

E onde a aprendizagem socioemocional com uso de metodologias ativas entra nesta história? Ela pode nos ajudar no desenvolvimento de conhecimentos, habilidades e atitudes que permitam nos conhecer melhor, ter relacionamentos mais equilibrados e prazerosos com outras pessoas e fazer escolhas pautadas pela ética e por valores morais. Ao incorporar estas aprendizagens aos desafios enfrentados diariamente, teremos mais recursos internos para lidar com estresse, ansiedade e emoções que talvez sejam tóxicas para a nossa saúde mental e física. A aprendizagem socioemocional pode, ainda, nos mostrar caminhos para criarmos ambientes de aprendizagem mais humanos e acolhedores e que não contribuam para a disseminação da cultura da superprodução, autocobrança, supercomunicação e competitividade excessiva.

De forma alguma quero que você, educador, entenda que apoiar estudantes e profissionais no desenvolvimento de competências socioemocionais é mais uma atividade a ser incluída na grande lista de funções que já possui relacionadas ao seu trabalho. Na minha visão, a partir de sua aprendizagem socioemocional, obterá um olhar crítico sobre os seus objetivos e esforços. É a partir dela que você conseguirá se aceitar como é: uma pessoa imperfeita, mas cheia de qualidades únicas, que podem ser usadas para promover o bem comum. Só assim você entenderá se investir no desenvolvimento socioemocional de outras pessoas faz sentido na sua realidade profissional ou se, inicialmente, só dá conta de focar em sua aprendizagem socioemocional. Se a segunda opção for a sua realidade, fico feliz que tenha a coragem de reconhecer que, primeiramente, precisa cuidar de si para que depois possa cuidar de outras pessoas.

Digo isso, pois, às vezes, a nossa autocobrança pode ser aplicada até para situações boas, como: "Preciso implementar no próximo mês na universidade corporativa da minha empresa um programa de desenvolvimento de *soft skills*"; ou "Preciso apoiar os meus alunos do Ensino Médio para que pratiquem o autoconhecimento, pois isso deve ajudá-los na escolha do curso de graduação"; ou ainda, "Preciso desenhar um programa que auxilie na preparação dos pais para que

> **CONVITE PARA AÇÃO**
>
> *ESTRATÉGIA 7: SENSIBILIZAÇÃO SOBRE DIÁLOGOS INTERNOS (CAPÍTULO 12) - VISA A LEVAR VOCÊ A RECONHECER OS DIÁLOGOS MENTAIS QUE OCORREM EM SEUS PENSAMENTOS E A PRATICAR, PELA AUTOGESTÃO, FORMAS DE TER DIÁLOGOS INTERNOS MAIS POSITIVOS.*

eles trabalhem em parceria com a escola no desenvolvimento socioemocional das crianças". Esses desejos e projeções são relevantes e necessários, mas se o custo para que isso se torne realidade for o seu cansaço extremo, ou até mesmo a exaustão, é melhor que os projetos sejam postergados, planejados de forma diferente ou que outras pessoas sejam convidadas para somar esforços e implementar soluções coerentes e relevantes.

De fato, a autogestão é a competência que vai permitir o controle dos pensamentos, das emoções e das ações, para que, assim, se atinja objetivos, adapte-se à realidade social em que está inserido e sejam atendidas as demandas cognitivas. É a autogestão que vai permitir que você, educador, reflita, decida, planeje, execute e avalie as ações relacionadas, primeiramente, ao seu desenvolvimento socioemocional e, posteriormente, a caminhos para facilitar que esta jornada seja vivenciada por outras pessoas.

Digamos que você faz um exame de sangue e o médico explica que está com o colesterol alto, o que pode impactar a sua saúde física a médio e longo prazo. Ele recomenda que sejam feitas alterações em sua dieta e que comece a praticar exercícios físicos regularmente. Você tem uma vida bastante corrida e sabe que terá de mudar vários aspectos da sua rotina para ter acesso a refeições mais saudáveis e fazer exercícios físicos pelo menos três vezes por semana. A autogestão é a competência que vai levar você a planejar esta nova rotina, lidar com as emoções e pensamentos negativos que podem surgir neste percurso (exemplo: preferir assistir a uma série a caminhar na esteira) e conduzir no processo de aprendizagem sobre como ter uma vida mais saudável.

Praticar a autogestão parece ser algo simples, mas não é. Todos nós fazemos escolhas que, racionalmente, sabemos não ser as melhores. Às vezes, a opção que não seria a melhor (do ponto de vista da saúde) é aquela que nos dá muito prazer. Portanto, pela aprendizagem socioemocional, seremos mais capazes de perceber quando estudantes, profissionais ou colegas de trabalho precisam de suporte de profissionais da área da saúde para lidar com o sofrimento psicológico. Vale a pena conhecer uma iniciativa que envolve o uso de inteligência artificial.

## VALE A PENA CONHECER – USO DE INTELIGÊNCIA ARTIFICIAL PARA MAPEAR PROBLEMAS DE SAÚDE MENTAL EM ALUNOS UNIVERSITÁRIOS

Professores e pesquisadores da Universidade Federal de São Carlos (UFSCar), da Universidade Federal do Triângulo Mineiro (UFTM) e da Universidade George Mason estão investindo em um projeto de pesquisa que usa inteligência artificial para mapear problemas de saúde mental de estudantes universitários. A iniciativa começou depois da morte de um estudante de Ciência da Computação da UFSCar, que era considerado brilhante. O motivo da morte, provavelmente, foi suicídio e aqueles que conviviam com o jovem não perceberam os sinais de seu sofrimento psicológico. Entretanto, quando especialistas verificaram suas postagens nas redes sociais ficou evidente que aquele aluno precisava de ajuda, mas não foi capaz de recorrer aos serviços de apoio à saúde mental ofertados pela universidade.

O objetivo dos pesquisadores é usar a inteligência artificial para cruzar dados obtidos nas postagens que os estudantes fazem em redes sociais e informações fisiológicas coletadas por relógios inteligentes. Aqueles que aceitarem participar da pesquisa vão adicionar nas suas redes sociais o perfil Amigo Virtual Especializado (Amive), permitindo a coleta e análise dos dados postados. A intenção dos pesquisadores é reconhecer padrões de comunicação, palavras e termos que são usados por pessoas com perfil depressivo, uma vez que muitos jovens universitários usam as redes sociais para desabafar sobre os desafios da vida acadêmica. Já os relógios inteligentes devem captar a frequência cardíaca, a agitação frequente das mãos, o caminhar de um lado para o outro, o que pode indicar ansiedade.

Os sinais coletados pelo relógio serão cruzados com as características das postagens. Os estudantes devem receber, também nas redes sociais, mensagens personalizadas da Amive sobre alimentação saudável, descanso e atividade física. Essas orientações, quando seguidas, permitem que cada um tenha uma saúde melhor e contribuem até para a busca de ajuda de profissionais da área da saúde, ofertada pela universidade de forma gratuita.

**Fonte:** PINHO, A. Projeto de professores usa inteligência artificial e relógio contra depressão. *Folha de S.Paulo*, 10 mai. 2021. Disponível em: www1.folha.uol.com.br/equilibrioesaude/2021/05/projeto-de-professores-usa-inteligencia-artificial-e-relogio-contra-depressao.shtml. Acesso em: 21 abr. 2022.

Chamam a atenção casos mais extremos, como o da repórter japonesa Miwa Sado,[6] de 31 anos, que morreu subitamente ao cobrir duas eleições consecutivas e trabalhar 153 horas extras em um mês. Ela morreu com o celular na mão e o diagnóstico dado foi *karoshi*, palavra japonesa que significa "morte por excesso de trabalho". A morte súbita é consequência de acidentes vasculares cerebrais (AVC), ataque cardíaco, infarto ou trombose. Se você nunca ouviu falar disso, saiba que é relativamente comum. Uma pesquisa realizada pela Organização Mundial do Trabalho (OMT) revela que 745 mil pessoas no mundo morreram de *karoshi* em 2016. Você sabia, por exemplo, que, no Brasil, até 4% da população trabalha mais de 55 horas por semana, o que aumenta em 35% a chance de a pessoa ter um AVC em comparação com quem trabalha entre 35 e 40 horas semanais? Por isso que ser capaz de cuidar da saúde, em suas várias dimensões, é tão importante.

Mas, sigamos em frente, pois ainda há muito por conversar. A começar sobre autogestão, a competência que nos ajuda neste processo de autocuidado, que é o assunto que vamos tratar no próximo capítulo.

---

6  PORTO, L. Por que estamos trabalhando tanto e até morrendo por excesso de trabalho. *O futuro das coisas*, 7 jan. 2022. Disponível em: https://ofuturodascoisas.com/por-que-estamos-trabalhamos-tanto-e-ate-morrendo-por-excesso-de-trabalho. Acesso em: 21 abr. 2022.

# Capítulo 8

## Uso excessivo de tecnologias como um agravante para saúde mental

Vimos que um agravante para a saúde mental que tem chamado a atenção de especialistas nos últimos anos é a forma desequilibrada como temos lidado com o excesso de informações, impulsos e estímulos que chegam até nós, principalmente, a partir do uso de recursos tecnológicos. O conceito de economia da atenção está relacionado ao tempo que uma pessoa dedica a sua atenção a uma determinada informação e/ou conteúdo. A atenção humana é escassa e, em um momento histórico, quando temos acesso a um volume de dados infinitamente maior do que podemos processar, precisamos fazer escolhas o tempo todo. Na década de 1970, o termo "economia da atenção" foi cunhado por Heber Simon.[1] Americano e vencedor do prêmio Nobel de Economia, para Simon, "o que a informação consome é bastante óbvio, consome a atenção de seus destinatários. Assim, uma riqueza de informação cria uma pobreza de atenção". Grosso modo, o tanto de tempo (e vida) que dispendemos para qualquer atividade tem um preço e um custo.

Em entrevista para a *BBC*, a autora do livro *El enemigo conoce el sistema* (O inimigo conhece o sistema, em tradução livre), Marta Peirano,[2] alerta que o uso contínuo do celular tem sequestrado os nossos cérebros, horas de sono e energia. Ela, que é uma jornalista espanhola, explica que hoje as empresas de tecnologia, como Apple, Google, Twitter, Facebook, Amazon, faturam milhões a partir da economia da atenção. Quanto mais tempo gastamos navegando pelo Instagram, mais dados vamos gerar e com isso a empresa ganha mais dinheiro dos anunciantes. Antes de termos acesso à TV por *streaming*, como Netflix, Disney+, Amazon Prime, precisávamos aguardar o dia e horário em que o episódio de nossa série favorita iria ao ar. Lembro-me bem da ansiedade por ter de esperar para assistir

---

1 SIMON, H. Designing organizations for an information-rich world. *In*: GREENBERGER, M. (ed.) *Computers, communication and the public interest*. Baltimore: Johns Hopkins University Press, 1971. p. 109.

2 MASSIS, D. Somos cada vez menos felizes porque estamos viciados na tecnologia. *BBC News Brasil*, 23 fev. 2020. Disponível em: www.bbc.com/portuguese/geral-51409523. Acesso em: 21 abr. 2022.

aos novos episódios de *Friends* quando tinha 20 e poucos anos. Entretanto, agora somos capazes de "maratonar" e assistir a temporadas inteiras de uma série em poucos dias.

Como tudo na vida, os excessos têm impactos em nossa saúde que precisam ser considerados. Peirano explica, ainda, que muitas plataformas, jogos e aplicativos digitais são criados a partir de design embasado na Psicologia do Condicionamento. Esse design permite o recebimento de recompensas que, no fundo, são cargas de dopamina, neurotransmissor conhecido também como hormônio do prazer ou da felicidade, que dá satisfação imediata para os usuários. Pense no tempo e na energia que crianças, jovens e grande parcela de adultos adeptos dos jogos dedicam para seus *games* favoritos. Seu bom desempenho geralmente é recompensado com pontos, status na comunidade de *gamers*, novos artefatos que fazem com que joguem ainda melhor, e assim por diante. Essa estrutura de design pode ter um efeito viciante em algumas pessoas.

Obsessão é diferente de vício. Segundo o dicionário Michaelis, obsessão "é uma vontade e ideia fixa involuntária tão forte que perturba e leva a pessoa a agir de uma determinada forma". Vício, por sua vez, é definido como "dependência de uma 'droga' que leva a um consumo (ou uso) incontrolável". Como adultos que usam e dependem das tecnologias para trabalhar, ora ou outra precisamos parar para refletir sobre a nossa relação com as tecnologias e fazer mudanças que julgamos necessárias para conseguirmos utilizar melhor nosso tempo.

Essas pausas para reflexão podem, ainda, nos capacitar a reconhecer quando estudantes e profissionais que participam dos cursos e programas educacionais que ofertamos estão obcecados, ou até mesmo viciados, por determinado tipo de recurso tecnológico ou de conteúdo. Às vezes esses comportamentos podem ser relacionados a algo até positivo, como informações esportivas e culturais.

Conheci uma pessoa que investiu certa quantia de dinheiro em *bitcoins* e acabou perdendo metade do montante que havia aplicado. Depois dessa perda, começou a consumir todo conteúdo que podia achar sobre o tema e, com isso, começou a ter mais sucesso em seus investimentos, o que o estimulou a continuar aprendendo. Lembro-me de que fomos passar um fim de semana com essa família e pude acompanhar de perto o incômodo e o mau humor da esposa, pois o

> **CONVITE PARA AÇÃO**
>
> ESTRATÉGIA 6: TEMPO DE TELA É TEMPO DE VIDA (CAPÍTULO 12) - VISA A AJUDAR NO RECONHECIMENTO DE COMO VOCÊ TEM FEITO A GESTÃO DE SEU TEMPO E ESTIMULAR A FAZER ESCOLHAS MAIS SAUDÁVEIS, QUE PROMOVERÃO MELHORIAS EM SUA SAÚDE FÍSICA E MENTAL.

marido passava o tempo todo consultando conteúdos sobre criptomoedas: na hora das refeições, nas caminhadas, na hora do jogo de cartas. Ele simplesmente não parava de consultar o celular. Quando a esposa sugeria que deixasse o aparelho de lado para focar na conversa da turma, ele ficava irritado. Ela nos disse que estava preocupada com os comportamentos dele e que torcia para que estivesse se comportando de forma diferente no ambiente de trabalho. Pouco tempo depois, ele nos contou que recuperou o dinheiro perdido e reconheceu ter ficado obcecado com o tema por alguns meses. Para lidar com isso de uma forma melhor, decidiu contratar um consultor financeiro para ajudá-lo com seus investimentos. Naquele dia, notei que sua obsessão por consultar o celular a todo o momento havia melhorado bastante. Mas nem sempre a pessoa consegue reconhecer que precisa de ajuda e mudar seus comportamentos sozinha.

Existem casos de vício que comprometem a saúde mental e física. Os especialistas chamam essas pessoas de "dependentes tecnológicos". Nestes casos, é preciso buscar ajuda especializada para criar estratégias para lidar com a situação que, provavelmente, demandará uma intervenção mais enfática. Encontrei no livro *Como criar filhos na era digital*, da psicóloga clínica britânica Elizabeth Kilbey, um exemplo que vale a pena ser compartilhado. É um caso de necessidade extrema de intervenção da escola e da família para lidar com um caso de vício, conforme segue a seguir.

## VALE A PENA CONHECER – DEPENDÊNCIA EXTREMA DE TECNOLOGIA

Joe era um adolescente que, durante a infância, teve exposição excessiva a jogos digitais. Com 14 anos, jogava até 19 horas no seu Xbox. Muitas vezes jogava durante a noite toda e, no dia seguinte, dormia algumas horas pela manhã, o que fazia com que faltasse à escola com frequência. Ele estava tão envolvido com o jogo que já não se preocupava com cuidados pessoais, como tomar banho e se alimentar adequadamente. Os pais não conseguiam controlar a situação e não demorou muito para a assistente social ser chamada pela escola, que se mostrou preocupada com a saúde e o bem-estar psíquico do adolescente. A essa altura os pais estavam preocupados e arrependidos de terem colocado o Xbox no quarto do filho há alguns anos. Isso fez com que o tempo de tela aumentasse gradualmente enquanto crescia. Na passagem para o ensino fundamental II teve dificuldades em fazer amigos na escola e o jogo era o seu refúgio. Enquanto jogava interagia com novos amigos virtuais. Quanto mais difícil era a interação com os colegas da escola, mais tempo Joe passava jogando em seu quarto.

Para resolver esse caso extremo, uma intervenção drástica foi executada pela escola e pela família, tendo o suporte de um acompanhamento psicológico. O Xbox foi tirado da casa e

Joe reagiu com muita raiva e descontrole. Entretanto, ao perceber que seus pais estavam sendo apoiados por vários profissionais, logo começou a se sentir aliviado por poder incluir outras coisas em sua vida (conexão com escola e família). A escola ofereceu um mentor, que acompanhou Joe durante esse período de transição e o ajudou a superar o *déficit* de aprendizagem que apresentava. Foi necessário algum tempo até que Joe começasse a fazer amizades na escola e a recuperar seu interesse por aprender. Depois de quatro meses, os pais reintroduziram o tempo de tela com restrições. O adolescente podia jogar algumas horas por semana na sala de casa, mas já estava menos interessado no jogo e mais conectado às novas amizades que havia feito na escola.

**Fonte:** KILBEY, E. *Como criar filhos na era digital.* Trad. Guilherme Miranda. Rio de Janeiro: Fontanar, 2018.

Sabemos que, nos últimos anos, as tecnologias têm sido usadas como um meio de mediar experiências de aprendizagem significativas, e não um fim. Uma ferramenta bem poderosa – é verdade – que pode ampliar as possibilidades de interação professor-aluno, aluno-aluno, aluno-conteúdo. Se forem usadas como suporte para a aplicação de metodologias ativas, as tecnologias podem dar aos alunos o papel de protagonistas em seus processos de aprendizagem e também permitem a quebra de barreiras de tempo e espaço. Por fim, é um meio que possibilita a criação de ambientes de aprendizagem em espaços presenciais e digitais e a construção do conhecimento pelos alunos e profissionais de diferentes formas.

Entretanto, como educadores, não podemos ignorar resultados de estudos robustos realizados na última década por profissionais da área da saúde[3] que indicam que o uso excessivo das tecnologias digitais, especialmente por crianças de até 12 anos, esgota a mente, limita o desenvolvimento físico (motor), as habilidades socioemocionais (consideradas fundamentais, como vimos) e, por fim impactam o próprio desempenho escolar. Um estudo do *Pew Research Center*,[4] de outubro de 2020, indicou que 63% dos pais investigados estavam mais preocupados com o tempo de tela de seus filhos antes da pandemia.

---

3 KABALI, H. K; IRIGOYEN, M. M.; NUNEZ-DAVIS, R. *et al.* Exposure and use of mobile media devices by small children. *Pediatrics*, v. 136, n. 6, p. 1044-1050, 2015. Disponível em: https://doi.org/10.1542/peds.2015-2151. Acesso em: 13 jun. 2022.

4 HOROWITZ, J. M.; IGIELNIK, R. How parents of K-12 students learning online worries about them falling behind. *Pew Research Center*, 2020. Disponível em: www.pewresearch.org/social-trends/wp-content/uploads/sites/3/2020/10/PSDT_10.29.20_kids.edu_.full_.pdf. Acesso em: 13 jun. 2022.

Kilbey, recém-mencionada aqui, atendeu nos últimos 15 anos crianças e adolescentes do Reino Unido com questões relacionadas ao uso das tecnologias. Em seu livro, ela defende que o tempo excessivo de tela afeta esse grupo em vários âmbitos, inclusive na vida escolar, como veremos.

- **Desenvolvimento físico:** é comum ver crianças com dependência digital que não atingem os marcos do desenvolvimento infantil previstos para a faixa etária. Por passarem muito tempo sentadas em frente à tela, têm dificuldades na parte motora (equilíbrio e salto de obstáculos, por exemplo). Mais tarde, quando vão para escola, elas não têm controle muscular para aguentar ficar sentadas assistindo às aulas (que têm um ritmo muito diferente daquele encontrado em desenhos animados, jogos digitais e aplicativos). Isso se torna um problema para a adaptação e o aproveitamento escolar. Além disso, é comum encontrar adolescentes com uma curvatura anormal na coluna, denominada "pescoço de texto", por conta do tempo dedicado ao manuseio de celulares e *tablets*.

- **Capacidade de brincar:** a brincadeira é fundamental para o desenvolvimento de qualquer criança, pois estimula a imaginação, a criatividade[5] e ajuda a criança a lidar com desafios do mundo real de forma palatável para a sua fase de desenvolvimento. Na primeira infância, brincam de forma individual e, ao entrarem na escola, percebem como é bom brincar com outras crianças. Tempo de tela excessivo dificulta que as crianças aprendam a brincar na primeira infância e pode gerar sérios problemas de adaptação na pré-escola, onde grande parte das atividades contempla o brincar educativo.

- **Foco e concentração:** o acesso à internet diminui a nossa capacidade de manter a atenção em um único assunto por muito tempo. Uma pesquisa realizada por Gazzalen e Rosen[6] indica que o tempo de concentração das pessoas na era digital é de três a cinco minutos. Crianças e adolescentes estão acostumados com a entrega muito rápida de pequenas quantidades de informações associadas a premiações instantâneas e à facilidade de explorar novos ambientes digitais quando o assunto inicial fica desinteressante. O problema é que a aprendizagem demanda tempo, concentração, esforço e vontade de aprender, e essa dificuldade de concentração é prejudicial para o desenvolvimento cognitivo de crianças e adolescentes.

- **Aprendizado:** muitos pais permitem que seus filhos tenham tempo de tela desde que acessem conteúdos educacionais. Entretanto,

---

5   Segundo o pesquisador Paul Torrance, a criatividade é uma habilidade intelectual que pode ser desenvolvida. É o processo de uma pessoa se tornar sensível a problemas e lacunas no conhecimento, que a leva a identificar dificuldades e buscar soluções pela formulação de hipóteses, a testar ideia e a apresentar o que foi criado.

6   GAZZALEN, A.; ROSEN, L. *The distracted mind*: ancient brains in a high-tech world. Cambridge: MIT Press, 2016.

especialistas da área da educação sabem que a aprendizagem demanda exploração, procura, erros, acertos, pesquisa, discussão, análise crítica, dentre outras ações complexas e não lineares. Muitos dos aplicativos e sites educacionais entregam conteúdos de forma passiva e instantânea, o que prejudica o desenvolvimento de várias competências fundamentais no século XXI. Além disso, na primeira infância o cérebro da criança cria conexões neurais importantes para o desenvolvimento futuro. O acesso constante à internet pode impedir o desenvolvimento de importantes conexões neurais, que garantem a profundidade e a abrangência necessárias para um aprendizado mais consistente. Portanto, tal exagero pode impactar negativamente o desempenho escolar.

- **Problemas sociais:** a infância é o momento no qual relevantes relações sociais são desenvolvidas. É aqui que as crianças aprendem as regras de amizade e boa convivência com outras pessoas. O uso excessivo de aparelhos digitais sequestra o tempo que poderia ser investido no mundo físico em brincadeiras, jogos, esportes coletivos e trabalhos escolares em grupo. Com isso, o meio digital começa a substituir a interação humana presencial, que engloba linguagem corporal ou mesmo a leitura de expressões faciais e do tom de voz de outra pessoa. Um estudo de pesquisadores da Universidade da Califórnia[7] revelou que crianças de 11 e 12 anos conseguiam interpretar as emoções humanas de forma mais eficaz depois de ficar cinco dias sem contato com as tecnologias digitais. Problemas sociais podem, inclusive, impactar como os estudantes vivenciam a escola.

Como contraponto à visão que culpa as tecnologias por muitos dos males de nossa saúde física e mental, a doutora em Psicologia Social Sonia Livingstone,[8] da *London School of Economics*, defende que precisamos prestar menos atenção ao tempo de tela e dar maior enfoque ao tipo de experiências vivenciadas em ambientes digitais: São experiências mais ativas ou passivas? Levam a pessoa ao isolamento e a ambientes sociais tóxicos ou são um ambiente onde relacionamentos saudáveis são nutridos? Existe uma diferença entre usar as tecnologias para consumo de conteúdos (quando assistimos a séries, por exemplo), para conversar com um familiar que mora em outra cidade e para desenvolver projetos colaborativos com colegas de trabalho.

---

7   UHLS, Y. T.; MICHIKYAN, M.; HARRIS, J.; GARCIA, D.; SMALL, G. W.; ZGOUROU, E.; GREENFIELD, P. M. Five days at outdoor education camp without screens improves preteen skills with nonverbal emotion cues. *Computers in Human Behavior*, v. 39, p. 387-392, 2014. Disponível em: www.sciencedirect.com/science/article/pii/S0747563214003227. Acesso em: 13 jun. 2022.

8   LIVINGSTONE, S. Can we "flip the script" from counting hours of screen time to distinguishing different times of online experiences? *LSE*, 16 dez. 2020. Disponível em: https://blogs.lse.ac.uk/parenting4digitalfuture/2020/12/16/from-screen-time-to-online-experiences. Acesso em: 21 abr. 2022.

Ela explica que o papel das famílias e instituições de ensino é desenvolver nos estudantes e profissionais as capacidades para viver em uma cultura digital. Argumenta que, na condição de educadores, devemos facilitar o desenvolvimento de pensamento crítico e a autogestão, para que as pessoas façam boas escolhas sobre o que fazem nos espaços digitais, e não necessariamente quanto tempo usam os recursos tecnológicos.

Livingstone conduziu algumas entrevistas com pais em situação de vulnerabilidade social ou que sofriam de problemas de saúde, mas que encontraram nas tecnologias formas de se divertir e ter momentos de qualidade com os filhos. Por fim, destaca que vivemos em um mundo complexo, por isso, como educadores, devemos preparar, conscientizar e inspirar as pessoas sobre as quais exercemos alguma influência para o uso de tecnologias de forma equilibrada, ética e saudável.

Vimos que a competência da autogestão pode nos ajudar a encontrar recursos internos para lidar com os desafios da vida profissional e a escolher formas mais positivas de viver na era digital. Sabemos que estas são dimensões que ocupam grande parte de nosso tempo, mas que existem várias outras áreas da vida que podem causar estresse, tristeza, angústia e medo. Como lidar com essas situações difíceis? É disso que vamos falar a seguir.

# Capítulo 9

# *Coping* e as estratégias positivas para o manejo de estresse e das emoções

Pare um minuto e pense na última vez em que ficou realmente estressado. O que causou o momento estressante? Como você se sentiu e reagiu? Segundo a Biblioteca Virtual em Saúde (BVS), estresse é uma "reação natural do organismo, que ocorre quando vivenciamos situações de perigo ou ameaça. Esse mecanismo nos coloca em estado de alerta ou alarme, provocando alterações físicas e emocionais". Existem dois tipos de estresse: agudo e crônico. O agudo é bem intenso e é causado por uma situação traumática, que posteriormente é superada – como sofrer um acidente de carro que deixa a pessoa hospitalizada por algum tempo. Já o tipo crônico é aquele constante e mais suave, que sentimos no dia a dia, resultado, por exemplo, de excesso de trabalho, autocobrança por resultados e acesso a um grande volume de informações.

Você sabia que pessoas com estresse crônico têm o sistema imunológico comprometido? Isso acontece porque essa resposta física do corpo é um disparador de vários tipos de doenças e sensações ruins, como irritação, dor de cabeça, mau humor, aperto no estômago, palpitações e vontade de chorar. Não estou me referindo às doses moderadas de estresse, que podem nos ajudar a aumentar a produtividade e que nos motivam a alcançar um objetivo. Refiro-me às cargas excessivas (em inglês a palavra seria *distress*), que causam, segundo Abacar, Aliante e Antonio,[1] a perda da nossa qualidade de vida e um desequilíbrio orgânico, que impactam aspectos sociais, profissionais e até nossa saúde física e mental. Segundo eles, a "palavra *distress* contém o prefixo latino *dis*, que significa 'mau ou ruim' e se refere à tensão com o rompimento do equilíbrio biopsicossocial por excesso ou falta de esforço, incompatível com tempo, resultados e realização". É desse tipo de consequências à saúde física e mental que estou falando aqui.

---

1 ABACAR, M.; ALIANTE, G.; ANTONIO, J. F. Stress e estratégias de coping em estudantes universitários. *Aletheia*, Canoas, v. 54, n. 2, p. 133-144, 2021.

A aprendizagem socioemocional, que ocorre pelo uso de metodologias ativas, possibilita a cada pessoa encontrar maneiras para lidar com as situações desafiadoras que inevitavelmente irá experimentar ao longo da vida. Na área de Psicologia, o termo *coping* refere-se ao conjunto de estratégias de enfrentamento do estresse as quais permitem que uma pessoa se adapte e reaja a situações adversas.

Lazarus e Folkman[2] criaram um modelo clássico que organiza as estratégias de *coping* em duas grandes áreas:

**1 Enfoque no problema.** Diz respeito ao esforço que uma pessoa fará para mudar, adequar ou eliminar a situação que gerou o estresse. Exemplo: um estudante que sofreu *cyberbullying* pode querer trocar de turma, ou até mesmo de escola, e, com isso, deixar de encontrar diariamente com os estudantes que o agrediram.

**2 Enfoque nas emoções.** Trata-se do esforço para regular o estado emocional da pessoa de formas potencialmente positivas ou negativas. Vejamos alguns exemplos:

- **Formas potencialmente positivas:** participar de sessões de Psicoterapia, praticar esportes, conviver com pessoas amadas (familiares e amigos), investir em espiritualidade, fazer caminhadas em meio a natureza, tocar um instrumento musical, escrever em um diário, praticar artes marciais, participar de programas de voluntariado.
- **Formas potencialmente negativas:** consumir drogas ilícitas, fumar, consumir medicamentos de forma exagerada ou sem acompanhamento médico, aderir a grupos radicais que fomentam a violência e preconceito.

Folkman e Lazarus defendem a existência de quatro conceitos principais que embasam o *coping*:

**1 Interação:** relação entre a pessoa e o ambiente.

**2 Gestão da situação geradora de estresse:** manejo da situação – não o controle dela, pois geralmente isso não é possível.

**3 Avaliação:** percepção e interpretação cognitiva e emocional da situação desafiadora.

**4 Mobilização de esforço:** esforços comportamentais e cognitivos para gerir, tolerar, minimizar e reduzir as demandas internas e/ou externas vinculadas com a situação adversa que gera estresse.

Existem situações estressantes em que temos maior controle dos elementos geradores de estresse e conseguimos tomar atitudes que pos-

---

2   LAZARUS, R.; FOLKMAN, S. *Stress appraisal and coping*. New York: Springer, 1984.

sibilitam lidar de forma assertiva com isso. Pense comigo: às vezes, só o fato de parar de seguir um influenciador digital que posta conteúdos "tóxicos" ou ter uma conversa honesta com um aluno que foi desrespeitoso com você já pode trazer resultados imediatos. Entretanto existem situações mais complexas, como a perda de um emprego, o falecimento de um familiar próximo ou um divórcio. São casos que demandam ações conjuntas, provavelmente de médio a longo prazo, e apoio, para que a pessoa possa encontrar caminhos internos para lidar com experiências extremamente doloridas. Especialmente nos casos complexos, é preciso contar com uma rede de suporte formada por profissionais da área da saúde, familiares, amigos e, em paralelo, investir em estratégias de *coping* focadas nas emoções para lidar da melhor forma possível com desafios extremos enfrentados.

O fluxo apresentado a seguir resume o modelo proposto por Folkman e Lazarus, que é bastante aceito, pois descreve como se dá o processo de *coping*.

**Figura 9.1** - Modelo de processamento de *coping*

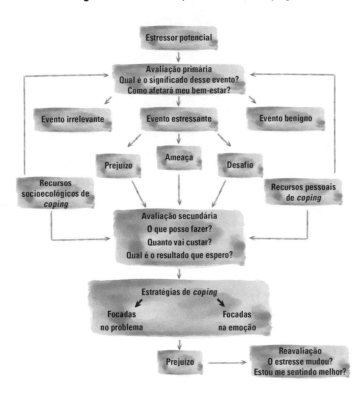

**Fonte:** LAZARUS; FOLKMAN, 1984.

Este modelo pode ser adotado por todos nós e é composto por algumas perguntas que nos fazem refletir sobre como reagir em situações estressantes. Vou passar por este fluxo relatando um exemplo rápido. Gustavo está revisando os *slides* de uma apresentação importante de um trabalho que fará por videoconferência em duas horas. Neste momento, acaba a energia elétrica de sua casa, onde está fazendo *home office*. Ele se pergunta: "Qual é o significado deste evento? Como afetará o meu bem-estar?" A resposta que ele mesmo dá é bastante simples: "A apresentação é importante e precisa ser feita o quanto antes. Se a energia demorar para voltar, vou precisar sair de casa e ir até um café para fazer a videoconferência de lá, ou posso ligar para o meu time e pedir para postergar a reunião." Depois de responder a essas perguntas, Gustavo considera quais são os prejuízos, as ameaças e o principal desafio deste evento estressante. Diante disso, questiona-se: "O que posso fazer? Quanto vai custar? E o que espero?" Depois de refletir brevemente, decide ligar para a portaria da universidade para verificar se lá tem energia elétrica disponível. Ao obter a resposta de que aquele problema não atingiu a faculdade, percebe que ainda dá tempo de ir até lá, onde terá condições de fazer o trabalho. Esta ação custará apenas o tempo dedicado com o deslocamento, mas, com ela, será possível manter a apresentação conforme já agendada. Depois que a decisão foi tomada, Gustavo começa a agir para colocar o seu plano de *coping* em ação. Ele arruma o seu material e faz o trajeto de 15 minutos da sua casa até a universidade. Como resultado, o estresse sentido quando a energia elétrica acabou diminui rapidamente e ele se sente melhor.

O suporte social é uma dimensão relevante do *coping*. A busca por ajuda ou acolhimento de pessoas em quem confiamos em momentos difíceis provê, segundo Pozo-Munhoz e colaboradores,[3] alguns tipos de apoio, classificados por eles como:

- **Informacional:** receber conselhos que ajudam a fazer escolhas;
- **Emocional:** demonstra que somos amados e temos uma rede de segurança; e
- **Instrumental:** apoio real do ponto de vista logístico, financeiro e material.

O apoio social tem se mostrado muito eficaz na redução de efeitos negativos de situações adversas e estressantes e nos ajuda a manter uma

---

3   POZO-MUÑOZ, C.; SALVADOR-FERRER, C.; ALONSO-MORILLEJO, E.; MARTOS-MENDEZ, M. J. Social support, burnout, and well-being in teacher professionals: contrast of a direct and buffer effect model. *Ansiedad y Estrés*, v. 14, n. 2-3, p. 127-141, 2008.

melhor saúde mental e física. Vamos falar da relevância de termos relações de qualidade com mais profundidade ao longo desta **Parte II** do livro.

### Reflexão e registro

**Perspectiva pessoal:** Quais estratégias de *coping* potencialmente positivas (com enfoque no problema e nas emoções) você tem adotado para manejar o estresse? A quais estratégias de *coping* potencialmente negativas você vem recorrendo? Que primeiros passos você poderia dar no sentido de transformá-las em formas positivas de lidar com situações adversas?

**Perspectiva profissional:** No ambiente educacional onde atua, como você pode apoiar os estudantes e/ou profissionais a conhecer e adotar estratégias de *coping* para lidar com situações geradoras de estresse? Anote algumas ações iniciais que poderiam ser incorporadas em sua instituição/organização.

As minhas estratégias favoritas de *coping* são, sem dúvidas, longas caminhadas silenciosas pela natureza (se forem na praia é ainda melhor), tempo de qualidade com familiares e amigos e o descanso aos sábados (uso esse dia para ir à igreja, participar de trabalho voluntário e conviver com familiares e amigos de forma plena). Entretanto creio que uma forma consistente tem me ajudado a lidar com os pequenos e grandes desafios do dia a dia: a prática da meditação. Tendo crescido em um lar cristão, aprendi que a meditação está relacionada com a realização de algumas atividades muito simples, logo no começo do dia: leitura e reflexão sobre um texto da Bíblia e oração (uma conversa íntima e sincera com Deus, o que sempre me ajuda a praticar o exercício da gratidão e a compartilhar desafios, sonhos e desejos). Estes momentos de meditação permitem que me conecte com a espiritualidade e enxergue a vida a partir de um olhar que transcende o aqui e agora. Isso me ajuda a encontrar equilíbrio e paz.

O interessante é que, nos últimos anos, estratégias de *coping* como a meditação têm despertado o interesse de muitas pessoas. A plataforma YouTube,[4] por exemplo, registrou em 2020 um aumento de 40% nas visualizações de conteúdos relacionados à meditação, que é uma prática que, segundo resultados de pesquisas empíricas, ajuda no controle do estresse.[5] De fato, um estudo meta-analítico realizado por Sedlmeier e colaboradores,

---

4   WATCHING the pandemic: What YouTube trends reveals about human needs during Covid-19. *YouTube Culture & Trends*, 2020. Disponível em: www.youtube.com/trends/articles/covid-impact. Acesso em: 23 abr. 2022.

5   JOHN, S. A.; BROWN, L. F.; BECK-COON, K.; MONAHAN, P. O.; TONG, Y.; KROENKE, K. Randomized controlled pilot study of mindfulness-based stress reduction for persistently fatigued cancer survivors. *Psychooncology*, v. 24, n. 8, p. 885-893, 2015.

publicado em 2012, apontou que diferentes práticas meditativas têm relação direta com ganhos psicológicos, como redução de sintomas de estresse e ansiedade e aumento dos níveis de bem-estar e da atenção. Destaca que pesquisas revelam que a meditação "traz benefícios para o sistema cognitivo, promove a concentração, auxilia na percepção sobre as sensações físicas e emocionais, amplia a autodisciplina no cuidado à saúde, estimula o bem-estar, o relaxamento, reduz o estresse, a hiperatividade e os sintomas depressivos, diminui o pensamento repetitivo, promove alterações favoráveis no humor e proporciona maior integração entre mente, corpo e mundo exterior".[6] Daí fica evidente o que levou as pessoas a buscarem por vídeos de meditação guiada durante os dias estressantes de isolamento social.

Ao mergulhar nesse tema, descobri que existem diferentes concepções sobre o que é meditação. Algumas, inclusive, bem diferentes do tipo que pratico em minha rotina diária e que estão bastante conectadas com espiritualidade. Segundo a Portaria 849, publicada pelo Ministério da Saúde do Brasil, em 2017, meditação é "uma prática de harmonização dos estados mentais e da consciência, presente em inúmeras culturas e tradições. [...] Torna a pessoa atenta, experimentando o que a mente está fazendo no momento presente, desenvolvendo o autoconhecimento e a consciência, com o intuito de observar os pensamentos e reduzir o seu fluxo".[7]

Todavia, no dicionário da Associação Americana de Psicologia (APA), existe uma definição abrangente que serve de guarda-chuva para as diversas práticas meditativas existentes:

"Contemplação ou reflexão profunda para obter atenção ou estar em um estado de consciência que produz *insights* sobre si mesmo e sobre o mundo. Tradicionalmente associada a exercícios espirituais e religiosos, a meditação agora também é usada para proporcionar relaxamento e alívio do estresse; tratar sintomas como pressão alta, dor e insônia; e promover a saúde e o bem-estar geral."[8] (Tradução livre).

Recentemente assisti a uma aula sobre a importância da meditação para a saúde mental, promovida pelo Instituto de Logoterapia. Na aula,

---

6 SEDLMEIER, P.; EBERTH, J.; SCHWARZ, M.; ZIMMERMANN, D. HAARIG, F.; JAEGER, S.; KUNZE, S. The psychological effects of meditation: a meta-analysis. *Psychological Bulletin*, v. 138, n. 6, p. 1139-1171, 2012. Disponível em: https://doi.org/10.1037/a0028168. Acesso em: 17 jun. 2022.

7 BRASIL. Ministério da Saúde. Portaria n. 849, de 27 de março de 2017, p. 4. Disponível em: http://189.28.128.100/dab/docs/portaldab/documentos/prt_849_27_3_2017.pdf. Acesso em: 21 abr. 2022.

8 AMERICAN PSYCHOLOGY ASSOCIATION. APA Dicionary of Psychology. Disponível em: https://dictionary.apa.org/meditation. Acesso em: 22 fev. 2022.

dois psicólogos formados pela Universidade de São Paulo (USP), Dr. Alberto Neri e a doutoranda Erika Nakano, apresentaram o conceito de meditação indicando a sua amplitude no que toca aos variados tipos de práticas meditativas existentes e aplicadas. Para exemplificar, disseram que o termo "meditação" poderia ser comparado ao termo "esporte", no sentido de que abarca múltiplas modalidades, como futebol, natação, judô, capoeira, atletismo e assim por diante. Da mesma forma, como estratégia de *coping*, a meditação pode ser usada para começar bem o dia, relaxar antes de dormir, praticar a gratidão, conectar-se com Deus, controlar a ansiedade, ter mais concentração, aprender sobre algum tema e muito mais. Para isso, a pessoa pode estar sentada ou caminhando, pode escolher respirar, imaginar, desenhar. Essas ações podem ser realizadas de forma reflexiva, tranquila, profunda e confortável, a depender do objetivo naquele momento.

O tipo de meditação que é praticada pela observação reflexiva tem sido denominado *mindfulness*, termo que é traduzido para o português como "atenção plena". Trata-se de um conjunto de técnicas voltadas a estimular nas pessoas o estar atento, consciente e o viver o presente de forma menos automatizada. Consegue-se isso a partir do desenvolvimento da capacidade de perceber, ter clareza, aceitar, não julgar e se autoconhecer.[9]

O principal estudioso e disseminador da prática no Ocidente é Jon Kabat-Zinn, que pesquisa e adota o *mindfulness* no combate ao estresse desde o final da década de 1970, no programa denominado *Mindfulness-Based Stress Reduction* (MBSR – Programa de Redução de Estresse Baseado no *Mindfulness*). Os participantes do programa praticam a técnica em grupo e de forma individual por oito semanas. Em encontros semanais de duas horas e meia, aprendem métodos de meditação que devem ser realizados em casa diariamente por uma hora, durante as oito semanas de duração do programa.

A prática do *mindfulness* tem sido incorporada em ambientes educacionais como estratégia de *coping* há mais de uma década, entretanto investigações sobre sua adoção nesses contextos são mais recentes. De fato, o psicólogo Gustavo Matheus Rahal destaca que no Brasil existem poucos resultados de pesquisa de aplicação em contextos educacionais. De qualquer forma, alguns resultados de pesquisas recentes apresentam

---

9   CARPENA, M. X.; MENEZES, C. B. Efeito da meditação focada no estresse e mindfulness disposicional em universitários. *Psic.: Teor. e Pesq.*, v. 34, e3441, 2018. Disponível em: https://doi.org/10.1590/0102.3772e3441. Acesso em: 23 set. 2020.

os benefícios e os desafios da implementação dessa prática quando aplicada na educação infantil,[10] na educação básica[11] e no ensino superior.[12]

Dentre os estudos internacionais, destacamos o resultado de uma pesquisa realizada por Fisher[13] que indica melhor aprendizado e desempenho na escola por alunos praticantes de sessões curtas de meditação algumas vezes por semana, além de reconhecer ambientes mais pacíficos em sala de aula. Os resultados da pesquisa realizada por Mendelson e colaboradores[14] revelam, ainda, que alunos e professores aceitam bem a prática do *mindfulness*, e que bom que é assim, uma vez que este procedimento resulta na redução do estresse gerado por pensamentos intrusivos e descontrole emocional.

## VALE A PENA CONHECER – APLICAÇÃO DO *MINDFULNESS* EM SISTEMAS DE TUTORIA INTELIGENTE

Sistemas de Tutoria Inteligente (STI) são ambientes virtuais de aprendizagem (AVA) que apoiam ou conduzem os alunos na aprendizagem de um tema específico ou na realização de uma atividade proposta. Para isso são utilizados recursos de inteligência artificial, que permitem a personalização da experiência de aprendizagem, e que esses sistemas assumam o papel que um "professor particular" teria ao conduzir um aluno no aprendizado de algo novo.

Uma pesquisa experimental conduzida com por Schaab e colaboradores, em 2015, revela resultados do uso de STI para conduzir sessões de *mindfulness* com o objetivo de melhorar a atenção de 46 estudantes que precisavam aprender álgebra. Os participantes da pesquisa eram alunos do 7° ano (faixa etária entre 12 e 14 anos) de um colégio particular do Rio Grande do Sul. Todos eles foram divididos aleatoriamente em dois grupos: 24 alunos participaram do grupo experimental e 22 do grupo de controle. O grupo experimental participou de sessões de cinco minutos de *mindfulness* conduzidas por STI, com orientações em áudio que norteavam a prática meditativa. Apresentamos a seguir um trecho da mensagem de áudio do STI: "Fique em uma posição ombros caírem naturalmente. Feche os seus

---

10 NUNES, S. Prática do *mindfulness* na educação pré-escolar. Dissertação de mestrado obtido pelo Instituto Jean Piaget, 2018. Disponível em: https://comum.rcaap.pt/bitstream/10400.26/24105/1/Sara%20Nunes%20-%20ESE.pdf. Acesso em: 21 abr. 2022.

11 RAHAL, G. M. Atenção plena no contexto escolar: benefícios e possibilidades de inserção. *Psicol. Esc. Educ.*, v. 22, n. 2, p. 347-358, 2018.

12 CARPENA; MENEZES, 2018.

13 FISHER, R. Still thinking: the case for meditation with children. *Thinking Skills and Creativity*, v. 1, n.2, p. 146-151, 2006.

14 MENDELSON, T.; GREENBERG, M. T.; DARIOTIS, J. K.; GOULD, L. F.; RHOADES, B. L.; LEAF, P. J. Feasibility and preliminary outcomes of a school-based mindfulness intervention for urban youth. *Journal of Abnormal Child Psychology*, v. 38, n. 7, p. 985-994, 2010.

olhos e não se preocupe com outras questões, mantenha sua concentração apenas na tarefa. Se surgirem outros pensamentos, apenas observe. Respire! Puxe e solte o ar...". Enquanto isso, o grupo de controle ouvia um dos três áudios preparados sobre a história da álgebra. Como exemplo, também apresentamos um trecho de uma das histórias: "Na Índia Antiga, há muito tempo, a Matemática era muito difícil. Sem nenhum sinal, sem nenhuma variável, somente alguns poucos sábios eram capazes de resolver os problemas, usando muitos artifícios e trabalhosas construções geométricas".

Os resultados da pesquisa indicam que o desempenho do grupo experimental não foi melhor em testes realizados pelos dois grupos, o que significa que o STI melhorou a atenção de todos os alunos participantes. Os autores sugerem que a prática de ouvir um áudio que relata trechos da história da álgebra pode ter tido um efeito semelhante à prática de *mindfulness*.

**Fonte:** SCHAAB, B.; DUARTE, M.; AZEVEDO, O.; CRUZ, D.; JAQUES, P. Aplicação do mindfulness em um sistema tutor inteligente: um estudo piloto. *In: XXVI Simpósio Brasileiro de Informática na Educação*, Maceió, 2015. p. 1072.

O *mindfulness* também tem sido adotado em ambientes profissionais e incorporado na rotina de colaboradores de grandes, médias e pequenas organizações. Em um artigo publicado no *New York Times*, David Gelles[15] analisa como incluir o *mindfulness* na rotina estressante de trabalho e os benefícios dessa prática, como a redução do estresse, o desenvolvimento da tranquilidade e o cultivo da atenção.

Para além da meditação vimos que existem várias estratégias positivas de *coping* capazes de nos ajudar a lidar com a rotina, muitas vezes estressante, da prática docente, da gestão de projetos educacionais, da liderança de equipes de educadores e da produção de materiais didáticos. Lançar mão dessas estratégias no ambiente educacional onde atuamos pode representar mudanças consideráveis nas experiências de aprendizagem que vamos promover para estudantes e profissionais. Mas como fazer isso? Apresento algumas ações que podem pautar a prática de educadores conscientes da relevância da aprendizagem socioemocional.

- **Desligar** o modo de "piloto automático" no momento de realizar as atividades voltadas para o próprio processo de aprendizagem ou de outras pessoas. Isso quer dizer que é importante estar 100% presente e focado no "agora" e convidar as pessoas a fazerem o mesmo.

---

15 GELLES, D. How to be more mindful at work. *The New York Times*, 1 nov. 2018. Disponível em: www.nytimes.com/guides/well/be-more-mindful-at-work. Acesso em: 21 abr. 2022.

- **Ativar** escuta, observação e empatia, sendo sensível não somente às suas próprias motivações e sentimentos, mas também às motivações e sentimentos que levam os estudantes e profissionais a agirem de uma determinada forma, como sobrecarga, empolgação, frustração.
- **Respeitar** a diversidade, os valores e as emoções das pessoas a partir da compreensão mais ampla de que comportamentos momentâneos que talvez não sejam desejáveis não representam quem uma pessoa realmente é.
- **Ser** capaz de lidar com as próprias emoções e sentimentos, evitando que estes controlem expectativas, ações e reações de forma negativa.

Basicamente, quando um educador conhece quais são as estratégias de *coping* que adota e compartilha isso com outras pessoas, é muito mais fácil que leve outros a refletir sobre como podem lidar com o estresse de forma mais saudável. Essa disponibilidade interna de apresentar suas próprias vulnerabilidades e formas de contorná-las, de prestar atenção no outro, de viver o presente, de lidar com as emoções próprias e alheias de forma positiva, permite que sejam criadas as melhores condições para o estabelecimento de experiências de aprendizagem significativas e conectadas com os objetivos de desenvolvimento integral das pessoas.

# Capítulo 10

## Elementos que favorecem o bem-estar e a boa saúde mental e física

Como podemos ter uma vida longa e feliz? Creio que esta seja a vontade de muitos de nós e o que desejamos para aqueles com quem convivemos nos âmbitos pessoal e profissional. Várias das estratégias de *coping* que apresentei até aqui são mencionadas por especialistas como elementos que favorecem a longevidade e a felicidade.

Este tema foi explorado pelo demógrafo belga Michel Poulain quando visitou a Sardenha, famosa ilha da Itália, cujo número de habitantes que vivem mais de 100 anos é acima da média. O médico local, Gianni Pes, e Poulain trabalharam em parceria e publicaram um artigo em uma revista científica sobre Gerontologia, no qual chamaram a Sardenha de *Blue Zone* (Zona Azul), por propiciar a seus moradores vários elementos que protegem a saúde mental e física.

Este estudo inicial foi ampliado pelo pesquisador Dan Buettner, que conseguiu um patrocínio da *National Geographic Society* para elencar outras regiões do mundo com as mesmas características. Em 2005, ele publicou o artigo *The Secrets of Long Life*[1] (Segredos de uma vida longa), na revista *National Geographic*, indicando inicialmente quatro *Blue Zones*:

- **Okinawa, Japão:** são ilhas que contam com muitas mulheres centenárias. A população é adepta de uma alimentação baseada em vegetais, pouco consumo de açúcar e ingredientes antioxidantes.
- **Loma Linda, Estados Unidos:** é uma cidade próxima a Los Angeles, que conta com uma população predominantemente adepta da Igreja Adventista do Sétimo Dia, corrente religiosa que enfatiza o valor da fé, do voluntariado, das relações sociais e da alimentação saudável.
- **Icária, Grécia:** é uma ilha do Mar Egeu onde a população vive, em média, oito anos a mais do que os americanos e possui baixa taxa de doenças cardíacas.

---

1 BUETTNER, D. The secrets of long life. *National Geographic,* nov. 2005. Disponível em: www.bluezones.com/wp-content/uploads/2015/01/Nat_Geo_LongevityF.pdf. Acesso em: 15 jun. 2022.

- **Sardenha, Itália:** ilha mediterrânea com grande população acima de 100 anos. Eles compartilham um estilo de vida saudável e compatível com aquele adotado por seus ancestrais há várias gerações.

O artigo sobre as *Blue Zones* gerou muito interesse na edição de 2005 da revista, tornando o tema um *best-seller*. A grande repercussão desse primeiro estudo fez com que Buettner e colaboradores buscassem em outras partes do mundo características parecidas com as das "comunidades saudáveis" e, principalmente, os elementos determinantes para que as pessoas tenham mais saúde mental e física e vida mais longa e feliz. Confira na figura a seguir alguns dos elementos identificados na pesquisa:

**Figura 10.1** - Elementos que favorecem o bem-estar e a saúde mental e física, segundo perspectiva das *Blue Zones*[2]

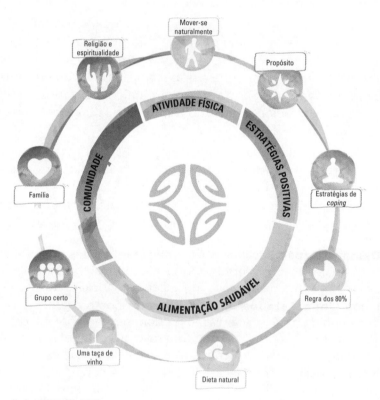

**Fonte:** adaptada de BUETTNER, 2017.

---

[2] BUETTNER, D. *The blue zones of happiness*: lessons from the world's happiest people. Washington: National Geographic, 2017.

Buettner, que é um explorador, educador e reconhecido autor americano, organizou os elementos que favorecem o bem-estar e a saúde mental e física em quatro grandes categorias e nove subcategorias.

**1 Atividade física:** refere-se às atividades físicas realizadas pelos centenários investigados ao longo da vida.
- **Mover-se naturalmente:** as pessoas vivem em locais onde naturalmente precisam se mover para realizar as atividades diárias. Caminham para o trabalho, sobem escadas, realizam trabalhos domésticos e praticam a jardinagem, por exemplo. Algo muito diferente de pessoas que passam horas na academia ou que correm maratonas.

**2 Estratégias positivas:** é a perspectiva que direciona a forma como essas pessoas lidam com o estresse e os momentos felizes e tristes da vida.
- **Propósito:** as pessoas têm clareza sobre o seu propósito de vida (tema que vamos abordar com mais profundidade na **Parte III** do livro).
- **Estratégias de *coping:*** as pessoas que vivem nas *Blue Zones* também vivenciam momentos estressantes, mas adotam estratégias que ajudam no manejo de emoções negativas. Os moradores de Okinawa, por exemplo, gastam alguns minutos todas as manhãs para lembrar de seus ancestrais, já os adventistas oram algumas vezes ao dia.

**3 Alimentação saudável:** os padrões que nortearam a forma como os centenários se alimentaram ao longo da vida impactaram de forma positiva sua saúde.
- **Regra dos 80%:** um padrão alimentar identificado pelos pesquisadores nas *Blue Zones* é o de que as pessoas param de comer quando estão 80% saciadas. Isso faz com que mantenham o peso ideal em diferentes fases da vida sem precisar aderir a dietas radicais e ineficazes.
- **Dieta natural:** a base da dieta de pessoas longevas são frutas, grãos, nozes, legumes e vegetais (*plant based*). A ingestão de carne é bem limitada e, quando é feita, as porções são pequenas.
- **Uma taça de vinho:** muitos dos pesquisados ingerem álcool de forma moderada e regular (uma taça ao dia). Os adventistas se abstêm de bebidas alcoólicas.

**4 Comunidade:** possuir o senso de pertencimento em comunidades onde cultivam relações saudáveis.
- **Grupo certo:** pesquisas mostram que muitos de nossos hábitos são embasados em práticas de pessoas com quem convivemos. Existem estudos que demonstram que tabagismo, obesidade, solidão e felicidade são contagiantes. Fazer parte de uma comunidade que possui

boa saúde mental e física ajuda os moradores das *Blue Zones* a viverem por mais tempo e de forma mais feliz.

- **Família:** os centenários investigados colocam a família em primeiro lugar (pais, filhos, irmãos). A pesquisa indicou que ter um único parceiro amoroso a longo prazo aumenta a expectativa de vida em até três anos.

- **Religião e espiritualidade:** grande parte dos participantes da pesquisa que foram entrevistados é participante de uma comunidade de fé. Resultados da pesquisa indicam que pertencer a uma comunidade religiosa e participar de cultos ou atividades que desenvolvem a espiritualidade quatro vezes por mês aumenta a entre quatro e 14 anos a expectativa de vida da pessoa.

## VALE A PENA CONHECER – ESTUDO TRANSCULTURAL SOBRE FELICIDADE

O conceito de felicidade frequentemente tem sido usado como sinônimo de satisfação com a vida ou bem-estar. Entretanto nem todas as pessoas entendem a felicidade da mesma forma. Um estudo realizado por Uchida[3] revelou que nos países do Ocidente a felicidade é vista como um estado emocional positivo que envolve realização pessoal, liberdade e está vinculada com palavras como euforia, entusiasmo e empolgação. Já em países do Leste Asiático, a felicidade abarca emoções positivas e negativas. Essa sensação está vinculada a relacionamentos interpessoais e pode ser associada a palavras como serenidade, paz e tranquilidade.

Uma pesquisa transcultural sobre felicidade, realizada por pesquisadores de universidades de diversos países – África do Sul, Brasil, Portugal, Itália, Argentina, Croácia, México, Nova Zelândia, Hungria, Noruega, Índia e Estados Unidos –, buscou entender o que significa ser feliz para 2.788 adultos leigos (não especialistas), que vivem em áreas urbanas dos países mencionados. Os resultados revelaram que, para grande parte das pessoas, felicidade é ter harmonia interna e boas relações sociais e familiares. E você, como define felicidade?

**Fonte:** DELLE FAVE, A. *et al.* Lay definitions of happiness across nations: The primacy of inner harmony and relational connectedness. *Frontiers in Psychology*, n. 7, p. 1-23.

Os elementos encontrados na pesquisa sobre longevidade deixam evidente que saúde mental e física estão muito conectadas ao bem-estar e à felicidade. Eu poderia dedicar um bom tempo neste livro discu-

---

3   UCHIDA, Y.; OGIHARA, Y. Personal or interpersonal construal of happiness: a cultural psychological perspective. *Int. J. Well Being*, v. 2, n. 4, p. 354-369, 2012. Disponível em: http://doi.org/10.5502/ijw.v2.i4.5. Acesso em: 17 jun. 2022.

tindo as últimas descobertas da ciência sobre a relevância para a nossa saúde dos elementos apresentados nas categorias *Atividade Física*, *Estratégias Positivas* e *Alimentação Saudável*, pois existem muitos estudos empíricos que apresentam evidências que corroboram as descobertas de Buettner e colaboradores. Existem, ainda, vários outros elementos que comprovadamente são fundamentais para a boa saúde, como o descanso (dormir oito horas por noite), beber água (manter o corpo hidratado) e respirar ar puro.

Espero que tenha ficado evidente para você que cuidar dessas áreas da vida demanda autogestão, autocuidado e *coping* (temas já explorados nesta obra) e que não existe uma única forma de fazê-lo. Portanto, não existe receita de bolo. A combinação desses vários elementos, considerando a sua realidade atual, pode ter um efeito positivo na sua saúde. Provavelmente você não mora na Sardenha ou Grécia, mas pode escolher investir em boas amizades, buscar ajuda para deixar de fumar, inserir mais frutas e legumes em sua dieta, controlar o tempo gasto navegando nas redes sociais e dedicar mais tempo nas relações saudáveis. Possivelmente poucos de nós conseguiremos inserir todos os elementos que favorecem a longevidade das *Blue Zones* em nossa vida de uma única vez, mas algumas mudanças pequenas já podem fazer uma grande diferença.

Conheço pessoas que, depois de passarem por uma situação traumática na vida, como um sequestro, um acidente de carro, ou que estão na busca por superar um grave problema de saúde, decidiram fazer grandes mudanças, visando a um estilo de vida mais saudável. Nessa busca, elas:

- **aderiram** à dieta vegana;
- **mudaram** para uma cidade menor, para a praia ou para um sítio;
- **realizaram** viagens para lugares exóticos, em busca de líderes espirituais; e
- **mudaram** de carreira ou área de atuação profissional.

Conheço, ainda, pessoas que, no processo de aprendizagem socioemocional, aprofundaram seu autoconhecimento e a relação entre corpo e mente. Descobriram que, para ter mais saúde mental e física, era preciso adotar algumas mudanças simples em suas rotinas, como:

- **Praticar** o Shabbat[4] tecnológico e se abster do uso de tecnologias por um dia inteiro, todas as semanas.

---

4 SHABBAT tecnológico: observando o sábado para redescobrir o repouso. *Instituto Humano Unisinos,* 10 jul. 2019. Disponível em: www.ihu.unisinos.br/78-noticias/590725-shabbat-tecnologico-observando-o-sabado-para-redescobrir-o-repouso. Acesso em: 21 abr. 2022.

- **Limitar** o consumo de carne a uma ou duas vezes por semana.
- **Trocar** o elevador pelo uso da escada do prédio para aumentar o número de passos dados em um dia.
- **Investir** na espiritualidade – meditação, oração, reflexões – ou aderir a uma religião. A literatura chama esta prática de *coping* religioso-espiritual.[5]
- **Começar** a praticar exercícios físicos algumas vezes por semana.
- **Participar** de sessões de terapia familiar ou conjugal etc.
- **Fazer** parte de uma comunidade de aprendizagem ou de suporte para mudança de hábitos (como deixar de fumar, por exemplo).

Provavelmente muitos de nós não temos a opção de fazer várias das mudanças mencionadas acima (quem dera pudéssemos morar em uma *Blue Zone*, certo?). Mas acredito que todos vislumbramos, pelo menos, algumas estratégias que poderiam impactar positivamente a nossa saúde mental e física a curto, médio e longo prazos.

Sei que muitas vezes temos ótimas intenções de praticar a autogestão, usar estratégias de *coping* para lidar com estresse e investir em uma vida mais saudável, mas acabamos sendo "engolidos" por uma rotina cheia de compromissos irremediáveis. Como, então, podemos criar um hábito?

Segundo o dicionário on-line Dicio, um hábito é uma "ação que se repete com frequência e regularidade; mania. Comportamento que alguém **aprende** e repete frequentemente." Os hábitos saudáveis são aprendidos a partir da prática. Tomar um cafezinho todos os dias depois do almoço pode ser um hábito adquirido em algum momento da vida, assim como fazer alongamento antes de começar um dia de trabalho. Então, como começar a inserir novos e melhores hábitos em nossa rotina? Como criar ambientes de aprendizagem que ajudem as pessoas a fazer escolhas que potencializam uma melhora em sua saúde mental e física?

No *best-seller Essencialismo*, Greg McKeown[6] desafia os leitores a discernir o que é realmente imprescindível em suas vidas e a planejar suas atividades do dia a dia dando prioridade ao que realmente importa. As coisas relevantes podem advir de várias áreas da vida e envolvem autocuidado, família, trabalho, lazer, espiritualidade, comunidade, projetos pessoais, dentre outros. Segundo este autor londrino (que atual-

---

5  GOBATTO, C. A.; ARAUJO, T. C. C. F. Coping religioso-espiritual: reflexões e perspectivas para a atuação do psicólogo em oncologia. *Rev. SBPH,* v. 13, n. 1, p. 52-63, 2010.
6  MCKEOWN, G. *Essencialismo*: a disciplinada busca por menos. Rio de Janeiro: Sextante, 2015.

mente mora no Estado da Califórnia, nos Estados Unidos), o primeiro passo para essa descoberta é definir o que, para você, é realmente essencial. Ter esta clareza não é fácil e, muitas vezes, desperdiçamos a nossa energia com tantas iniciativas que não sobram tempo, recursos e saúde para investir em algo que é realmente importante para nós e que pode ser, inclusive, a contribuição indeclinável que deixaremos para as demais pessoas.

Quando eu argumento que, como educadores, precisamos incorporar novos e melhores hábitos em nossa rotina, não estou propondo que façamos mais, mas que façamos melhor uso do tempo e da energia que dispomos. Se o seu sonho é fazer um mestrado, pois acredita que além de ser uma grande realização pessoal também vai capacitá-lo para ser um educador melhor, é preciso planejar e colocar em prática algumas ações que permitirão que esse sonho se torne realidade sem que, no processo, você sacrifique a sua saúde e seus relacionamentos. Isso significa que, talvez, precise assistir a menos séries ou jogos de futebol na televisão nos fins de semana para que consiga se preparar para a prova e produzir o projeto de pesquisa. Ou, quem sabe, seja preciso pedir ajuda para que um familiar fique com seus filhos por algumas horas da semana e você possa ter tranquilidade para redigir o projeto de pesquisa.

Por outro lado, é possível que para você faça sentido dar uma pausa no uso de tecnologias uma vez por semana, pois sente que já virou um hábito consultar de forma impulsiva a tela do celular, mesmo quando não é necessário. A propósito, você sabia que, em média, os brasileiros verificam o celular 221 vezes por dia[7] e, em 2021, passaram 5,4 horas mirando a tela?[8] Todo esse tempo tem consumido a nossa atenção e energia.

Os adeptos do chamado *Shabbat* tecnológico se abstêm das tecnologias um dia por semana. Os motivos para isso geralmente são: descansar a mente, conectar-se de forma mais profunda com a família e amigos, se dedicar para o voluntariado ou um *hobby* que realmente apreciam. Para isso, realizam atividades que ocupam o tempo de forma prazerosa. Caso contrário, o mais fácil será voltar ao padrão de comportamento que adotaram até aquele momento – o uso irrestrito das tecnologias.

---

7  GARATTONI, B.; SZKLARZ, E. Você tira o celular mais de 200 vezes por dia. *Super Interessante*, 2019. Disponível em: https://super.abril.com.br/comportamento/voce-tira-o-celular-do-bolso-mais-de-200-vezes-por-dia. Acesso em 21 abr. 2022.

8  BRASILEIROS são os que passam mais tempo por dia no celular, diz levantamento. *G1*, 12 jan. 2022. Disponível em: https://g1.globo.com/tecnologia/noticia/2022/01/12/brasileiros-sao-os-que-passam-mais-tempo-por-dia-no-celular-diz-levantamento.ghtml. Acesso em: 29 jul. 2022.

**Reflexão e registro**

**Perspectiva pessoal:** Que tal eleger um ou mais elementos mencionados neste capítulo que favorecem a melhora da saúde mental e física e você gostaria de incorporar à sua rotina? Como pensa que será capaz de incorporar este novo hábito saudável de forma eficaz no seu dia a dia?

**Perspectiva profissional:** Agora, reflita sobre formas de apoiar os estudantes e/ou profissionais que aprendem nos ambientes onde atua como educador. Como você pode ajudá-los a conhecer esses elementos que proporcionam uma melhor saúde e a refletir sobre a importância de incorporarem hábitos mais saudáveis na rotina deles?

Agora que já pensou em formas de incorporar alguns hábitos saudáveis em sua rotina, atente ao alerta apresentado por McKeown, que reforça que, para que isso efetivamente aconteça, nosso grande desafio é fazer a gestão do tempo, um recurso que é finito. O autor argumenta que Daniel Kahneman cunhou o termo "falácia do planejamento" para explicar como subestimamos o tempo que dedicamos para realizar uma atividade. Isso é muito comum entre nós, educadores. Você que é professor já deve ter prometido para os seus filhos em um domingo que só vai precisar de uma hora para planejar uma aula. Quando olha no relógio, percebe que já está há três horas trabalhando nesse planejamento em um dia que gostaria de ter dedicado mais tempo para a família.

Para resolver este dilema, McKeown sugere que seja feita uma previsão de dedicação de 50% a mais do tempo que havia previsto para realizar uma atividade. Então, se você tem uma reunião com sua equipe prevista para durar 60 minutos, planeje mais meia hora, que é o tempo em que vai conversar com alguém depois da reunião e que vai precisar para tomar uma água e se preparar para a próxima atividade. Vejo essa sugestão como uma estratégia de autogestão, *coping* e autocuidado.

Também acredito que incluir um hábito saudável em nossa vida de forma individual pode ser mais desafiador do que fazê-lo com o suporte de amigos e familiares. A ciência tem mostrado que os nossos relacionamentos têm impacto comprovado, especialmente em nossa saúde mental. Mas fique tranquilo! Vamos discutir essa perspectiva com mais profundidade no próximo capítulo.

# Capítulo 11

# O poder das relações na promoção da saúde mental

Um estudo longitudinal sobre o desenvolvimento adulto[1] (*Study of Adult Development*, no original em inglês) tem sido realizado por pesquisadores de Harvard desde 1938. Com ele, busca-se entender o que faz as pessoas terem uma vida feliz. Inicialmente, os pesquisadores acompanharam um grupo de 724 rapazes. Uma metade deles era composta por alunos de Harvard e a outra, por moradores de bairros em vulnerabilidade social da cidade de Boston (no Estado de Massachusetts). O monitoramento da saúde mental, física e emocional destas pessoas foi realizado a partir de entrevistas, resultados de questionários respondidos por eles ao longo dos anos e análise de exames médicos em diferentes momentos da vida. Hoje, a pesquisa segue acompanhando mais de 2 mil homens e mulheres, que são filhos dos participantes investigados originalmente.

O diretor do estudo na atualidade é o psiquiatra americano Robert Waldinger (o quarto desde o começo da pesquisa). Ele revelou em uma TED Talk – denominada *O que torna uma vida boa? Lições do estudo mais longo sobre a felicidade* – uma descoberta importante obtida a partir dos resultados da pesquisa. O que ficou evidente ao acompanhar a vida destas pessoas é que a solidão é tóxica. As pessoas que ficam mais isoladas do que gostariam são menos felizes, têm perdas cognitivas mais cedo e vivem menos.

Por outro lado, aquelas que viveram mais e melhor são as que tiveram relações de qualidade ao longo da vida. Em outras palavras, quem se considerava feliz em seus relacionamentos e que se sentiu conectado com outras pessoas que realmente demonstraram se importar com ele acabou por ter corpo e cérebro mais saudáveis por mais tempo. Segundo Waldinger, não existem relacionamentos perfeitos, mas podemos considerar que temos uma relação de qualidade quando temos a segurança de que pode-

---

1 MARTINS, A. O que realmente nos faz felizes: as lições de uma pesquisa de Harvard que há quase oito décadas tenta responder a essa pergunta. *BBC News Brasil*, 2016. Disponível em: www.bbc.com/portuguese/curiosidades-38075589. Acesso em: 21 abr. 2022.

mos ser nós mesmos na relação e que podemos contar com a outra pessoa em momentos bons e ruins.

Você consegue pensar rapidamente em quem são os seus melhores amigos hoje? Para alguns, essa resposta pode ser mais difícil. A agência McCann e a revista on-line americana *Self*[2] fizeram uma pesquisa recente sobre bem-estar com 48.600 pessoas em 26 países e 46% dos respondentes disseram não ter amigos de verdade. Os resultados da pesquisa revelaram, ainda, que 77% das pessoas acreditavam que suas relações já estavam fragilizadas antes da pandemia e que o período de isolamento social afetou de forma negativa os relacionamentos com outras pessoas.

Para Anastasia Hronis, que é psicóloga clínica e pesquisadora da Universidade de Tecnologia de Sydney, na Austrália,[3] na vida adulta a solidão crônica, do ponto de vista de impacto da taxa de mortalidade, pode ser tão letal quanto fumar 15 cigarros todos os dias. Por isso, pesquisadores destacam a relevância de pertencermos a comunidades onde somos estimulados a estreitar os vínculos de amor, solidariedade, amizade e companheirismo. Isso garante melhor saúde física e mental ao longo da vida.

Podemos ter relações de qualidade com membros da família ou, ainda, com amigos que fazemos na infância, adolescência e até mesmo em ambientes de trabalho.

Como educadores temos a oportunidade de trabalhar em ambientes onde somos rodeados por gestores educacionais, professores, estudantes, profissionais que compõem as equipes de produção de material didático e famílias dos alunos. Mesmo assim, imagino que já tenha se sentido sozinho em meio à "multidão".

Lembro-me vividamente de me sentir extremamente sozinha no começo da minha carreira como professora. Comecei a dar aulas noturnas de Tecnologias Educacionais no curso de Pedagogia de uma faculdade que ficava em uma cidade localizada a uma hora de São Paulo. Como morava na capital paulista, sempre chegava na faculdade perto do horário de início das aulas e ficava impressionada com o grande número de alunos e professores que transitavam nos corredores, na lanchonete e até pelas ruas do entorno. Mesmo assim, lembro da solidão profunda que senti em vários momentos.

Queria ter alguém com quem compartilhar os desafios de dar aulas para uma turma composta, em grande parte, por alunas que haviam cur-

---

2   BORGES, L. Sem amizades por aí? Quase metade das pessoas diz não ter amigos de verdade. *UOL*, 20 dez. 2021. Disponível em: www.uol.com.br/vivabem/noticias/redacao/2021/12/20/sem-melhores-amigos-pesquisa-mostra-que-pandemia-impactou-amizades.htm. Acesso em: 21 abr. 2022.

3   HRONIS, A. Why do we find making new friends so hard as adults. *The Conversation Magazine*, jan. 2022.

sado o Magistério há várias décadas. A maioria delas tinha muito mais experiência em docência do que eu, mas agora, por conta de uma nova legislação, precisavam cursar a faculdade de Pedagogia para ter um diploma de ensino superior e poder continuar trabalhando como professoras. Queria ter um amigo que pudesse me dar dicas sobre como engajá-las a trabalhar com metodologias ativas e que me explicasse como poderia apresentá-las a conceitos teóricos, de tal forma que fizessem sentido na prática delas, que atuavam em escolas públicas do município. Também ajudaria muito trocar informações com alguém sobre formas eficazes de avaliar a aprendizagem para ter mais segurança de que realmente aquelas alunas estavam aprendendo. As minhas inseguranças e dúvidas do começo da carreira docente teriam sido minimizadas se eu tivesse alguém com quem conversar e compartilhar experiências sobre os desafios vividos.

Não tinha a expectativa de encontrar naquele local amigos do meu círculo mais próximo, aquelas três ou cinco pessoas com quem tenho uma forte conexão emocional e com quem divido confidências e vulnerabilidades. Todavia, seria muito útil ter naquela faculdade pelo menos um amigo próximo ou casual, que me desse abertura para conversar sobre algumas dúvidas e angústias. Creio que faz muito sentido a forma como a Marcelle Xavier, especialista em Design de Conexões, classifica os tipos de amizade:

**Figura 11.1 -** Tipos de Amizade

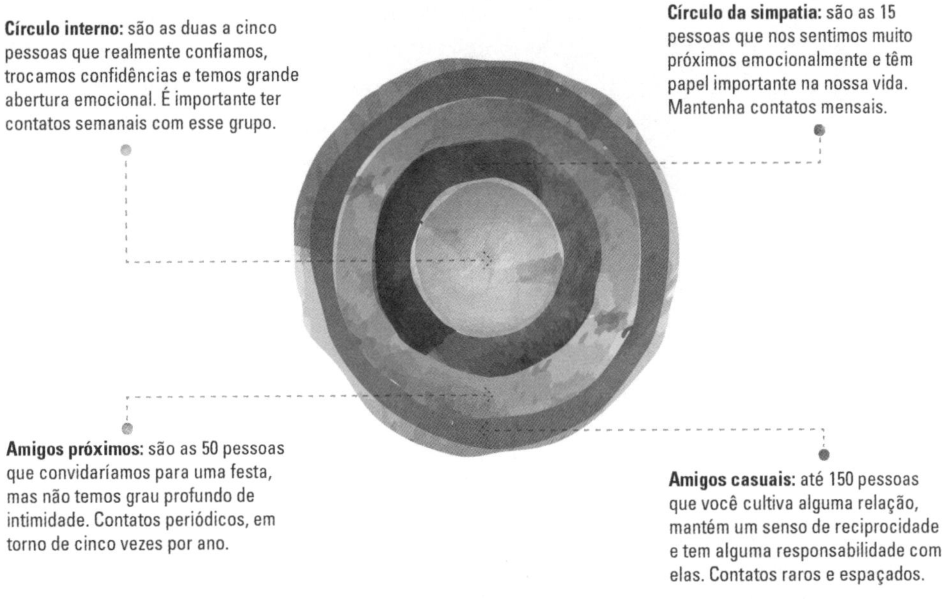

**Círculo interno:** são as duas a cinco pessoas que realmente confiamos, trocamos confidências e temos grande abertura emocional. É importante ter contatos semanais com esse grupo.

**Círculo da simpatia:** são as 15 pessoas que nos sentimos muito próximos emocionalmente e têm papel importante na nossa vida. Mantenha contatos mensais.

**Amigos próximos:** são as 50 pessoas que convidaríamos para uma festa, mas não temos grau profundo de intimidade. Contatos periódicos, em torno de cinco vezes por ano.

**Amigos casuais:** até 150 pessoas que você cultiva alguma relação, mantém um senso de reciprocidade e tem alguma responsabilidade com elas. Contatos raros e espaçados.

**Fonte:** Marcelle Xavier (pelo perfil do Instagram do Instituto Amuta).

A realidade é que para uma pessoa adulta fazer uma nova amizade demanda um tempo considerável de investimento na relação. Uma amizade não nasce do dia para a noite. Mas quanto tempo demora para nos tornarmos amigos de uma pessoa na vida adulta?

O professor de comunicação Jeffrey Hall, da Universidade do Kansas, dedica-se ao estudo das relações humanas e criou, em parceria com Daniel Cochece Davis, a *Communicate Bond Belong (CBB) Theory*[4] (em tradução livre, teoria *Comunicação, Vínculo e Pertencimento*), que estuda de que forma episódios de comunicação e proximidade com algumas pessoas propiciam a criação de vínculos e um senso de pertencimento social.

Em uma das pesquisas empíricas que Hall[5] realizou, ele pediu para que 112 alunos calouros da Universidade do Kansas, vindos de outras cidades, mencionassem duas pessoas que haviam acabado de conhecer. Durante a pesquisa, Hall mapeou quanto tempo esses jovens conviveram ao longo de nove semanas, desde o primeiro contato. Os resultados dessa pesquisa e de outras sobre o tema revelaram, segundo o autor, que, para ter boas relações de amizade, é preciso investir tempo de qualidade nos relacionamentos. Isso me faz refletir: dá para ter mil "amigos" ou isso só é possível nas redes sociais?

Segundo o pesquisador, um conhecido se torna um amigo casual somente após 50 horas de convivência. Para que a amizade seja próxima, são necessárias, pelo menos, 200 horas de convivência de qualidade. Esses resultados explicam por que é difícil fazer novas amizades na vida adulta, fase em que é comum esbarrarmos em vários desafios, como a falta de tempo para conviver e investir nas relações. Além disso, há o fato de termos vínculos pouco significativos com grande parte das pessoas com quem convivemos. Por isso que, segundo o Casel, a capacidade de desenvolver "habilidades sociais" é um pilar tão relevante da Aprendizagem Socioemocional.

---

4   HALL, J. A.; DAVIS, D. C. Proposing the Communicate Bond Belong Theory: evolutionary intersections with episodic interpersonal communication. *Communication Theory*, v. 27, p. 21-47, 2017.

5   HALL, J. A. How many hours does it take to make a friend? *Journal of Social and Personal Relationships*, v. 36, n. 4, p. 1278-1296, 2019.

Há 30 anos a empresa Gallup[6] faz pesquisas sobre engajamento no ambiente de trabalho. Os resultados revelam que, em média, duas a cada dez pessoas revelam ter um melhor amigo no trabalho, o que, por sua vez, faz com que sejam sete vezes mais engajadas que pessoas que não têm vínculos de amizade no ambiente profissional.

> **CONVITE PARA AÇÃO**
>
> *ESTRATÉGIA 9: CÍRCULOS DAS RELAÇÕES DE QUALIDADE E COMUNIDADES (CAPÍTULO 12) - PERMITE IDENTIFICAR PESSOAS COM QUEM VOCÊ MANTÉM UMA RELAÇÃO DE QUALIDADE E INVESTIR EM CONVERSAS PROFUNDAS QUE FORTALECEM OS VÍNCULOS ENTRE PESSOAS E COMUNIDADES.*

Como educadores, temos a oportunidade e a responsabilidade de criar ambientes educacionais que sejam favoráveis para a construção de relações saudáveis entre os indivíduos e grupos que compõem a comunidade acadêmica e/ou profissional. Precisamos trabalhar de forma intencional para criar ambientes e comunidades que abraçam a diversidade e singularidade dos indivíduos, onde a compaixão e solidariedade pela situação do outro são estimuladas e valorizadas, assim como são valorizados o compartilhamento e a construção de conhecimentos de forma colaborativa.

Os gestores educacionais podem, por exemplo, abrir espaços em escolas, universidades e organizações para promover encontros entre pessoas que possuem alguns interesses comuns. Algumas instituições criam "escolas de pais", nas quais os desafios da maternidade e paternidade são discutidos e acolhidos. Outras investem em programas de valorização e acolhimento da diversidade cultural, biológica, religiosa, de gênero, socioeconômica, dentre outras, para que a pluralidade seja promovida e celebrada em

> **CONVITE PARA AÇÃO**
>
> *ESTRATÉGIA 10: COMO CRIAR E MANTER UMA COMUNIDADE? (CAPÍTULO 12) - VAI MOSTRAR COMO É POSSÍVEL CRIAR COMUNIDADES DE APRENDIZAGEM E APOIO QUE FAVOREÇAM A APRENDIZAGEM SOCIOEMOCIONAL, A PRÁTICA COLETIVA DO COPING, O SENSO DE ACOLHIMENTO E O PERTENCIMENTO.*

ambientes corporativos. Existem, ainda, universidades que estimulam a criação de comunidades para estudantes interessados em praticar o voluntariado. Com isso, apoiam ações que dão aos alunos a oportunidade de participar do desenvolvimento socioeconômico das pessoas que vivem no entorno da instituição e de criar vínculos mais fortes com esta comunidade.

---

6   TRABALHAR com amigos aumenta a produtividade, segundo estudo. *Época Negócios,* 31 mai. 2017. Disponível em: https://epocanegocios.globo.com/Carreira/noticia/2017/05/trabalhar-com-amigos-aumenta-produtividade-segundo-estudo.html. Acesso em: 22 abr. 2022.

Por sermos educadores temos um campo de influência amplo. Por que não usar isso para criar e manter comunidades de aprendizagem e/ou apoio para quem tem interesses, crenças, valores e propósitos correlatos? A criação de uma comunidade geralmente parte da intencionalidade de alguém que, inicialmente, vai precisar investir energia para propor vivências que permitam que as pessoas se conheçam melhor, criem vínculos e experimentem um senso de pertencimento.

Encontrei uma conexão forte entre saúde mental, relevância das comunidades e relacionamentos humanos de qualidade ao ler o mini report *Uma Perspectiva Social para Saúde Mental*, produzido pelo Instituto Amuta.[7] O documento defende que a crise de saúde mental que temos encontrado na atualidade é, acima de tudo, uma deterioração das relações humanas, que estão cada vez mais frágeis. O *Report* revela que muitas doenças mentais resultam de desigualdades econômicas e outras formas de relação opressora e de superioridade. Por isso, a proposta do Instituto é promover encontros de comunidades de aprendizagem e apoio, que resgatam o afeto e permitem que vínculos mais profundos e significativos sejam criados. Você concorda com essa perspectiva?

### Reflexão e registro

**Perspectiva pessoal:** Nomeie as pessoas com quem considera que mantém uma relação de qualidade. Existem pessoas na sua vida com quem mantém relacionamentos tóxicos? Que ações pode tomar para fortalecer os vínculos e as relações saudáveis?

**Perspectiva profissional:** Como pode promover a construção de comunidades de aprendizagem e/ou estimular o aprendizado nos ambientes educacionais onde você atua? Quem pode convidar para desenhar com você a estrutura dessas comunidades?

As metodologias ativas têm sido amplamente utilizadas no processo de aprendizagem socioemocional, pois, ao darem o protagonismo para quem aprende, favorecem a colaboração e a ação-reflexão, permitindo que competências socioemocionais sejam desenvolvidas. Isso não acontece de forma instantânea ou rápida, mas essa trajetória individual e relacional contribui para a prevenção de problemas de saúde mental e física.

---

7   XAVIER, M. Uma perspectiva social para saúde mental. Disponível em: https://drive.google.com/file/d/1GQe6YtMHGd-qGtniS7pxpxmOczgjAvd5b/view. Acesso em: 22 fev. 2022. O Instituto Amuta se identifica como "uma plataforma para transformar as relações através do design". Saiba mais em: www.institutoamuta.com.br.

Como caso inspirador, vou apresentar de que maneira a área de Ensino e Pesquisa do Hospital Israelita Albert Einstein tem adotado a metodologia de simulação realística para desenvolver competências socioemocionais e técnicas em profissionais da saúde e gestores.

**CASO INSPIRADOR – Simulação de situações-problema e uso de tecnologias para promoção da aprendizagem socioemocional e técnica**

O Centro de Ensino e Pesquisa do Einstein criou, há quase 15 anos, o Centro de Simulação Realística (CSR), onde profissionais da área da Saúde e de Gestão em Saúde vivenciam situações-problema desafiadoras. Em média, 6.500 pessoas são formadas lá anualmente. Ali vivenciam circunstâncias que comumente emergem em ambientes hospitalares. Pelo uso de cenários e roteiros de situações-problema, robôs que respondem às ações humanas como se fossem pessoas em tratamento, atores profissionais que assumem o papel de pessoas envolvidas na situação e instrutores que conduzem todo o processo, aqueles que precisam aprendem conseguem praticar, testar hipóteses, fazer escolhas, errar e acertar. Os treinamentos são preparados de forma customizada para cada área e nível profissional.

Quando uma paciente tem uma parada cardíaca durante uma cesárea, por exemplo, aprendem com a infraestrutura oferecida qual deve ser o procedimento a ser adotado pela médica responsável pelo parto. Neste momento, a rapidez e competência técnica para tomar decisões podem salvar a vida da mãe e do bebê. Por outro lado, a capacidade de manejar as emoções, de liderar a equipe de enfermeiros e técnicos, de se comunicar de forma assertiva em uma situação extremamente estressante também é igualmente relevante. As últimas competências mencionadas são socioemocionais. Mas as simulações não se restringem a profissionais como médicos, enfermeiros, fisioterapeutas e psicólogos. Alguns cenários são voltados para o desenvolvimento de gestores da área da Saúde, que precisam contratar profissionais, demiti-los, fazer gestão de crise, negociar com fornecedores e lidar com gestão de conflitos entre os profissionais que lidera.

Segundo o relatório *To err is human*[8] (em português, *Errar é Humano*), quase 100 mil pacientes morrem todos os anos por erros durante a hospitalização. Problemas no trabalho em equipe e comunicação ineficiente favorecem os erros. Para mitigar esse cenário, o relatório recomenda "programas de treinamento para a equipe multiprofissional com simulação, que permitem abordar tanto aspectos técnicos quanto comportamentais, preparando profissionais e equipes de saúde para o melhor desempenho clínico."[9]

---

8  KOHN L. T.; CORRIGANO, J. M.; DONALDSON, M. S. (eds.). *To err is human*: building a safer health system. Washington: Institute of Medicine National Academy Press, 2000.

9  Saiba mais em: https://ensino.einstein.br/csr.

Sabemos que o erro é uma parte importante do processo de aprendizagem e que para atingirmos a excelência é preciso praticar várias vezes, e errar. Pelo uso da metodologia ativa de Simulação Realística, os estudantes e profissionais têm vivenciado no CSR um confronto teórico-prático e, a partir de erros e acertos, têm a oportunidade de se desenvolverem do ponto de vista socioemocional e técnico, sem colocar a vida de outras pessoas em risco.

**Figura 11.2 -** Simulação realística de administração de oxigênio

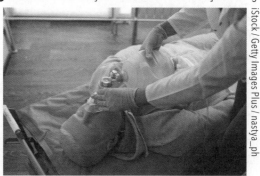

O Centro de Simulação Realística está localizado no Morumbi, em São Paulo, e possui salas que emulam diferentes ambientes: consultório, centro cirúrgico, sala de emergência, UTI, escritório. Os simuladores adultos e pediátricos são manequins que apresentam sintomas e reações de acordo com a situação-problema apresentada e as ações do estudante ou profissional que está em formação.

A partir de 2020, por conta da necessidade de isolamento imposta pela pandemia, o CSR passou a ofertar telessimulações, que é uma adaptação da metodologia ativa para o modelo de educação a distância. Neste formato, grupos de até 15 alunos acessam diferentes salas virtuais e, nesses espaços, acompanham os pacientes-atores e o instrutor, que apresenta como os procedimentos clínicos devem ser realizados. Em seguida, participam de uma discussão síncrona mediada por especialistas, que dividem experiências e se envolvem na tomada de decisão.

Esse caso é inspirador, pois pode ser replicado em praticamente qualquer contexto de aprendizagem. É certo que muitos de nós, educadores, não temos acesso a salas tecnológicas, com robôs, atores e equipamentos de ponta, mas todos podemos imaginar um cenário e elaborar roteiros de uma situação-problema a ser implementada no contexto educacional em que atuamos. Pelo uso dessa metodologia ativa associada ao jogo de papéis (*role playing*), podemos propor que diferentes estudantes ou profissionais assumam um papel específico no cenário apresentado e atuem como parte da narrativa. Essa estratégia ativa pode gerar vivência e, principalmente, abrir espaço para discussões e reflexões sobre emoções, ações, valores, crenças e conhecimentos.

**Fonte:** saiba mais em: https://ensino.einstein.br/csr. Acesso em: 21 jul. 2022.

Educadores conscientes da relevância de investirem em sua aprendizagem socioemocional sabem que também podem influenciar outras pessoas neste processo. O importante é começar. Se você é um gestor educacional, talvez o primeiro passo seja criar um programa que estimule a prática de exercícios físicos ou o voluntariado. Você pode, ainda, promover uma jornada liderada pelos estudantes sobre o uso consciente e ético das tecnologias digitais. Se for designer instrucional, talvez possa incluir nos cursos EAD que desenha espaços onde as pessoas podem se encontrar e criar vínculos a partir de interesses em comum (clubes de leitura, por exemplo). Se você é professor, pode começar cada aula propondo que os alunos separem um momento para exercitar a prática da gratidão. Sei que estou sugerindo ações isoladas, que poderiam ser parte de um programa mais amplo de aprendizagem socioemocional. A minha provocação aqui é que você comece com pequenas ações que podem, sim, fazer a diferença e beneficiar a sua vida e a dos outros. Afinal, é com apenas um primeiro passo que se alcança grandes distâncias. Vamos começar?

# Capítulo 12

## Agora é com você: enfoque em autogestão e habilidades sociais

Nesta **Parte II** vimos que parte do processo de aprendizagem socioemocional pode ocorrer pelo uso de metodologias ativas que fomentam a autogestão, o *coping* e a inclusão de hábitos saudáveis em nossa rotina, além da convivência com pessoas com quem sabemos que podemos contar. Isso favorece para que você tenha melhor saúde mental e física. Agora chegou o momento de colocar em prática o que discutimos e, para isso, você pode lançar mão das estratégias embasadas em metodologias ativas de aprendizagem que apresentarei a seguir. Tais estratégias devem ajudar a desenvolver as competências de autogestão e habilidades sociais. Separe um tempo para realizar as atividades propostas, avançar em sua aprendizagem socioemocional e depois você pode adaptá-las para que sejam aplicadas nos ambientes educacionais de sua escolha.

Bom proveito!

# Estratégia 6:

## Tempo de tela é tempo de vida![1]

**Enfoque da aprendizagem socioemocional**: autogestão e autocontrole.

**Breve descrição da estratégia**: registro do tempo dedicado ao acesso às tecnologias digitais para a tomada de consciência sobre quais são as dimensões importantes da vida e escolha intencional de como fazer melhor uso do tempo, no sentido de ter melhor saúde mental e física.

## O QUE SABER/FAZER ANTES DE COMEÇAR

**A estratégia pode ser utilizada por**: crianças a partir de sete anos, adolescentes, jovens, adultos e idosos (se for necessário, é possível fazer adaptações para que seja adequada para público e contexto).

**Objetivo**: levar a pessoa a reconhecer como tem feito a gestão de seu tempo e estimulá-la a fazer escolhas mais saudáveis que irão promover melhorias em sua saúde física e mental.

**Tempo estimado**: entre 90 e 180 minutos distribuídos ao longo de um dia e meio a dois dias.

**Número de participantes**: a estratégia deve ser adotada de forma individual e os resultados podem ser compartilhados em pequenos grupos.

**Recursos e materiais físicos e digitais**: papel, caneta, lápis, celular, *tablets* e computadores para análise de acesso e tempo de uso, espaços digitais para registros de informações (como tabelas e planilhas) e compartilhamento dos resultados, se for o caso.

**Adaptação da estratégia**: dependendo da faixa etária, é possível simplificar e até mesmo provocar conversas entre as pessoas. Mas, antes, deve-se fazer o mapeamento de valores, de tal maneira que discutam com familiares e amigos próximos se tais valores indicados são, de fato, aqueles que norteiam as suas ações.

---

1   Adaptada a partir da ferramenta *My Digital Media Log* (Meu Registro de Acesso às Mídias), da *Common Sense Educaction*.

## PASSO A PASSO DA APLICAÇÃO

**1**

Apresentação de desafio: tempo é vida e na era digital usamos as mídias e tecnologias para mediar e apoiar muitas de nossas atividades diárias. Algumas dessas atividades são necessárias e produtivas, outras nem tanto. Vamos fazer um exercício e registrar como temos usado as mídias e tecnologias digitais no dia a dia? O desafio é que se faça um registro todas as vezes que se usa uma tecnologia ao longo de um dia inteiro. Você vai indicar na primeira coluna o dispositivo utilizado (exemplo: celular, *tablet*, computador, televisão e *videogame*), a atividade realizada (exemplo: estudo, rede social e conversa com amigos), a categoria (exemplo: autocuidado, família, trabalho, amigos, lazer e espiritualidade) e o tempo.

| Dispositivo | Atividade | Categoria | Tempo (em minutos) |
|---|---|---|---|
| Ex. *videogame* | Jogo digital | Lazer | 120 min. |
| Ex. computador | Reuniões de videoconferência | Trabalho | 90 min. |
| | | | |
| | | | |
| | | | |
| **Meu tempo total de tela durante um dia é:** | | | 210 min. |

**2**

Agora que já fez esse primeiro registro e sabe o seu tempo de tela durante um dia, chegou o momento de calcular quanto tempo do dia dedicou para cada categoria registrada por você. Pinte as linhas da matriz a seguir, na qual vai encontrar algumas categorias que podem ser adequadas de acordo com os apontamentos que fez na tabela acima. Se for preciso, complemente as categorias. Veja como ficou a minha.

Capítulo 12 – Agora é com você: enfoque em autogestão e habilidades sociais **147**

|  | Tempo | 1h | 2h | 3h | 4h | 5h | 6h | 7h | 8h |
|---|---|---|---|---|---|---|---|---|---|
| Categoria |  |  |  |  |  |  |  |  |  |
| Autocuidado |  |  |  |  |  |  |  |  |  |
| Família |  |  |  |  |  |  |  |  |  |
| Amigos |  |  |  |  |  |  |  |  |  |
| Trabalho |  |  |  |  |  |  |  |  |  |
| Lazer |  |  |  |  |  |  |  |  |  |
| Espiritualidade |  |  |  |  |  |  |  |  |  |

Com esse exemplo, chegou a sua vez de representar visualmente a distribuição do tempo de tela nas categorias que compõem a sua vida.

|  | Tempo | 1h | 2h | 3h | 4h | 5h | 6h | 7h | 8h |
|---|---|---|---|---|---|---|---|---|---|
| Categoria |  |  |  |  |  |  |  |  |  |
| Autocuidado |  |  |  |  |  |  |  |  |  |
| Família |  |  |  |  |  |  |  |  |  |
| Amigos |  |  |  |  |  |  |  |  |  |
| Trabalho |  |  |  |  |  |  |  |  |  |
| Lazer |  |  |  |  |  |  |  |  |  |
| Espiritualidade |  |  |  |  |  |  |  |  |  |

**3**

Muito bem! Com isso, ficou evidente quanto tempo do seu dia você usa com as mídias e tecnologias e para que fim. Nesta terceira etapa da atividade, quero pedir que retome à matriz com a representação visual do tempo de tela e calcule o tempo que acredita que está dedicando para atividades que considera "produtivas" ou "irremediáveis" (como trabalho, conversa com os seus pais por videoconferência, estudos, pagar contas). Também reflita sobre o tempo que considera que foi desperdiçado em atividades que talvez nem sejam tão boas para você (como acompanhar e participar de discussões preconceituosas ou desrespeitosas no Twitter ou assistir a uma série muito violenta) e que poderiam ser substituídas por atividades que funcionam como estratégias positivas de *coping* e ajudariam no enfrentamento do estresse (como passear com o cachorro, jogar xadrez, organizar os armários etc.). Veja um gráfico de pizza que ilustra esta etapa da atividade.

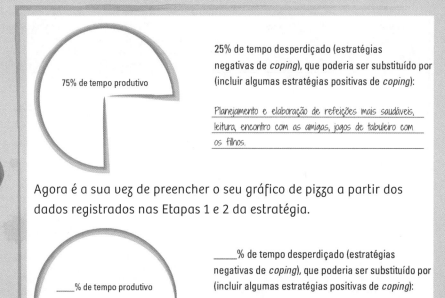

75% de tempo produtivo

25% de tempo desperdiçado (estratégias negativas de *coping*), que poderia ser substituído por (incluir algumas estratégias positivas de *coping*):

Planejamento e elaboração de refeições mais saudáveis, leitura, encontro com as amigas, jogos de tabuleiro com os filhos.

Agora é a sua vez de preencher o seu gráfico de pizza a partir dos dados registrados nas Etapas 1 e 2 da estratégia.

____% de tempo produtivo

____% de tempo desperdiçado (estratégias negativas de *coping*), que poderia ser substituído por (incluir algumas estratégias positivas de *coping*):

Consulte suas respostas para a atividade de Mapeamento de Valores e reflita sobre formas mais condizentes com os seus valores de fazer a gestão do seu tempo. Faça o exercício de reorganizar as atividades de um típico dia seu, substituindo pelo menos uma atividade que considera "desperdício" de tempo por outra que gostaria que se tornasse um hábito saudável e positivo, uma vez que te traz prazer e favorece o bem-estar físico e/ou psicológico.

| Horário | Atividade | Categoria | Tempo (em minutos |
|---|---|---|---|
| Ex. 6h30 | Acordar e fazer meditação | Autocuidado | 30 min. |
| Ex. 7h | Tomar café da manhã com meu filho | Família e autocuidado | 20 min. |
|  |  |  |  |
|  |  |  |  |
|  |  |  |  |
|  |  |  |  |
|  |  |  |  |
|  |  |  |  |
|  |  |  |  |
|  |  |  |  |
|  |  |  |  |
|  |  |  |  |

Depois que tiver completado esse exercício, recomendo que compartilhe os resultados com uma pessoa bem próxima e que acompanha a sua rotina diária (pode ser cônjuge, um amigo ou um filho). Peça para esta pessoa averiguar suas respostas e indicar se considera que representam a realidade. Depois, peça que a pessoa apoie você na tomada de decisão de substituir estratégias de *coping* potencialmente negativas para a saúde física e mental por outras que podem ser mais saudáveis.

**Evidências de que a aprendizagem socioemocional está sendo desenvolvida:**

- Aos poucos, hábitos e estratégias negativas de *coping* são substituídos por estratégias positivas que favorecem a melhora na saúde física e mental.
- Demonstrar que autogere suas atitudes e tem autocontrole na forma como faz a gestão do tempo.

# Estratégia 7:
## Sensibilização sobre diálogos internos[2]

**Enfoque da aprendizagem socioemocional:** autogestão e autoconsciência.

**Breve descrição da estratégia:** muitas de nossas decisões e comportamentos são norteadas por diálogos internos, que advêm de pensamentos automatizados. Esses não são dirigidos necessariamente pelo que queremos, mas por experiências prévias, hábitos adquiridos, crenças, aspectos culturais e até mesmo por emoções, desejos, paixões e sentimentos. Esta estratégia vai ajudar você a ganhar consciência dos diálogos internos que trava em seus pensamentos e vai desafiá-lo a fortalecer a sua autogestão, ao praticar maneiras de ter diálogos internos mais positivos.

## O QUE SABER/FAZER ANTES DE COMEÇAR

**A estratégia pode ser utilizada por:** adolescentes, jovens, adultos e idosos (se for necessário, é possível fazer adaptações para que seja adequada para público e contexto).

**Objetivo:** levar você a reconhecer os diálogos mentais que ocorrem em seus pensamentos e a praticar, pela prática da autogestão, diálogos internos mais positivos.

**Tempo estimado:** de 30 a 40 minutos distribuídos ao longo de dois dias.

**Número de participantes:** a estratégia deve ser adotada de forma individual com possibilidade de conversa posterior com pessoas de confiança.

**Recursos e materiais físicos e digitais:** caderno, caneta ou lápis, espaços digitais para registros de pensamentos.

**Adaptação da estratégia:** em vez de redigir os diálogos internos, é possível usar um dispositivo e gravar (em voz alta) como o diálogo mental ocorreu nos pensamentos.

---

2  Inspirada em DIAS, A. P. *O outro diálogo*: uma compreensão do diálogo interno. 2009. Tese de doutorado. Universidade Federal do Rio Grande do Norte, Natal, Rio Grande do Norte, 2009. Disponível em: https://repositorio.ufrn.br/bitstream/123456789/14260/1/AlinePD_TESE.pdf. Acesso em: 21 abr. 2022.

Capítulo 12 – Agora é com você: enfoque em autogestão e habilidades sociais   151

## PASSO A PASSO DA APLICAÇÃO

Apresentação de desafio: nossos pensamentos são poderosos e responsáveis por nossas ações. Tudo o que fazemos, de forma consciente ou inconsciente, inicia em nossa mente. É comum travarmos diálogos internos que podem ser agressivos, preconceituosos, intolerantes ou acolhedores, afetuosos, generosos e compreensivos conosco e com os outros. Os diálogos podem ser sobre coisas simples, como:

— Hummm! Parece que vai chover... Devo levar um guarda-chuva?

— Nossa! Não vai chover, não. É melhor deixar o guarda-chuva em casa. Pense em como vai ser ruim carregá-lo o dia todo.

— Mas prefiro carregar o guarda-chuva a ficar molhada.

— Então leva, sua "cabeça de vento"! Depois que esquecer o guarda--chuva em algum lugar não diga que não te avisei. Você sempre faz isso!

Outras vezes, os diálogos internos são conflituosos e mexem profundamente com os nossos valores, as nossas paixões e emoções:

— Desconfio que a Luiza, a estagiária, não está muito bem. Anda se comportando de uma forma muito apática. Ela não era assim quando chegou aqui há alguns meses.

— Claro que está tudo bem! Você já fez essa pergunta e ela respondeu que estava só um pouco cansada. Não deu muita abertura para falar do assunto.

— Pois é! Mas eu percebo que ela mudou muito o comportamento. Talvez ela precise conversar com alguém sobre isso. Será que ela já se abriu com alguém?

— Sério que você vai se meter nesse assunto de novo? Ela pode ficar até ofendida. Se ela não está bem, com certeza alguém da família já percebeu e está ajudando. Por que logo você tem de ajudar?

— Nada disso, a família dela é de Maceió e ela veio morar com os tios aqui no Rio para estudar. E se eu for a única pessoa que percebeu essa mudança de comportamento da Luiza? E se ela estiver sofrendo abuso físico ou psicológico?

— Tá bom, não dá para ignorar. Convida a Luiza para tomar um café e conversar em um ambiente seguro. É melhor se expor e oferecer ajuda do que se arrepender depois. Quem sabe até pergunto se ela quer conversar com uma psicóloga. Tomara que ela aceite.

Agora que já sabe o que são diálogos internos, pense em alguns importantes diálogos internos que já travou em sua mente. Talvez sejam relacionados à família, carreira e às amizades.

Chegou o momento de realizar uma atividade de autogestão, com a qual você deve ficar atento aos diálogos internos que ocorrem em sua mente ao longo dos próximos dois dias. Sei que isso acontece o tempo todo, mas preste atenção especialmente a dois deles – como aqueles que tratam de questões importantes conectadas aos seus valores ou pontos conflituosos para você.

Em seguida, registre em um caderno, no bloco de notas do celular ou até mesmo usando o computador as principais frases que emergem em sua mente. Tente reproduzir os diálogos internos que selecionou usando a estrutura abaixo:

Data: _____
Tema central do diálogo interno: _____
Pensamentos:
_____
_____
_____
_____

Data: _____
Tema central do diálogo interno: _____
Pensamentos:
_____
_____
_____
_____

Capítulo 12 – Agora é com você: enfoque em autogestão e habilidades sociais 153

**5**

Depois de registrar como os dois diálogos internos ocorreram, você vai ler seus registros com cuidado e responder a algumas questões listadas a seguir para cada diálogo interno. Quero destacar que nem sempre você será capaz de responder a todas as perguntas quando analisar o conteúdo de um diálogo interno. Responda só aquelas que fazem sentido de acordo com o conteúdo do diálogo:

**a.** Tive reações físicas (mãos suando, calor, coração acelerado etc.) enquanto o diálogo interno aconteceu? Se sim, quais?

**b.** Quais sentimentos emergiram enquanto o diálogo interno aconteceu?

**c.** Quais de minhas crenças e valores emergiram durante o diálogo interno?

**d.** Devo questionar alguns de meus pensamentos e crenças constantes neste diálogo interno?

**e.** Como este diálogo interno vai direcionar as minhas ações?

**f.** Como posso ressignificar alguns dos meus pensamentos negativos, críticos e inflexíveis na busca por um novo padrão de pensamento — talvez mais flexível e gentil comigo mesmo e aberto para mudanças positivas?

**6**

Após completar esse exercício, fique atento aos seus pensamentos e, aos poucos, pratique um diálogo interno mais positivo, amoroso, gentil e acolhedor com você mesmo e com outras pessoas. Desta maneira, fortalecerá a competência da autogestão.

**7**

Converse com pessoas em quem confia sobre o que são diálogos internos e peça que compartilhem um diálogo interno que teve em um momento conflituoso e/ou de crise. Depois, pergunte como consegue ressignificar pensamentos negativos e inflexíveis.

**Evidências de que a aprendizagem socioemocional está sendo desenvolvida:**
- Reconhecimento de seus diálogos internos.
- Capacidade de identificar padrões positivos e negativos de pensamento e refletir sobre eles, buscando ressignificá-los.

# Estratégia 8:
## Meditação personalizada[3]

**Enfoque da aprendizagem socioemocional:** autogestão.

**Breve descrição da estratégia:** a meditação tem sido adotada em contextos educacionais por professores, estudantes e profissionais para variados fins, como o manejo de pensamentos e emoções, promoção de foco e concentração, redução da ansiedade, estresse, dentre outros. Nesta atividade, você será convidado a selecionar uma prática meditativa rápida e personalizada que esteja alinhada com os seus valores e crenças.

## O QUE SABER/FAZER ANTES DE COMEÇAR

**A estratégia pode ser utilizada por:** crianças a partir de dez anos, adolescentes, jovens, adultos e idosos (se for necessário, é possível fazer adaptações para que seja adequada para público e contexto).

**Objetivo:** vivenciar alguns minutos de meditação em um formato condizente com crenças, valores pessoais e objetivos previamente estabelecidos.

**Tempo estimado:** entre um a cinco minutos (que podem ser repetidos algumas vezes por dia, durante o período que a pessoa quiser).

**Número de participantes:** a estratégia deve ser adotada de forma individual.

**Recursos e materiais físicos e digitais:** depende do tipo de prática meditativa elegida. Pode ser um livro, uma almofada, um celular que toca música etc. Alguns aplicativos, como Headspace, Postiv e Zen, ajudam adultos a relaxar e a vivenciar sensações relaxantes ao ouvirem, por exemplo, o barulho da chuva.

**Adaptação da estratégia:** a atividade pode ser conduzida por um professor em sala de aula, inclusive com crianças a partir dos três anos. Neste caso, a prática deixa de ser personalizada e a turma passa seguir aquilo que é proposto pelo professor.

---

3 Inspirada e adaptada de DANZA, H.; MORGADO, M. A. *Projeto de vida*: construindo o futuro (manual do professor). São Paulo: Ática, 2020; e ALAGOAS (Estado). Secretaria de Educação de Alagoas. *Projeto de vida 1º ano, material do estudante*. Maceió: Seduc/AL, s.d., p. 120-121.

## PASSO A PASSO DA APLICAÇÃO

**1**

Se você nunca realizou uma prática meditativa, sugiro que, neste primeiro contato, realize um exercício conhecido como S.T.O.P.,[4] palavra em inglês cuja tradução para português é PARE. Essa prática visa à redução da ansiedade e do estresse. O acrônimo S.T.O.P. refere-se à:

- **Pare** (*Stop*): faça uma pausa de alguns momentos.
- **Respire** (*Take a breath*): ouça e sinta o ritmo da própria respiração. Concentre sua mente no momento presente.
- **Observe** (*Observe*): preste atenção nas suas emoções (boas e ruins) e ao que está acontecendo interna e externamente.
- **Continue** (*Proceed*): depois dessa breve pausa e do reconhecimento do momento presente e das emoções, avance com suas atividades. Depois que tiver realizado essa atividade, reflita se de fato ela o ajudou a reduzir um pouco da ansiedade e do estresse. Você pode recorrer ao exercício S.T.O.P. quando julgar necessário. Em seguida, fique à vontade para personalizar a sua prática meditativa, seguindo os próximos passos desta estratégia.

Escolha um momento do dia em que deseja praticar a meditação personalizada.

Antes de iniciar, verifique a tabela apresentada a seguir, que indica algumas opções considerando o tempo disponível, o seu desejo, a ação e a imaginação, enfim, aquilo que deve imaginar quando estiver meditando.

---

4  GOLDSTEIN, E. The S.T.O.P. Practice for stress. *Mindfull*, 11 out. 2018. Disponível em: www.mindful.org/the-s-t-o-p-practice-for-stress. Acesso em: 21 abr. 2022.

| Tempo | Desejo | Ação | Imaginação |
|---|---|---|---|
| 30s | Agradecer | Sentar de forma confortável | Praia deserta |
| 1min. | Refletir | Caminhar tranquilamente | Floresta |
| 1min. 30s | Manejar a ansiedade | Escrever sem fazer interrupções | Foco no momento presente |
| 2min. | Praticar a espiritualidade | Respirar profundamente (cinco vezes) | Pessoa(s) amada(s) |
| 2min. 30s | Relaxar no fim do dia | Imaginar de forma vívida | Momento de muita felicidade |
| 3min. | Lidar com a frustração | Desenhar detalhadamente | Um pôr do sol |
| 3min. 30s | Acalmar o coração | Ler de forma reflexiva | Deus |
| 4min. | Concentrar-se para realizar uma atividade | Orar em silêncio | Viagem inesquecível |
| 15min. | | | |

Você vai notar que existem linhas em branco, que podem ser preenchidas por você, de acordo com o tempo disponível, o desejo de aderir a uma prática meditativa, a ação que vai praticar e como vai usar a sua imaginação. Você pode ter esta ficha disponível no seu celular e, antes de meditar, pode consultá-la e circular como vai personalizar a prática. Lembre-se de que a disposição das palavras na tabela não significa que você deve seguir uma ordem específica, conforme explico a seguir. Se fosse organizar como medito todos os dias de manhã, seria algo mais ou menos assim:

| Tempo | Desejo | Ação | Imaginação |
|---|---|---|---|
| 30s | Agradecer | Sentar de forma confortável | Praia deserta |
| 1min. | Refletir | Caminhar tranquilamente | Floresta |
| 1min. 30s | Manejar a ansiedade | Escrever sem fazer interrupções | Foco no momento presente |
| 2min. | **Praticar a espiritualidade** | Respirar profundamente (cinco vezes) | Pessoa(s) amada(s) |
| 2min. 30s | Relaxar no fim do dia | Imaginar de forma vívida | Momento de muita felicidade |
| 3min. | Lidar com a frustração | Desenhar detalhadamente | Um pôr do sol |
| 3min. 30s | Acalmar o coração | **Ler de forma reflexiva** | **Deus** |
| 4min. | Concentrar-se para realizar uma atividade | **Orar em silêncio** | Viagem inesquecível |
| **15min.** | | | |

A ordem pode variar dependendo do desejo que o levou a meditar e do tempo. Se estivesse prestes a realizar uma prova e quisesse me concentrar, o fluxo da meditação seria diferente:

| Tempo | Desejo | Ação | Imaginação |
|---|---|---|---|
| 30s | Agradecer | Sentar de forma confortável | Praia deserta |
| 1min. | Refletir | Caminhar tranquilamente | Floresta |
| 1min. 30s | Manejar a ansiedade | Escrever sem fazer interrupções | Foco no momento presente |
| 2min. | Praticar a espiritualidade | Respirar profundamente (cinco vezes) | Pessoa(s) amada(s) |
| 2min. 30s | Relaxar no fim do dia | Imaginar de forma vívida | Momento de muita felicidade |
| 3min. | Lidar com a frustração | Desenhar detalhadamente | Um pôr do sol |
| 3min. 30s | Acalmar o coração | Ler de forma reflexiva | Deus |
| 4min. | Concentrar-se para realizar uma atividade | Orar em silêncio | Viagem inesquecível |
| 15min. | | | |

Comece a criar práticas meditativas que fazem bem para você e organize o seu tempo para usufruir dessa estratégia de *coping*. É importante destacar que a prática da meditação deve estar alinhada com suas crenças e seus valores. Existem várias outras estratégias de *coping* mencionadas neste livro que podem ser adotadas se não estiver confortável em praticar alguma modalidade de meditação.

**Evidências de que a aprendizagem socioemocional está sendo desenvolvida:**
- Capacidade de reconhecer quais práticas meditativas contribuem para sua saúde mental e física por estarem alinhadas com crenças e valores pessoais.
- Incluir a meditação personalizada ou até mesmo outras estratégias de *coping* em sua rotina diária para diversos fins.

# Estratégia 9:
## Círculos das relações de qualidade e comunidades[5]

**Enfoque da aprendizagem socioemocional:** habilidades sociais.

**Breve descrição da estratégia:** visa identificar as pessoas e comunidades que são realmente importantes em sua vida. Em seguida, propõe formas de buscar mais profundidade nessas relações a partir de conversas de qualidade.

## O QUE SABER/FAZER ANTES DE COMEÇAR

**A estratégia pode ser utilizada por:** crianças a partir de oito anos, adolescentes, jovens, adultos e idosos (se for necessário, é possível fazer adaptações para que seja adequada para público e contexto).

**Objetivo:** identificar as pessoas com quem mantém relações de qualidade e as comunidades das quais faz parte, a fim de investir em conversas profundas para melhorar a qualidade dos vínculos e relações.

**Tempo estimado:** 40 a 60 minutos.

**Número de participantes:** a estratégia deve ser realizada individualmente, depois em duplas e, por fim, em grupo.

**Recursos e materiais físicos e digitais:** local para registro, como papel sulfite, bloco de notas, caderno, *flip chart*, cartolina, blocos adesivos, espaços digitais e caneta, lápis ou canetinha. Ferramenta de videoconferência se o encontro presencial não for possível.

**Adaptação da estratégia:** a primeira parte da atividade pode ser conduzida pelo professor em sala de aula, inclusive com crianças a partir de cinco anos, de forma oral. Nesse caso, em vez de os círculos serem preenchidos individualmente, as crianças podem citar, em voz alta, os nomes de algumas das pessoas que compõem cada um deles.

---

5 Inspirada e adaptada de XAVIER, M.; GALVÃO, M.; ASSIS, M. Inventário Amuta. *Amuta*, 2022. Disponível em: www.institutoamuta.com.br/inventario. Acesso em: 15 mar. 2022.

Capítulo 12 - Agora é com você: enfoque em autogestão e habilidades sociais

## PASSO A PASSO DA APLICAÇÃO

**1**

Selecione o local para registro e desenhe cinco círculos, um dentro do outro. Coloque uma letra dentro cada círculo. Veja o exemplo:

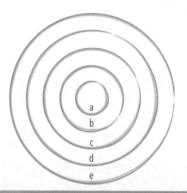

**2**

Em seguida, comece a preencher os círculos indicando quem são as pessoas com quem você mantém relações de qualidade. Se em suas relações você identificar alguém com quem considera ter uma relação tóxica ou abusiva, por favor, deixe essa pessoa fora dos círculos. Preencha de acordo com a seguinte ordem:

a. **Círculo interno**: três a cinco pessoas em quem confia de verdade e com quem mantém relação de intimidade, troca e suporte emocional e o convívio é diário ou semanal.

b. **Círculo da simpatia**: 15 pessoas com quem tem muita proximidade emocional e o convívio é, pelo menos, mensal.

c. **Pessoas próximas**: por volta de 50 pessoas com quem não tem tanta intimidade assim, mas, por exemplo, que convidaria para uma festa e talvez já tenham sido mais próximas em algum momento da vida.

d. **Relações casuais**: até 150 pessoas com quem tem interações e contatos raramente, mas as respeita e tem boa relação.

e. **Comunidades**: liste as comunidades das quais faz parte. Exemplo: futebol, igreja, clube de leitura, culinária saudável etc.

**Dica**: se quiser, pode usar *post-its* de cores diferentes para completar os nomes em cada círculo. Nos círculos d e e não é necessário nomear todas as pessoas próximas e as relações casuais, pois são muitas. Inclua somente os grupos dos quais essas pessoas fazem parte, para que você tenha consciência de quem são. Exemplo: amigas da faculdade, casais do clube etc.

Agora que mapeou as pessoas e as comunidades mais próximas, convido você a refletir sobre alguns pontos e anotar as suas respostas:

**a.** Quanto você tem investido nas relações de seu círculo interno e de simpatia? Como tem feito isso?

**b.** Quais são as comunidades das quais faz parte que trazem maior sentido para a sua vida? Como poderia criar maiores vínculos com as pessoas que participam dessas comunidades?

Por fim, sugiro três perguntas que podem ser adaptadas e ajudar você a começar conversas significativas com pessoas importantes para você.

- Conte como foi a sua última semana. Que experiências você viveu em casa e no trabalho (ou na escola etc.)?
- Quais são suas principais esperanças e sonhos para o futuro?
- Como posso te ajudar a realizar esses sonhos?

Já os líderes e gestores podem discutir com seus grupos liderados as mesmas perguntas em um encontro destinado a refletir sobre o papel da comunidade em suas vidas:

- O que essa comunidade significa para você?
- O que as experiências vividas agregam para a sua vida?
- Quais são os seus principais sonhos e como esta comunidade pode ajudar você a realizá-los?

**Evidências de que a aprendizagem socioemocional está sendo desenvolvida:**

- Capacidade de reconhecer quem são as pessoas e as comunidades com quem mantém relações saudáveis.
- Abertura para demonstrar interesse real na outra pessoa e fazer com que sinta que realmente importa.

# Estratégia 10:

## Como criar e manter uma comunidade?[6]

**Enfoque da aprendizagem socioemocional**: habilidades sociais.

**Breve descrição da estratégia**: apresenta alguns passos para que você crie e mantenha uma comunidade de suporte socioemocional por meio do uso de estratégias de *coping*. Talvez o que motive os encontros da comunidade seja a vontade de mapear e compartilhar inovações em educação, fazer aulas de teatro, praticar o *camping* em meio à natureza, participar de ciclos de debate sobre a incorporação da aprendizagem socioemocional em programas acadêmicos e praticar a aprendizagem autodirigida.

## O QUE SABER/FAZER ANTES DE COMEÇAR

**A estratégia pode ser utilizada por:** adolescentes, jovens, adultos e idosos (se for necessário, é possível fazer adaptações de acordo com o perfil das pessoas que irão utilizá-la).

**Objetivo**: criar comunidades de aprendizagem que favoreçam o desenvolvimento socioemocional, a prática coletiva do *coping* e o senso de acolhimento e de pertencimento.

**Tempo estimado**: de 240 a 480 minutos.

**Número de participantes**: de duas a cinco pessoas.

**Recursos e materiais físicos e digitais**: local presencial ou digital (como ferramenta de videoconferência) para realizar os encontros e recursos selecionados de acordo com o interesse e objetivos da comunidade.

**Adaptação da estratégia**: em ambientes escolares, esta atividade pode ser adaptada para a criação de clubes (de leitura, de robótica, de produção multimídia, de culinária etc.), que as crianças podem optar por participar no contraturno das aulas.

---

6   Inspirada e adaptada de XAVIER; GALVÃO; ASSIS, 2022.

## PASSO A PASSO DA APLICAÇÃO

Escolha de um a três amigos que atuam em educação, com quem tem afinidade e compartilha de alguns valores e sonhos (exemplo: formar educadores que estejam aptos para trabalhar com aprendizagem socioemocional na educação básica, superior, corporativa e no terceiro setor).

Compartilhe sua intenção de criar uma comunidade e explique os motivos. Veja se existe interesse dessas pessoas de serem anfitriões e apoiar você no papel de criar e manter a comunidade por pelo menos três meses, com um encontro por mês. Depois desse período, recomendo que o grupo se reúna novamente e reavalie se o que conceberam para a comunidade está dando certo, deve ser ajustado ou resenhado, ampliado para outras pessoas ou se a comunidade deve ser finalizada.

Discutam quem podem ser os participantes que iniciarão a comunidade e escreva o nome de quatro a oito pessoas conhecidas, que podem ser convidadas de forma personalizada para compor o grupo-piloto.

Em seguida, preencham juntos uma matriz 5W2H (veja um modelo a seguir), que é uma ferramenta de gestão que ajuda na definição de um plano de ação e as atividades a serem realizadas individualmente pelas pessoas envolvidas na criação e manutenção da comunidade.

Na matriz, deve ficar claro quando o grupo vai planejar os encontros da comunidade, o que acontece antes, durante e depois de cada reunião, qual o papel de cada anfitrião, dentre outros aspectos.

**Matriz 5W2H de Comunidades**

| Nome da Comunidade: | | Anfitriões: | | |
|---|---|---|---|---|
| Objetivos de aprendizagem | | | | |
| Plano de ação | Anfitrião 1 | Anfitrião 2 | Anfitrião 3 | Anfitrião 4 |
| O que será feito? (*WHAT*) | | | | |
| Por que será feito? (*WHY*) | | | | |
| Quando será feito? (*WHEN*) | | | | |
| Por quem será feito? (*WHO*) | | | | |
| Como será feito? (*HOW*) | | | | |
| Quanto custará fazer? (*HOW MUCH*) | | | | |

Realizem os primeiros encontros e coletem a reação dos participantes usando o roteiro de feedback, que ajuda a estruturar os pontos positivos da iniciativa e coletar aspectos que podem ser melhorados.

**Roteiro de feedback**

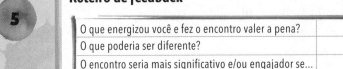

| O que energizou você e fez o encontro valer a pena? | |
|---|---|
| O que poderia ser diferente? | |
| O encontro seria mais significativo e/ou engajador se... | |

Por fim, reúna os anfitriões da comunidade novamente para discutir os ganhos e as perdas da iniciativa para todos os envolvidos. A seguir, preencham a matriz 5W2H de Comunidades para fazer um novo planejamento, de acordo com a realidade vivenciada e os objetivos da comunidade para o futuro. Desta vez, o planejamento pode ser para os próximos nove meses. Assim, a comunidade vai ganhando força!

**Evidências de que a aprendizagem socioemocional está sendo desenvolvida:**

- Capacidade de mobilizar pessoas para criar e manter uma comunidade.
- Abertura para avaliar os resultados dos primeiros encontros da comunidade e de fazer ajustes para que essa cumpra os objetivos de aprendizagem socioemocional e técnico (se aplicável) para o qual foi criada.

## Checkpoint com parceiro de jornada

Este é o segundo *checkpoint*, momento em que convido você a ter uma conversa sincera e profunda com o seu parceiro de jornada. Reforço que este encontro só deve ocorrer se sentir o desejo de realizá-lo e acreditar que pode contribuir positivamente no seu processo de aprendizagem socioemocional. Se este for o seu caso, sugiro que compartilhem algumas das reflexões realizadas em relação à rotina de trabalho e as estratégias positivas e negativas que praticam para o manejo de estresse. Também seria bacana vocês conversarem sobre novos hábitos saudáveis que gostariam de incluir no dia a dia pessoal e profissional. Por fim, conversem também sobre as comunidades das quais fazem parte e sobre as pessoas com quem podem contar para criarem comunidades de aprendizagem significativas (se este for um desejo de vocês). Boas trocas e aprendizagens!

# PARTE III

## PROPÓSITO E PROJETOS DE VIDA

# Introdução à Parte III

Existem questões profundas que todos nós fazemos em algum momento da vida. Algumas delas são: "Por que nasci?", "Qual é o sentido da vida?", "Como posso deixar uma marca positiva no mundo?", "Qual é o meu propósito de vida?". Sei que cada pessoa pode responder a essas perguntas de diferentes formas, muito respaldadas em suas identidades, valores, sentimentos, crenças, desejos, sonhos e visões de mundo.

As respostas do colombiano Yokoi Kenji emergiram de experiências multiculturais vividas na infância e juventude. Filho de mãe colombiana e pai japonês, viveu em vários países da América Latina durante a infância, como Panamá e Costa Rica. Quando tinha dez anos, morava na Colômbia, onde um japonês foi sequestrado e assassinado. Seus pais ficaram assustados e decidiram mudar para o Japão, buscando garantir a segurança da família. Nos primeiros anos no Oriente, Kenji sentiu uma diferença cultural extrema entre os dois países, mas logo pôde ver os pontos positivos e desafiadores de cada cultura.

Se por um lado, no Japão, existe segurança, melhor distribuição de renda e uma sociedade altamente longeva, produtiva, organizada e preocupada com o bem comum, por outro lado, percebeu o que chama de "tristeza coletiva". Kenji relata que, no início de sua experiência em solo japonês, notou que muitos de seus amigos de escola eram depressivos e, em um pequeno período, cinco deles cometeram suicídio. O longo inverno e a falta de vínculos de amizade mais profundos pareciam favorecer, segundo ele, essa tristeza generalizada.

A Colômbia, por outro lado, é um país mais pobre, que possui sérios problemas políticos e sociais e onde grande parte da população não tem acesso à educação de qualidade e a um sistema de saúde pública eficiente, vive na pobreza e enfrenta violência e insegurança. Entretanto, segundo ele, na Colômbia o povo é alegre, gosta de dançar e mantém fortes vínculos com a família e amigos.

Essas reflexões levaram Kenji, quando era adolescente, a sugerir para seus amigos japoneses que, para não ficarem depressivos, precisavam ter cinco amigos latino-americanos (muitos deles filhos de pais japoneses, mas que cresceram em diversos países, como Brasil, Chile, Peru, Colômbia, Venezuela, e que moravam no Japão). O jeito mais informal, alegre e até desestruturado de lidar com a rotina diária os ajudaria a arriscar e experimentar coisas novas, que poderiam trazer mais prazer para a vida. Ao mesmo tempo, refletiu que os colombianos também tinham muito o que aprender com a cultura japonesa, em que as pessoas definem metas e trabalham de forma consistente para transformá-las em realidade, têm o olhar para o bem comum e investem em momentos de tranquilidade e reflexão.

Como resultado dessa percepção, alguns anos depois, Kenji decidiu voltar para a Colômbia e morar em uma região de vulnerabilidade social da capital, Bogotá. Ali implementou um projeto social chamado Turismo com Propósito,[1] no qual apresenta o melhor da cultura colombiana para grupos de japoneses que visitam o país, e vice-versa. Nesta proposta de aprendizagem socioemocional não formal, ao visitar Bogotá, os japoneses se envolvem em atividades pró-sociais e aprendem sobre espontaneidade, resiliência, alegria e construção de fortes relações sociais. Por outro lado, os colombianos aprendem sobre organização, pontualidade, limpeza e disciplina.

A realidade vivida na infância e juventude foi essencial para ajudar Kenji a encontrar suas respostas pessoais para as perguntas que apresentei ao abrir esta terceira parte do livro. Quando isso aconteceu, ele chegou à conclusão de que tinha encontrado também o seu propósito de vida. Acredito que, em algum momento da vida, todos busquemos respostas para essas questões. Trata-se de algo tão relevante que nos deparamos com diferentes perspectivas sobre o tema em distintas áreas do conhecimento, como Filosofia, Teologia, Psicologia, Educação, Sociologia, Antropologia, só para mencionar algumas. Nos últimos anos, os campos da Psicologia Positiva e da Educação têm realizado pesquisas bastante robustas sobre o conceito de propósito de vida (em inglês, *purpose*) e como seu desenvolvimento ocorre ao longo do tempo, possibilitando que as pessoas encontrem mais sentido em suas existências.

Bem, talvez seja desafiador responder às perguntas que apresentei. Se isso aconteceu com você, tudo bem. Esse é o esperado, pois existe muita confusão sobre o que é propósito de vida, como podemos desenvolvê-lo em diferentes fases da nossa vida e apoiar outras pessoas a também fazer o mesmo em contextos formais e não formais de aprendizagem. Vamos em frente, mas não deixe de, antes, responder às perguntas a seguir em seu diário de aprendizagem socioemocional.

---

1   MARTINEZ, L. Y. K. Mis amigos no se hubieron suicidado si yo los hubiera llevado a Colombia. *Revista Diners*, nov. 2020.

## Reflexão e registro

**Perspectiva pessoal:** O que você entende por "propósito de vida"? Você conseguiria descrever qual é o seu propósito de vida?

**Perspectiva profissional:** Na breve descrição que fez sobre o seu propósito de vida, você incluiu algum elemento relacionado ao seu trabalho como educador?

Como somos educadores, às vezes as respostas a essas perguntas parecem óbvias. Afinal de contas, dedicamos grande parte de nosso tempo e nossa energia para apoiar de forma direta ou indireta o desenvolvimento de outras pessoas. Reconhecemos que isso é necessário e nobre. Entretanto, várias vezes encontrei colegas educadores que me confidenciaram não saberem qual é o seu propósito de vida e muito menos como ajudar estudantes e profissionais a desenvolverem os deles. Outros ainda se dizem confusos, pois acreditam que seu propósito não está relacionado com a sua profissão como educadores. Por isso decidi, nesta **Parte III**, abordar este tema como um elemento importante e vinculado ao processo de aprendizagem socioemocional. É na construção do propósito que articulamos as três competências do Casel (autoconhecimento, autogestão, habilidades sociais), já trabalhadas anteriormente. Agora abordamos as duas últimas (consciência social e tomada de decisão), que são fundamentais para que tenhamos uma vida com mais sentido. Afinal, o propósito de vida é algo pessoal e que implica todos estes elementos, conforme veremos.

# Capítulo 13

# O conceito de *purpose* na perspectiva da Psicologia Positiva e da Educação

Quero começar esclarecendo o que é propósito de vida, pois a resposta não é tão simples como parece. Digo isso, pois encontramos dois desafios que dificultam a compreensão das pessoas: 1) a definição da palavra "propósito" encontrada no dicionário reduz a dimensão do significado desse conceito; 2) as várias traduções para a língua portuguesa do termo *purpose* (conceito inicialmente adotado em publicações em inglês da área da Psicologia) fazem com que apareça de formas diferentes em documentos voltados para a educação básica, superior e corporativa.

Vamos tratar destas duas perspectivas, começando pelo significado da palavra "propósito" (que é a tradução literal do termo *purpose*). Segundo o dicionário on-line *Dicio*,[1] propósito é "o que se quer fazer, realizar; plano, intuito, alvo; grande vontade de realizar ou de alcançar alguma coisa; desígnio; o que se quer alcançar; aquilo que se busca atingir; objetivo". Em português, é uma palavra que aponta para a realização de algo futuramente.

O conceito de *purpose*, que é amplamente aceito por psicólogos e educadores, é encontrado no trabalho de pesquisadores do Centro da Adolescência da Universidade Stanford. Damon, Menon e Bronk[2] são referências no estudo de *purpose*, por terem conduzido várias pesquisas empíricas sobre o tema. O conceito que apresentam para o termo é: "uma **intenção estável e generalizada** de alcançar algo que é ao mesmo tempo **significativo para o eu** e gera consequências no mundo **além do eu**".[3] Ao analisar o conceito apresentado pelos autores, fica evidente que o propósito de vida é mais amplo do que aquele apresentado no dicionário e envolve alguns elementos primordiais que, na minha visão, estão conectados com a aprendizagem socioemocional de uma pessoa. Veja:

---

1   Disponível em: https://www.dicio.com.br/proposito. Acesso em: 21 jul. 2022.
2   DAMON, W.; MENON, J.; BRONK, K. The development of purpose during adolescence. *Applied Development Science*, v. 7, n. 3, p. 119-128, 2003.
3   DAMON; MENON; BRONK, 2003, p. 21.

**Figura 13.1** - Elementos primordiais do conceito de *purpose*

**Fonte:** elaborada pela autora e inspirada em DAMON; MENON; BRONK, 2003.

Os elementos do conceito de *purpose* que adoto neste livro estão relacionados a algo que vai direcionar o futuro, mas não se limitam a isso. Entendo que propósito não é um objetivo a ser alcançado na semana que vem, mas intenções, desígnios, desejos que orientam as escolhas de hoje e direcionam as ações que devem impactar o futuro.

Para esclarecer o conceito de propósito de vida, uma pesquisadora de Stanford, Heather Malin,[4] explica que alguns teóricos recorrem à metáfora de um barco navegando sob o mar rumo ao sol. Isso porque uma travessia como esta pode ocorrer de variadas formas. Geralmente, uma vida com propósito envolve curvas, ondas e desvios. Isso não significa que a pessoa não sabe a direção para onde deseja ir. Mesmo sendo este direcionamento interno – que são as suas intenções estáveis –, o propósito de vida está longe de ser uma estrada em linha reta e imutável. É uma perspectiva norteadora que sofre influências de familiares, amigos e colegas de trabalho e abrange as experiências vividas e as circunstâncias do dia a dia.

Pois bem, agora que esclarecemos qual é conceito de *purpose* adotado na literatura que embasa os estudos sobre o tema no campo da Educação e da Psicologia, precisamos tratar do segundo ponto, que gera confusão conceitual: a tradução do termo para o português.

---

[4] MALIN, H. *Teaching for Purpose*: preparing students for lives of meaning. Cambridge: Harvard Education Press, 2018.

Os educadores que atuam na educação básica encontram na Base Nacional Curricular Comum (BNCC)[5] o termo "Projeto de Vida"[6] (usado no singular como sinônimo de *purpose*). O Projeto de Vida é apresentado na BNCC como um aspecto central a ser trabalhado com os jovens durante o ensino médio. O termo acabou sendo adotado em materiais didáticos e objetos de aprendizagem produzidos para a educação básica. Como exemplo, podemos mencionar o livro *Projeto de vida: Construindo o futuro*, de autoria dos professores e doutores pela Universidade de São Paulo (USP), Hanna Danza e Marco Antônio Morgado da Silva. Este livro tem sido adotado no ensino médio de várias redes de ensino público no Brasil, por se enquadrar no Programa Nacional do Livro e do Material Didático (PNLD) do Ministério da Educação. Encontramos, ainda, o livro *Projetos de vida: fundamentos psicológicos, éticos e práticas educacionais*, de Ulisses F. Araújo, Valéria Amorim Arantes e Viviane Pinheiro, em que o termo aparece no plural. Os autores, professores da faculdade de Educação da USP, defendem que "se de forma intencional e dialética, os projetos e as finalidades de vida das pessoas atendem a um duplo objetivo – buscar simultaneamente a felicidade individual e coletiva –, pode-se dizer que se baseiam em princípios de ética."[7]

Por outro lado, no livro de autoria de William Damon,[8] *The path to purpose: helping our children find their calling in life* (traduzido para português com o título *O que o jovem quer da vida? Como pais e professores podem orientar e motivar os adolescentes*), o termo *purpose* foi traduzido como "projeto vital". Cabe destacar que este vocábulo é encontrado com menos frequência na literatura de nosso país, mas ainda aparece em pesquisas de mestrado e doutorado defendidas por educadores brasileiros.

Por fim, a pesquisadora e autora Carol Shinoda,[9] que atua na área de Gestão de Construção de Propósito de Vida no Ensino Superior e Educação

---

5   BRASIL. MINISTÉRIO DA EDUCAÇÃO. Base Nacional Comum Curricular, Brasília, 2018.

6   BNCC. Projeto de vida: ser ou existir? Disponível em: http://basenacionalcomum.mec.gov.br/implementacao/praticas/caderno-de-praticas/aprofundamentos/200-projeto-de-vida-ser-ou-existir. Acesso em: 12 abr. 2022.

7   ARAÚJO, U.; ARANTES, A.; PINHEIRO, V. *Projetos de vida*: fundamentos psicológicos, éticos e práticas educacionais. São Paulo: Summus Editorial, 2020, p. 3.

8   Damon é um dos principais pesquisadores do mundo sobre o tema de propósito de vida. Foi aluno de Jean Piaget e estuda o desenvolvimento humano. É professor da *Graduate School of Education* da Universidade Stanford há mais de 30 anos e diretor do Centro de Pesquisas da Adolescência.

9   SHINODA, C. *Desenvolvimento do propósito de vida de estudantes no ensino superior de Administração*. 2019. Tese (Doutorado em Administração) – Faculdade de Economia, Administração, Contabilidade e Atuária, Universidade de São Paulo, São Paulo, 2019. Disponível em: http://doi.org/10.11606/T.12.2020.tde-06022020-174305. Acesso em: 10 abr. 2020.

Corporativa, argumenta que os três elementos que compõem o conceito de *purpose* apresentado por Damon, Menon e Bronk fazem com que ter um propósito de vida seja algo mais amplo do que ter um projeto ou projetos de vida. Segundo ela, que é doutora pela Faculdade de Economia, Administração, Contabilidade e Atuária da USP (FEA-USP), na perspectiva da área da Gestão, "um projeto é um esforço temporário para que se possa criar um produto, serviço ou resultado exclusivo. E o significado de *purpose* não é de ser algo que necessariamente se encerre em algum momento",[10] por ser uma orientação ao futuro.

A despeito das diferentes formas como o termo é traduzido, creio que existe concordância sobre o conceito de *purpose*, por isso, ao escrever este capítulo, tive de fazer uma escolha e decidi adotar a terminologia "propósito de vida". Entretanto, em alguns momentos, esta será usada como sinônimo de "projeto de vida", especialmente quando me referir a trabalhos e pesquisas voltadas para a educação básica. Avançando em nosso entendimento sobre o conceito de propósito de vida, quero apresentar recortes da história do estudo sobre o tema, pois considero alguns trechos dessa história bastante significativos.

O estudo do propósito de vida tem como ponto de partida a produção de um sobrevivente do Holocausto. O psiquiatra judeu austríaco Viktor Frankl viveu por três anos em vários campos de concentração durante a Segunda Guerra Mundial. Nesse período, perdeu vários membros de sua família e amigos para os algozes nazistas, além de vivenciar situações de extrema angústia e dor. Em 1946, publicou o livro *Em busca de sentido: um psicólogo no campo de concentração*. Na obra, relata as suas experiências na ocasião, inclusive do período em que esteve em Auschwitz. Ele argumenta que o fato de ter encontrado um "sentido da vida"[11] permitiu que sobrevivesse ao Holocausto.

Para Frankl, o sentido de vida é ter um propósito que motiva o ser humano e norteia as suas ações para além do que está vivendo no momento. Ele afirma que "[...] o ser humano sempre aponta e se dirige para algo ou alguém além de si mesmo – seja um sentido a realizar ou outro ser humano a encontrar. Quanto mais a pessoa se esquecer de si mesma – dedicando-se

---

10 SHINODA, p. 40, 2019.

11 Sentido de vida (*meaning*, em inglês) é outro termo que, às vezes, é usado como sinônimo para propósito de vida ou projeto de vida, mas tem significado diferente. Shinoda explica que *meaning* é algo mais interno da pessoa. Algo que faça por si mesma e que lhe dê prazer ou razões para continuar, algo que valoriza, mas não necessariamente se transforma em um projeto externo. Propósito tem a dimensão "para além de si".

a servir uma causa ou a amar outra pessoa –, mais humana será e mais se realizará".[12]

No livro, Frankl apresenta dados e histórias tanto pessoais quanto de outros prisioneiros. Ele explica que aqueles que se apegaram às suas crenças, a um propósito e tinham sentido de vida, tiveram mais recursos internos para enfrentar o sofrimento intenso e os horrores desse momento triste da história. Do trabalho de Frankl surge a Logoterapia, que, segundo Araújo, Arantes e Pinheiro,[13] é uma vertente da Psicologia Clínica conhecida como Psicoterapia do Sentido da Vida. É uma terapia otimista e defende que ter uma vida com sentido promove a saúde mental e ajuda a evitar males como ansiedade, depressão e até mesmo o suicídio.

Avançando algumas décadas, o termo *purpose* aparece na definição de **bem-estar psicológico,** que é composto por alguns elementos apresentados por Ryff e Singer,[14] em 1998:

- possuir uma opinião positiva sobre si mesmo;
- ser capaz de criar contextos adequados para manter uma condição psicológica positiva;
- construir e manter relacionamentos de confiança e amor;
- desenvolver o próprio potencial;
- ter determinação e ser independente; e
- ter objetivos e direcionamento na vida, ou seja, um propósito de vida.

Todavia, é a partir de estudos realizados no campo da Psicologia Positiva que o conceito de propósito de vida ganha maior notoriedade. Por muitos anos, a Psicologia se concentrou em estudar estados e processos mentais, relações e comportamentos humanos a partir da lente das patologias.

O nascimento da Psicologia Positiva foi marcado pela publicação do artigo *Psicologia positiva: uma introdução* na revista *American Psychology*, no ano 2000, por Seligman e Csikszentmihalyi.[15] A revista apresentou os resultados de 15 pesquisas consolidadas sobre temas como bem-estar psicológico, felicidade, otimismo e emoções positivas. Logo, esse campo se estruturou e, nas últimas décadas, tem se dedicado ao estudo de cinco áreas independentes, conforme é apresentado na Figura 13.2.

---

12 FRANKL, V. E. *Psicoanalisis y existencialismo*: de la psicoterapia a la logoterapia. Trad. Carlos Silva e José Mendoza. México: Fondo de Cultura Económica, 1983, p. 135.

13 ARAÚJO; ARANTES; PINHEIRO, 2020.

14 RYFF, C. D.; SINGER, B. Know thyself and become what you are: an eudaimonic approach to psychological well-being. *Journal of Happiness Studies*, v. 9, p. 13-39, 1998.

15 SELIGMAN, M. E. P., CSIKSZENTMIHALYI, M. Positive psychology: an introduction. *American Psychologist*, v. 55, p. 5-14, 2000. Disponível em: http://doi.org/10.1037/0003-066X.55.1.5. Acesso em: 17 jun. 2022.

**Figura 13.2** – Elementos que compõem a Psicologia Positiva

**Fonte:** elaborada pela autora a partir de ARAÚJO; ARANTES; PINHEIRO, 2020.

Em muitas de suas publicações sobre Psicologia Positiva, Seligman[16] defende que, para sermos felizes e termos bem-estar psicológico, é preciso viver por algo maior do que nós mesmos. Isso significa que ter muito dinheiro, sucesso e fama não é garantia de uma vida feliz e plena. Por isso, viver de forma significativa e alinhada com valores morais permite à pessoa encontrar mais sentido na vida. É a partir da prática do altruísmo e da capacidade de servir a algo maior do que nós mesmos que podemos ter uma vida com propósito.

---

16 SELIGMAN, M. *Florescer*: uma nova compreensão da felicidade e do bem-estar. Rio de Janeiro: Objetiva, 2011.

# Capítulo 14

## Qual é o seu propósito de vida?

Talvez você nunca tenha refletido de forma intencional sobre qual é o seu propósito de vida. Ou, ainda, talvez esteja preso a alguns mitos sobre o tema, que podem dificultar que tenha clareza sobre qual é seu. Heather Malin[1] é autora do livro *Teaching for purpose: preparing students for lifes of meaning* (*Ensinando para o propósito: preparando os alunos para uma vida com sentido*, em tradução livre, ainda não publicado no Brasil). Ela sustenta que um educador que não tem clareza sobre qual é o seu propósito terá dificuldades em conduzir os estudantes na jornada de descoberta de seus propósitos de vida. A autora esclarece alguns mitos, relacionados ao que é propósito de vida, sustentados por educadores, que são:

- **Mito 1 – Preciso achar a minha paixão para saber qual é o meu propósito de vida**.

  A paixão é um sentimento incontrolável e volátil, enquanto o propósito é uma intenção estável. Exemplo: gosto de ensinar e esse é um elemento importante do meu propósito de vida, pois está conectado com a dimensão "para além do eu". Se ensinar fosse somente uma paixão, eu desistiria conforme vivesse circunstâncias frustrantes como educadora. Como ensinar se conecta com os meus valores, eu persisto nessa prática, busco me aperfeiçoar e me comprometo a dar o meu melhor, mesmo quando vivencio dificuldades.

- **Mito 2 – Preciso encontrar um único propósito de vida.**

  Acreditar que temos um único propósito de vida, considerando que nossas percepções e nossos desejos são mutáveis, pode se tornar frustrante. Malin elucida que o propósito pode mudar com o tempo, de acordo com as vivências e o nível de consciência sobre determinados temas. É possível que um propósito envolva vários aspectos, pois abrange tanto o que pretendemos alcançar durante a vida (como ter uma família unida, ter uma profissão em que possa ajudar outras pessoas, usar talentos musicais para inspirar pessoas, estar envolvido em uma causa específica – ambiental, humanitária, social etc.) quanto o que faz

---

1  MALIN, H. *Teaching for purpose*: preparing students for lives of meaning. Cambridge: Harvard Education Press, 2018.

sentido para nós. A autora indica, ainda, que, nas pesquisas conduzidas em Stanford, ficou evidente que uma pessoa com propósito já definido pode também estar engajada em várias atividades significativas ao mesmo tempo.

- **Mito 3 – Propósito de vida é um luxo disponível só para pessoas privilegiadas (e ricas).**

  O propósito de vida pode ser desenvolvido por qualquer pessoa que tenha passado por um processo de autoconhecimento e compreende de que maneira pode contribuir de forma positiva na vida de outras pessoas. Esse cenário não está disponível somente para quem tem muito dinheiro e não precisa se preocupar em obter recursos financeiros para se sustentar. Por exemplo, uma gestora educacional com filhos adotados pode criar encontros na escola, a fim de que pais e filhos sejam acolhidos e se sintam seguros para conversar sobre o tema. Essa atividade pode ser bastante significativa tanto para a gestora do exemplo quanto para os estudantes e as suas famílias. O propósito demanda disposição para trabalhar e se comprometer na realização de projetos (com começo, meio e fim) que ajudam a avançar na direção desejada.

Conheço e trabalho com educadoras e educadores que têm muita clareza sobre quais são seus propósitos de vida, e a professora Hanna Danza é uma delas. Pedi para Danza compartilhar como foi o processo de tomada de consciência de seu propósito de vida e o impacto disso em suas práticas como educadora.

## VALE A PENA CONHECER – EDUCADORA COM PROPÓSITO

**Como e quando você definiu qual é o seu projeto de vida e como isso tem impactado a sua atuação como educadora nos últimos anos?**

**Hanna Danza** – Eu fui uma garota extremamente idealista, que tinha o sonho de mudar o mundo. No momento da escolha profissional, optei por ser professora, pois meu desejo era contribuir com a educação de crianças e jovens, para que, um dia, eles pudessem compartilhar esse sonho comigo, juntando esforços rumo à construção de um mundo mais digno para todos. Durante a faculdade, realizei um estágio supervisionado e me deparei com alunos extremamente frustrados com as condições da escola: greve de funcionários, estrutura precisando de reparos, falta de materiais etc. Para compreender melhor essa frustração, comecei a estudar as relações afetivas dentro das escolas. Foi quando entrei em contato com o campo de estudos sobre os projetos de vida, que é muito fecundo para entender como a afetividade organiza o pensamento e mobiliza as ações dos sujeitos em busca da realização de projetos pessoais que tenham o intuito de beneficiar a coletividade. Foi assim que trabalhar com o projeto de vida passou a ser o meu projeto de vida.

**Segundo sua pesquisa e experiência, qual é a relação entre a aprendizagem socioemocional e a construção do projeto de vida?**

**Hanna Danza** - O projeto de vida é uma construção psicossocial, ou seja, é construído mediante a mobilização de recursos psíquicos, tais como os sentimentos e as emoções, próprias do mundo emocional, em contato com a influência social dada pelas relações interpessoais e pela cultura. Nesse sentido, todo projeto de vida expressa desejos para o futuro e desperta uma série de emoções e sentimentos, tais como a felicidade, a realização, o otimismo e a confiança. Por outro lado, também pode gerar medo, angústia, ansiedade e insegurança. O projeto de vida precisa se materializar na realidade, espaço que exige a negociação com os valores culturais e sofre influências históricas, econômicas, políticas e até mesmo dos projetos de vida das outras pessoas. Por isso, o desenvolvimento das competências socioemocionais, por meio da aprendizagem socioemocional, é essencial à construção e à realização do projeto de vida.

Encontramos na literatura vários modelos voltados a ajudar as pessoas a refletir e identificar o seu propósito de vida. Já falamos brevemente de um deles no **Capítulo 2**, ao mencionar que na ilha de Okinawa, no Japão, grande parte das pessoas conhece o seu propósito e, como resultado disso, são longevas e felizes. Elas aderem à filosofia do Ikigai, que em japonês significa "razões que me fazem acordar todos os dias". Uma versão simplificada do Ikigai se popularizou e nos desafia a refletir sobre:

- o que você ama;
- em que você é bom;
- o que você pode ser pago para fazer; e
- o que o mundo precisa.

Nos últimos anos, esses aspectos foram organizados em um diagrama[2] em um livro sobre Ikigai, publicado em 2016. Os autores indicam que não existe clareza sobre quem criou o diagrama, mas mencionam que o viram inicialmente em uma obra de Marc Winn, em 2014. Atualmente é possível encontrar vários desses diagramas pela internet e em publicações sobre propósito de vida. Analise o diagrama apresentado na Figura 14.1 prestando atenção às intersecções.

---

2  GARCIA, H.; MIRALLES, F. *Ikigai*: o segredo dos japoneses para uma vida longa e feliz. Rio de Janeiro: Intrínseca, 2016.

**Figura 14.1** - Diagrama Ikigai

**Fonte:** GARCIA; MIRALLES, 2016.

Veja que nos espaços que conectam cada frase existem as palavras: PAIXÃO, MISSÃO, PROFISSÃO e VOCAÇÃO. Teoricamente, se você consegue elencar as respostas para essas quatro áreas da vida, já sabe ou está no caminho certo para conhecer o seu propósito. Encontrar respostas para o seu Ikigai nem sempre é simples e a estrutura do diagrama pode ser confusa para algumas pessoas. De qualquer forma, quem já tem consciência sobre o seu propósito de vida poderia redigir o seu Ikigai em uma frase simples. Veja, a seguir, um exemplo que acredito representar o propósito de Yokoi Kenji (o colombiano de ascendência japonesa cuja história foi contada na abertura da **Parte III** deste livro): ajudar colombianos e japoneses a conhecerem e experimentarem novas culturas e, com isso, melhorar suas vidas a partir do projeto social Turismo com Propósito.

Existem outras formas de registrar seu propósito de vida. Tim Clark propõe, em seu livro *Business model you: o modelo de negócios pessoal*,[3] uma estrutura de frase que ajuda as pessoas a fazer esse registro de forma simples e clara:

> CONVITE PARA AÇÃO
>
> ESTRATÉGIA 14: DESCRIÇÃO SIGNIFICATIVA DE PROPÓSITO DE VIDA (CAPÍTULO 18) - DEVE AJUDAR VOCÊ A IMAGINAR O FUTURO E OBTER SUBSÍDIOS PARA REDIGIR UMA DECLARAÇÃO SOBRE O SEU PROPÓSITO DE VIDA.

---

3 CLARK, T. *Business model you*: o modelo de negócios pessoal. Rio de Janeiro: Alta Books, 2013.

> "Eu gostaria de _____ (verbo) _____ (pessoas) por meio de _____ (descrever atividades)."

Seguindo essa estrutura, eu diria que o meu propósito de vida é:

> "Eu gostaria de ajudar educadores por meio da ampliação de repertório e da facilitação de experiências de aprendizagem significativas e inspiradoras que os ajudem a inovar com propósito em suas práticas."

Se você já tem clareza sobre o seu propósito de vida, fico feliz. Agora, se acredita que ainda precisa avançar na construção de seu propósito, recomendo que invista em seu processo de aprendizagem socioemocional, conforme proposto neste livro. Lembre-se de que a construção de propósito é algo que acontece ao longo da vida.

# Capítulo 15

## A construção de propósito ao longo da vida

Assim como a aprendizagem socioemocional, o propósito de vida pode ser desenvolvido em diferentes fases da vida. Por isso ambientes de educação básica, superior e corporativa podem ser importantes canais de formação de propósito de vida em crianças, jovens, adultos e até pessoas mais maduras. Como a BNCC propõe que, nas escolas, o projeto de vida seja desenvolvido no ensino médio, muitos educadores pensam que é primordialmente na juventude que temos a oportunidade de desenvolver o propósito, o que não é verdade.

Encontramos referências importantes na literatura internacional e nacional sobre as especificidades da construção de propósito em cada fase da vida. Malin,[1] por exemplo, destaca como os educadores podem desenvolver o propósito em crianças e adolescentes em escolas. Por outro lado, Malin, Reilly e Quinn[2] estudam a construção do propósito de vida de jovens adultos. Bronk[3] e Damon,[4] por sua vez, dedicam-se a pesquisar o tema desde a infância até a terceira idade. Arantes, Araújo e Pinheiro[5] têm pesquisas sobre o propósito de professores. Os resultados dos estudos realizados por esses importantes pesquisadores demonstram que o propósito de vida sofre transformações à medida que amadurecemos. Bebendo dessas fontes, Carol Shinoda elaborou um quadro que consolida os elementos influenciadores da construção de propósito ao longo da vida.

---

1 MALIN, H. *Teaching for purpose*: preparing students for lives of meaning. Cambridge: Harvard Education Press, 2018.

2 MALIN, H.; REILLY, T. S.; QUINN, B; MORAN, S. Adolescent purpose development: exploring empathy, discovering roles, shifting priorities, and creating pathways. *Journal of Research on Adolescence*, v. 24, n. 1, p. 186-199, 2013. Disponível em: https://doi.org/10.1111/jora.12051. Acesso em: 18 jun. 2022.

3 BRONK, K. C. *Purpose in life*: a critical component of optimal youth development. Springer, 2014.

4 DAMON, W. *O que o jovem quer da vida?* São Paulo: Summus Editorial, 2009.

5 ARAÚJO, U.; ARANTES, A.; PINHEIRO, V. *Projetos de vida*: fundamentos psicológicos, éticos e práticas educacionais. São Paulo: Summus Editorial, 2020.

**Quadro 15.1** – Fases da vida e elementos influenciadores da construção de propósito[6]

| Fases da vida | Relação com o propósito | Elementos influenciadores |
|---|---|---|
| **Infância**<br><br>(Educação infantil e fundamental I) | • É uma fase de restrição cognitiva e marca o início da construção de propósito de vida, que ainda não está claro ou definido. | • O brincar e a capacidade de atribuir sentido ao mundo que nos rodeia, de nos autoconhecermos.<br>• Metodologias ativas de aprendizagem que favoreçam o autoconhecimento, a autogestão, o autocuidado e a prática da empatia.<br>• Experiências que, mais tarde, podem desencadear um propósito de vida. |
| **Adolescência**<br><br>(Ensino fundamental II e médio) | • A identidade avança em paralelo com a busca por um propósito de vida.<br><br>• A prática da empatia e o altruísmo podem mobilizar o adolescente a se envolver em atividade pró-sociais. | • Famílias que apoiam os adolescentes a se envolverem em atividades pró-sociais e a conhecerem diferentes carreiras profissionais.<br>• Envolvimento em atividades extracurriculares variadas: esportivas, artísticas, culturais, ambientais, de voluntariado etc.<br>• Apoio de técnicos, mentores, líderes comunitários que podem ajudar na identificação de talentos e dons.<br>• Amigos que adotam práticas pró-sociais podem ajudar na construção da dimensão "além de si" do propósito.<br>• Metodologias ativas de aprendizagem para estimular o desenvolvimento de competências socioemocionais, incluindo a prática da empatia. |
| **Início da fase adulta**<br><br>(Ensino superior e começo da vida profissional) | • Momento importante da construção do propósito de vida, especialmente quando os jovens assumem papéis sociais. | • Suporte de familiares, amigos, colegas de trabalho.<br>• Atividades desenvolvidas em ambientes formais e informais de aprendizagem. |

---

6  SHINODA, C. *Desenvolvimento do propósito de vida de estudantes no ensino superior de Administração.* 2019. Tese (Doutorado em Administração) – Faculdade de Economia, Administração, Contabilidade e Atuária, Universidade de São Paulo, São Paulo, 2019. Disponível em: http://doi.org/10.11606/T.12.2020.tde-06022020-174305. Acesso em: 10 abr. 2020.

| Fases da vida | Relação com o propósito | Elementos influenciadores |
|---|---|---|
| **Início da fase adulta**<br><br>(Ensino superior e começo da vida profissional) | • Poucos jovens têm clareza de seu propósito de vida. | • Envolvimento em atividades extracurriculares variadas: esportivas, artísticas, culturais, ambientais, de voluntariado etc.<br><br>• Adoção de metodologias ativas de aprendizagem para estimular o reconhecimento de valores morais e promover ações com enfoque pró-social. |
| **Meia-idade** | • O comprometimento com o propósito é menor do que no começo da vida adulta, uma vez que muitas das metas traçadas foram alcançadas (como formar uma família, ter uma carreira, ter filhos etc.) e não existe clareza sobre o futuro. Nessa idade, também fica evidente quais são os objetivos que talvez nunca sejam alcançados. A falta de envolvimento em atividades pró-sociais também ajuda no decréscimo do propósito. | • Assumir a responsabilidade de cuidar de outras pessoas: filhos, sobrinhos, pais e irmãos.<br><br>• Envolvimento em atividades voltadas ao benefício, ou à formação, de futuras gerações.<br><br>• As metodologias ativas permitem que o adulto vivencie experiências que podem ajudar a ressignificar o propósito de vida. |
| **Terceira idade** | • Momento da vida em que o senso de propósito decresce de forma significativa, pois várias das responsabilidades familiares e profissionais que antes exercia deixam de fazer parte da rotina, com a chegada da aposentadoria e a saída dos filhos de casa. Problemas de saúde física também podem atrapalhar a autonomia e diminuir o senso de que ainda tem contribuições a fazer ao mundo. | • Ter relações de qualidade e significativas com a família e os amigos, além de atuar em projetos de voluntariado, ajudam as pessoas a viverem com propósito nessa fase da vida. |

**Fonte:** adaptado de SHINODA, 2019.

O quadro evidencia que pessoas em diferentes fases da vida podem ter elementos influenciadores diversos ao desenvolverem seus propósitos de vida. A seguir, convido você a realizar algumas reflexões sobre isso.

### Reflexão e registro

**Perspectiva pessoal:** Em que fase da vida e da construção de propósito você está? Que elementos influenciadores de propósito têm impactado você na descoberta, na consolidação ou na ressignificação de qual é o seu propósito de vida?

**Perspectiva profissional:** Quais são os elementos influenciadores de estudantes e/ou profissionais com quem convive nos contextos educacionais onde atua como educador? De que forma tem usado a sua influência e como pode apoiar essas pessoas na construção de seus propósitos de vida?

É na infância que nós, educadores, já devemos começar a apoiar a construção do propósito de vida das crianças. Isso é possível pela inclusão de ações voltadas para a aprendizagem socioemocional na escola e a partir da proposição de atividades a serem realizadas em parceria com as famílias e a comunidade. Todavia é na adolescência e na juventude que o trabalho com projetos de vida ocorre nas escolas (e em algumas instituições de ensino superior), muitas vezes pela oferta da disciplina de Projeto de Vida, que atualmente já compõe a grade curricular de muitas escolas brasileiras. De fato, a adolescência e a juventude são momentos de tomada de decisão que podem impactar vários aspectos da vida futura de uma pessoa. Por isso, nessa disciplina, muitos adolescentes têm a oportunidade de se autoconhecer e refletir sobre o futuro. Isso os ajuda na tomada de decisão relacionada ao que desejam ser/fazer do ponto de vista da vida familiar, profissional, social, cultural, espiritual, dentre outros.

> **CONVITE PARA AÇÃO**
>
> ESTRATÉGIA 11: MURAL DE ELEMENTOS INFLUENCIADORES DE PROPÓSITO (CAPÍTULO 18) - DEVE AJUDAR VOCÊ A IDENTIFICAR ASPECTOS IMPORTANTES E SIGNIFICATIVOS NO PRESENTE E QUE CONTINUARÃO SENDO RELEVANTES NO FUTURO.

Se você atua no ensino fundamental II, ensino médio ou ensino superior, deve ter percebido que poucos jovens têm clareza sobre seus propósitos de vida. De fato, Damon[7] realizou uma pesquisa nacional nos Estados Unidos da América com centenas de jovens (entre 12 e 22 anos) e descobriu

---

7   DAMON, 2009.

que somente 20% deles tinham propósitos de vida bem delineados, embasados em valores morais e estavam se dedicando a eles. Buscou categorizar o tipo de propósito dos outros 80% dos jovens a partir da visão que apresentaram sobre o tema. Veja como os categorizou:

- **Superficiais:** estão envolvidos em vários projetos que, potencialmente, poderiam inspirar a construção do propósito. Como várias das atividades em que estão envolvidos não estão vinculadas aos seus valores, acabam não persistindo, por não encontrarem um sentido maior da realização delas.
- **Sonhadores:** possuem uma boa ideia sobre seus propósitos de vida, mas pouco fazem, no sentido de colocar em prática ações que os ajudem a ter a vida com propósito imaginada.
- **Desengajados:** jovens que não possuem um propósito claro, nem estão preocupados com isso. Querem viver de forma prazerosa, mas não demonstram grandes preocupações ou comprometimento com outras pessoas.

Muitos dos profissionais que atuam em instituições de educação básica, superior e em organizações nunca tiveram a oportunidade de refletir sobre seu propósito de vida de forma mais intencional ou participar de uma formação sobre o tema. Por isso é comum encontrar pessoas adultas e maduras que poderiam se enquadrar, mesmo mais tarde na vida, nas categorias delineadas por Damon. Como podemos ajudar essas pessoas?

Acredito que nós, educadores, precisamos conhecer formas de usar a nossa influência e o nosso conhecimento para apoiar as pessoas a refletirem e vivenciarem experiências que podem ajudá-las a vislumbrar de forma mais clara qual é o seu propósito de vida. Por isso considero relevante conhecer os elementos influenciadores de propósito e, a partir disso, usar estratégias de aprendizagem alinhadas à etapa da vida que os estudantes e profissionais estão vivendo. Também gosto da perspectiva de Heather Malin, pesquisadora sênior do Centro de Adolescência da Universidade Stanford, sobre o nosso papel como educadores, de realizar um trabalho de apoio na construção de propósito de vida nos ambientes de aprendizagem onde atuamos:

> A educação para o propósito de vida é um resultado natural quando educadores articulam aspectos voltados à **ação da aprendizagem socioemocional** com aspectos fundamentais na construção de identidade, formação de caráter e fazem com que os valores sejam aspectos centrais não somente para como os alunos (e profissionais) buscam seus objetivos, mas, antes de tudo, para quais objetivos eles estabelecem.[8]

---

8    MALIN, 2018, p. 57. Tradução e grifo da autora.

Ao propor um modelo de educação que favoreça o desenvolvimento socioemocional e a construção de propósito de vida, a autora americana destaca alguns elementos fundamentais que devem ser trabalhados:

- **Objetivos significativos:** definição de objetivos de curto, médio e longo prazo que estejam conectados com identidade, crenças, valores, interesses e talentos da pessoa.
- **Motivação para além do eu:** prática da empatia e do altruísmo pela proposição de atividades realizadas com o enfoque nas necessidades de outros: familiares, amigos, colegas de turma, colegas de trabalho etc.
- **Ações embasadas nos objetivos significativos que foram estabelecidos:** oferta de oportunidades em que as pessoas possam colocar em prática os objetivos significativos estabelecidos e as motivações "para além do eu" no envolvimento, por exemplo, projetos sociais, atividades de produção artística e cultural e exercício da cidadania.

Corroborando com essa visão, Shinoda explica no processo de construção de propósito de que maneira, na condição de educadores, podemos abrir espaços para que o **autoconhecimento** ocorra, visando levantar interesses de alunos e profissionais a fim de reconhecer seus talentos naturais e habilidades. Além disso, podemos propor atividades que possibilitem a **prática da empatia** e a conduta pró-social. Assim, ajudamos as pessoas a reconhecer suas motivações "para além do eu" que nortearão as suas ações. Shinoda indica também que o propósito de vida abarca o **planejamento de ações** que permitam concretizar objetivos significativos estabelecidos e que devem levar as pessoas à **ação com responsabilidade.** Por fim, o educador para o propósito apoia estudantes e profissionais na definição de objetivos de longo prazo, podendo ser consolidados na forma de diferentes **projetos** que, quando colocados em prática, levam as pessoas na direção de seus propósitos de vida.

# Capítulo 16

## Projetos e consciência social para tomada de decisão responsável

Helder Roger, meu sogro, é uma pessoa muito ativa e, agora, estava perto da aposentadoria. Meu esposo e eu começamos a ficar apreensivos, pois imaginamos que este poderia ser um período difícil de adaptação para alguém que sempre teve uma vida profissional intensa e conectada com seu propósito de vida. Qual não foi a nossa surpresa quando, há alguns anos, ele nos contou que iria aproveitar a aposentadoria para concretizar um projeto social que era um sonho antigo: criar uma escola de futebol para crianças refugiadas da Síria e que moram no Líbano. Ao explicar detalhes do projeto que estava desenhando, seus olhos brilhavam. Era como se fosse um adolescente que se apaixona pela primeira vez.

Nos meses seguintes, o projeto foi sendo estruturado. Pessoas e organizações foram convidadas para serem parceiras na empreitada e começaram a participar do planejamento. Foi assim que nasceu o *Winners*, um projeto que visa "promover desenvolvimento físico, emocional e intelectual de sírios e libaneses por meio de aulas de futebol, costura, computação e línguas, bem como por feiras de saúde periódicas".[1]

O que começou como um projeto alinhado ao propósito de vida de uma pessoa já madura acabou expandindo e ganhando força. Hoje, o *Winners* tem uma sede no Líbano, onde o esporte é utilizado para ajudar crianças refugiadas a lidar com a ansiedade e o estresse, além de permitir que desenvolvam habilidades físicas e socioemocionais. Minha sogra, Débora Cavalcanti, gerencia a parte do projeto voltada para o suporte socioemocional e a oferta de aulas de costura para mulheres refugiadas. Recentemente, o *Winners* inaugurou uma escola de inglês e tecnologia para adolescentes sírios e libaneses visando prepará-los para iniciar uma carreira em uma área que tem necessidade de profissionais capacitados. Finalmente, em 2022, o *Winners* abriu uma nova sede em uma tribo indígena no Estado de São Paulo, onde meninos e meninas participam da escola de futebol.

---

1 SOBRE nós. *Winners,* 2022. Disponível em: https://winnersplayforlife.org/sobre. Acesso em: 21 abr. 2022.

O desejo dos fundadores e voluntários envolvidos no projeto é que o esporte e a aprendizagem de línguas e tecnologias sejam mais do que uma forma de crianças e adolescentes se divertirem, mas um caminho para promover o desenvolvimento de habilidades de liderança, de trabalho em equipe e para terem melhores oportunidades no futuro.

Sei que essa é uma experiência inspiradora, mas talvez muito distante da realidade de grande parte de nós. Todavia creio que existam, mesmo que não tenhamos condições ou vontade de sair de nossa cidade ou até mesmo de nosso bairro, muitas possibilidades de influenciarmos positivamente a vida de alguém. A consequência secundária do serviço desinteressado é termos uma vida mais significativa, não importando qual idade tenhamos.

A verdade é que vivemos em um mundo cheio de necessidades que podem ser supridas, em maior ou menor grau, quando nos dispomos a fazer algo por outras pessoas. A conexão entre a capacidade de identificar uma demanda e se dispor a usar forças, talentos, tempo e energia no sentido de contribuir para que esta seja suprida é algo extremamente recompensador. Viktor Frankl tem uma frase emblemática que diz: "Se percebemos que a vida realmente tem um sentido, percebemos também que somos úteis uns aos outros. Ser um ser humano, é trabalhar por algo além de si mesmo."[2]

Agora pergunto: Onde nasce o propósito de vida de uma pessoa? O que faz com que caminhe em uma direção específica, no que se refere ao seu propósito? Malin indica que, geralmente, o propósito de vida das pessoas é uma resposta emocional a um problema que identifica no mundo ou a alguma falta que vivenciou em sua vida. O propósito de vida pode, ainda, nascer do reconhecimento de um problema em seu entorno e da vontade de tomar alguma iniciativa a respeito. Conheço uma executiva que cresceu em um ambiente de vulnerabilidade social e tem como elemento central de seu propósito de vida ajudar outras mulheres a se tornarem pequenas empreendedoras.

A resposta emocional a um problema ou falta é como se fosse uma semente que, quando conectada com os valores da pessoa, pode vir a germinar e se transformar num propósito de vida robusto. Por esse motivo, os elementos da aprendizagem socioemocional propostos pelo Casel (autoconhecimento, autogestão, habilidades sociais, consciência social e tomada de decisão) e explorados neste livro devem ser desenvolvidos ao longo da vida, enquanto se articulam e dão sustentação ao propósito de vida.

As competências de **consciência social** e **tomada de decisão** estão embasadas na empatia, que também é um fator fundamental por favore-

---

2   FRANKL, V. E. *A questão do sentido em psicoterapia*. Campinas: Papirus, 1990.

cer o nascimento e a manutenção de um propósito de vida embasado em valores morais. Ser empático é estar disposto a entender perspectivas, pensamentos e sentimentos de outras pessoas. Pesquisas realizadas por Eisenberg, Spinrad e Morris[3] revelam que a empatia não é um traço natural encontrado em crianças pequenas. Essa capacidade psicológica pode ser nutrida desde muito cedo por famílias e educadores, quando dão a oportunidade para as crianças se envolverem em atividades nas quais se colocam no lugar de outras pessoas. Jovens e adultos também precisam aprender a ser mais empáticos, e isso pode ser feito a partir da proposição de exercícios centrados na prática da empatia.

De fato, como educadores, podemos criar e manter ambientes de aprendizagem e organizacionais onde os estudantes e profissionais percebem que fazem parte de uma comunidade. Dados de uma pesquisa conduzida por Eisenberg, Eggum e Di Giunta[4] indicam que o senso de pertencimento a uma comunidade é fundamental para o desenvolvimento da empatia e para a participação em atividades pró-sociais. De fato, uma pesquisa sobre associações entre relacionamento interpessoal, empatia e aceitação em ambientes de trabalho revelou que pessoas que não são empáticas nas relações com colegas de trabalho tiveram atitudes de competitividade e desconfiança, o que enfraquece a qualidade das relações e o trabalho do grupo. Por outro lado, aqueles que são mais empáticos têm uma postura mais confiável, sociável e amigável, e, como consequência, maior aceitação em ambientes profissionais.

> **CONVITE PARA AÇÃO**
>
> *A ESTRATÉGIA 13: IMERSÃO EMPÁTICA (CAPÍTULO 18) - DEVE PERMITIR QUE VIVENCIE UMA REALIDADE ESCOLHIDA E COM ISSO AVANCE NA COMPREENSÃO DE UM PROBLEMA SIGNIFICATIVO.*

### Reflexão e registro

**Perspectiva pessoal:** Como você tem exercitado a prática da empatia em sua vida pessoal? Como poderia fazer mais por outras pessoas?

**Perspectiva profissional:** Como você pode criar oportunidades para que estudantes, profissionais e/ou colegas de trabalho desenvolvam a empatia nos contextos em que atuam?

---

3   EISENBERG, N.; SPINRAD, T. L.; MORRIS, A. Empathy-related responding in children. *In*: KILLEN, M.; SMETANA, J. G. (eds.). *Handbook of moral development*. London: Psychology Press, 2014. p. 184-207.

4   EISENBERG, N; EGGUM, N.D.; DI GIUNTA, L. Empathy-related responding: associations with prosocial behavior, aggression, and intergroup relations. *Soc Issues Policy Rev.*, v. 4, n. 1, p. 143-180, 2010. Disponível em: http://doi.org/10.1111/j.1751-2409.2010.01020.x. Acesso em: 18 jun. 2022.

O trabalho com projetos é uma forma que tem se mostrado bastante eficaz para a promoção da aprendizagem socioemocional, do desenvolvimento de empatia e da construção do propósito de vida. A raiz da palavra "projeto" advém do latim *projectus* e significa "o lançamento de algo para frente". Nilson José Machado[5] explica que os projetos nascem de esperanças, utopias e desejos, destacando, ainda, que a capacidade de projetar é o que nos torna verdadeiramente humanos. Segundo ele, todo projeto tem três características:

- **Faz referência ao futuro:** prevê algo que será realizado em etapas e concretizado no futuro.
- **Abertura para o novo:** um projeto geralmente nasce de intenções, perguntas a serem respondidas e problemas a serem solucionados. Apesar de metas serem estabelecidas para cada etapa do projeto, quem o desenvolve precisa estar aberto para novas descobertas e rumos.
- **Caráter indelegável da ação projetada:** um projeto é a antecipação de uma ação individual ou coletiva. Por isso não podemos projetar por outras pessoas, mas podemos projetar com outras pessoas.

> **CONVITE PARA AÇÃO**
>
> *ESTRATÉGIA 15: PLANEJAMENTO PARA O PROPÓSITO (CAPÍTULO 18) - DEVE AJUDAR VOCÊ A DEFINIR PROJETOS PESSOAIS E PROFISSIONAIS VINCULADOS AO SEU PROPÓSITO DE VIDA E ESTABELECER PRAZOS PARA QUE SEJAM DESENVOLVIDOS.*

O professor Marco Antônio Morgado da Silva tem utilizado, há alguns anos, uma metodologia de projetos para levar estudantes a praticarem ações de cunho pró-social e, com isso, avançarem na construção de seu propósito de vida. Inclusive, esse foi o tema de sua pesquisa de doutorado, defendida na Faculdade de Educação da USP.[6] Ele respondeu a algumas perguntas sobre essa metodologia ativa e sua relação com projeto de vida.

## VALE A PENA CONHECER – APRENDIZAGEM POR PROJETOS SOCIAIS NA ESCOLA

**Como você tem adotado a metodologia Aprendizagem por Projetos Sociais com estudantes da Educação Básica?**

**Morgado da Silva –** A Aprendizagem por Projetos Sociais pode ser desenvolvida por um único componente curricular, por meio de projetos interdisciplinares ou no formato de

---

5  MACHADO, N. J. *Educação*: projetos e valores. 6. ed. São Paulo: Escrituras Editora, 2016.

6  SILVA, M. A. M.; ARAÚJO, U. F. Aprendizagem por projetos sociais: integração de conteúdos morais à representação de si de jovens. *ETD – Educação Temática Digital*, v. 23, n. 4, p. 1061-1078, 2021. Disponível em: https://doi.org/10.20396/etd.v23i4.8659662. Acesso em: 18 jun. 2022.

disciplina eletiva. O que diferencia essa metodologia de outras abordagens por projetos é que ela desafia os estudantes a planejarem e executarem intervenções sobre problemas sociais reais. Há diferentes possibilidades de desenvolvimento de um projeto social, mas todas elas devem partir do princípio de que os estudantes precisam entrar em contato direto com o contexto em que se manifesta determinado problema social, identificar e analisar suas demandas mediante estudos, pesquisas e discussões e, enfim, planejar e executar intervenções capazes de solucionar o problema em alguma medida.

A minha experiência com essa metodologia se deu na forma de um projeto que desenvolvi dentro do componente de ciências naturais e como um componente curricular de Projetos Sociais. No primeiro caso, tratou-se de um projeto desenvolvido com estudantes do 6º ano de uma escola pública onde lecionei. A partir do levantamento dos problemas socioambientais da comunidade em um Fórum Comunitário, que reuniu atores escolares e da comunidade, os estudantes elegeram o problema do lixo e desenvolveram pesquisas de campo, estudos e intervenções, como, por exemplo, a revitalização de uma praça e campanhas de coleta seletiva e contra o preconceito com catadores de materiais recicláveis. Para isso, contaram com a colaboração de lideranças comunitárias.

O segundo caso é referente a um componente curricular oferecido para o ensino médio em escolas particulares. Em uma delas, os estudantes apresentavam sugestões de problemas sociais que os preocupavam e tinham de fazer um levantamento de demandas mediante o contato com algum contexto no qual o problema se manifestava, elaborar e executar intervenções, preferencialmente mediante a parceria com uma instituição. Na outra escola, apresentamos aos estudantes várias opções de instituições com as quais estabelecemos parcerias, cada uma delas atuante sobre um tema diferente, como crianças em situação de rua, refugiados, projetos sociais em comunidades periféricas, idosos em situação de abrigo, entre outros. A partir daí, os estudantes se vinculavam a um tema e tinham de desenvolver uma ou mais intervenções a partir do diagnóstico e da análise de uma demanda social específica.

**Como essa metodologia ativa de projetos pode apoiar na construção do projeto de vida? Conte sobre alguns dos resultados obtidos.**

**Morgado da Silva** – Em primeiro lugar, a Aprendizagem por Projetos Sociais é uma excelente ferramenta para que os estudantes construam competências e valores pertencentes aos domínios da moral e da cidadania, como a solidariedade, a empatia, o pensamento crítico e a justiça social. Eu pude constatar isso nas experiências que relatei, inclusive mediante pesquisa empírica. Alguns resultados dessas pesquisas foram publicados na minha dissertação de mestrado, e outros em artigos mais recentes.

O fato de os jovens serem agentes promotores desses valores contribui para que reflitam sobre o lugar da moral e da cidadania em suas identidades e projetos de vida, e para que vinculem tais valores a seu autoconceito positivo, ao tipo de pessoa que desejam ser.

Um projeto de vida que integre a preocupação com o outro, a responsabilidade e o compromisso social não só é importante para a sociedade, mas, de acordo com diversas pesquisas, está diretamente associado a indicadores de prosperidade juvenil, bem-estar psicológico, resiliência para lidar com adversidades e é um elemento que confere maior consistência à identidade.

Não posso deixar de mencionar a contribuição dessa metodologia para o desenvolvimento de habilidades relacionadas ao planejamento e à tomada de decisão responsável. Estamos falando de uma experiência que mobiliza essas habilidades na resolução de situações reais, com toda sua complexidade e habilidades que são fundamentais para a construção e realização de um projeto de vida.

A literatura indica várias abordagens para que o trabalho com projetos seja adotado para promover a aprendizagem socioemocional. A abordagem adotada pelo professor Morgado da Silva é só uma delas. Outros exemplos são Aprendizagem Baseada em Problemas, *Design Thinking* e *Team-Based Learning*. O trabalho com projetos permite que as pessoas assumam responsabilidades e intervenham em determinados contextos – o que é fundamental para o ganho de consciência social e a tomada de decisão em prol de outros.

# Capítulo 17

# Metodologias ativas para a construção de propósito

Sabemos que as metodologias ativas são centradas no protagonismo de quem aprende, na ação-reflexão e na colaboração. Sendo assim, elas têm sido utilizadas de várias formas no desenvolvimento de competências socioemocionais e de propósito de vida. Neste capítulo serão apresentados alguns casos práticos implementados em contextos de ensino médio, ensino superior e mundo corporativo.

Do ponto de vista da educação básica, quero destacar o trabalho da Profa. Dra. Hanna Danza,[1] cuja história você conheceu no **Capítulo 14**. Danza conduziu uma pesquisa de intervenção no doutorado. Por três anos, ministrou a disciplina Projeto de Vida para alunos das turmas de ensino médio da escola Pinheiro, em São Paulo. Cada aula tinha duração de 50 minutos. Para isso, criou na escola um programa de Educação em Valores, alinhado com a perspectiva disseminada pelo *Grup de Recerca en Educación Moral* (Grem) da Universidade de Barcelona. Criado em 1988, o grupo prepara os jovens para que vivam de forma coerente, norteados por valores morais, como respeito, justiça, honestidade e responsabilidade. A organização do programa foi realizada a partir de eixos temáticos a serem cursados trimestralmente ao longo do ensino médio. No primeiro e segundo anos, eram trabalhados os elementos de autoconhecimento e autoestima, a busca pela felicidade, o processo de escolha e a tomada de decisão. No terceiro ano, o enfoque era em profissões, nas demandas do mundo contemporâneo, na resolução de conflitos e na aprendizagem emocional.

No programa de intervenção embasado em Educação em Valores, Danza adotou um conjunto de metodologias ativas que "promovem, como objetivos centrais, o desenvolvimento do autoconhecimento, da tomada de decisão, do juízo moral, da resolução de conflitos, da clarificação de valores, da autorregulação, entre outros procedimentos mentais essenciais para a

---

1   DANZA, H. C. *Conservação e mudança dos projetos de vida de jovens*: um estudo longitudinal sobre educação em valores. 2019. Tese (Doutorado em Educação) – Faculdade de Educação, Universidade de São Paulo, São Paulo, 2019. Disponível em: http://doi.org/10.11606/T.48.2020.tde-11122019-165812. Acesso em: 20 mar. 2022.

construção dos projetos de vida".[2] As metodologias usadas por Danza foram encontradas na obra *Ética e Valores: métodos para o ensino transversal*,[3] de Josep Maria Puig, e podem ser trabalhadas, segundo a pesquisadora, de diversas maneiras, variando na forma e no conteúdo. Apresento a seguir um breve resumo de algumas das metodologias ativas adotadas por Danza ao longo de três anos e um exemplo de como foram colocadas em prática.

**Quadro 17.1** - Metodologias adotadas baseadas na Educação em Valores que favorecem a construção de projetos de vida

| Metodologias ativas | Descrição | Exemplo de como foram adotadas por Danza |
|---|---|---|
| Narrativas autobiográficas | Narrativa por meio de registros em múltiplas linguagens, tais como a escrita e o desenho, que visam descrever a história pessoal, a fim de contribuir para a construção da noção de si mesmo. | Os jovens foram convidados a desenhar um autorretrato contendo aspectos simbólicos que explicitam momentos relevantes da história de vida de cada um. A atividade pode resultar em autorretratos mais simples ou com alto grau de representação simbólica conectada à biografia do aluno. |
| Construção conceitual | Definição, análise e aplicação de conceitos vinculados a projeto de vida (*purpose*), como identidade, valores, ética etc. | O conceito de personalidade foi apresentado em um texto e, em seguida, os alunos receberam uma máscara em branco e tiveram de criar uma personalidade (persona). Em aulas seguintes, tiveram de descrever os atributos psicológicos que constituem sua personalidade. |
| Estratégias de autogestão | Tomada de consciência de hábitos, condutas e valores pessoais, que pode ser mapeada pela auto-observação, pela autoavaliação e pelo autorreforço de condutas desejadas. | Aplicação, no primeiro ano do programa, de um questionário que permitiu que os estudantes tomassem consciência e refletissem sobre seus valores, seus desejos, seus interesses e suas crenças. No segundo ano, os jovens receberam o questionário respondido anteriormente para verificar aspectos que continuavam sendo importantes em suas vidas, aqueles que gostariam de ter mudado, mas não o fizeram, para que pudessem notar que as mudanças demandam ações. |

---

2   DANZA, 2019, p. 60.
3   PUIG, J. M. *Ética e valores*: métodos para o ensino transversal. Belo Horizonte: Casa do Psicólogo, 1998.

| Fases da vida | Relação com o propósito | Elementos influenciadores |
|---|---|---|
| Exercícios de autoestima | Construção de confiança própria, autoconceito positivo, bem como, da visão de ter êxito na vida e de ser feliz por ser alguém digno e respeitável. | Há uma variedade de maneiras de praticar a autoestima, como receber mensagens positivas de colegas ou produzir textos, vídeos ou *podcasts* em primeira pessoa sobre qualidades individuais. Danza propôs a leitura de um texto sobre autoaceitação intitulado *Narigudos sim, bem resolvidos também*, da escritora Ruth Manus, publicado no blog do jornal *O Estado de S. Paulo*, em 2015. Após a leitura, solicitou que os estudantes escrevessem sobre alguma característica física, psicológica ou comportamental que não gostavam em si mesmos a partir das lentes da aceitação. |
| Compreensão crítica da realidade | Análise de situações conflituosas e complexas sob a lente dos sentimentos e emoções. Exercícios realizados por meio do diálogo visando à ressignificação de realidades e pontos de vista. | Apresentação do documentário *Happy*, do diretor Roko Belic, produzido em 2011, nos Estados Unidos, que gerou discussão mais aprofundada sobre o conceito de *karoshi* (que significa "morte por excesso de trabalho", em japonês). Sob essa perspectiva, os estudantes discutiram e refletiram sobre o valor do trabalho e como este pode assumir papéis diferentes em nossas vidas, sendo fonte de felicidade e realização ou, quando em excesso, fonte de depressão, estresse e infelicidade. |
| *Role Models* (modelos a seguir) | Apresentação de personalidades que possam ser consideradas exemplos morais, propondo discussões sobre pensamentos e comportamentos éticos de pessoas que viveram em determinado momento histórico/social. | A biografia de Viktor Frankl foi apresentada aos estudantes. Em seguida, todos foram convidados a ler o capítulo "Ir para o fio", de seu livro *Em busca de sentido: um psicólogo no campo de concentração*. Por fim, os estudantes leram a versão transcrita da entrevista concedida por Frankl e questões pré-elaboradas por Danza sobre a vida deste autor e quais de suas condutas e valores poderiam ser consideradas inspiradoras. |

| Fases da vida | Relação com o propósito | Elementos influenciadores |
|---|---|---|
| Resolução de conflitos | Atividades em que são apresentadas situações de conflito (muitas vezes vinculadas a valores) em diferentes contextos visando ao desenvolvimento da capacidade de trabalhar em grupo, comunicar-se de forma efetiva, criar grupos de proteção e adotar estratégias de resolução de conflitos. | Um estudante mencionou em uma das aulas de Projeto de Vida que uma colega de 16 anos não precisava assistir às aulas, pois estava grávida. A partir dessa colocação, Danza abriu espaço para que os jovens apresentassem casos de mulheres que engravidaram na adolescência e tinham realizado muitas coisas positivas na vida. Também foram discutidos casos não tão bem-sucedidos. Ao final dessa atividade (não planejada inicialmente), os jovens chegaram à conclusão de que, nesses casos, a responsabilidade da gravidez não deve recair só sobre a jovem e a família, os amigos e as escolas têm papel importante para apoiá-la e ajudá-la a realizar boas escolhas futuras relacionadas ao seu projeto de vida. |
| Clarificação de valores | Perguntas que levam os alunos a identificar ou questionar sua opinião sobre determinado assunto, as razões para escolhas realizadas, seus gostos, valores que norteiam seus comportamentos, vida etc. | Os estudantes receberam uma ficha na qual era apresentado o conceito de "critério" e a relevância de tê-los para fazer escolhas importantes. Na ficha também existiam 12 critérios relevantes para a escolha da profissão, como habilidades necessárias, reconhecimento, remuneração, agradar pais e familiares, estilos de vida diferentes que as profissões permitem etc. Os jovens tiveram a possibilidade de sugerir novos critérios e discutir sobre diferentes possibilidades e aspectos vinculados à escolha profissional. |
| *Role-playing* (jogo de papéis) | Exercício de empatia pelo qual, a partir da representação de papéis, desenvolve-se a capacidade de se colocar no lugar de outras pessoas, simulando diferentes relações sociais e morais. | Leitura de uma história fictícia que apresentava a necessidade de tomada de decisão de uma pessoa em relação a sua carreira profissional. Em seguida, os jovens foram separados em duplas e convidados a assumir diferentes papéis: um, da pessoa que enfrentava o dilema profissional; outro, o |

| Fases da vida | Relação com o propósito | Elementos influenciadores |
|---|---|---|
| | | papel de um amigo que precisava aconselhá-lo sobre o tema. Depois, os papéis foram trocados e os jovens convidados a escrever os diálogos que consideraram mais produtivos, a fim de compartilhá-los com toda a turma. |
| Aprendizagem Baseada em Problemas articulada ao *Design Thinking* | Escolha de problemas reais encontrados na sua comunidade e desenvolvimento de projeto para propor soluções para o problema selecionado. | Os alunos realizaram pesquisas a respeito de problemas sociais, debateram em sala de aula sobre eles com a mediação do professor e foram divididos em grupos para desenvolver um projeto que visava propor soluções concretas e viáveis para o problema escolhido pelos grupos. Para isso, cada grupo fez ampla pesquisa sobre o tema, conversando com outras pessoas e analisando documentos e produções acadêmicas. Depois, participaram de uma rodada de criação de possíveis soluções e elaboração de protótipos das soluções selecionadas como as melhores. O protótipo foi apresentado em sala de aula e os grupos receberam *feedback* de como melhorá-los. Por fim, os grupos criaram uma solução final. |

**Fonte:** adaptado de DANZA, 2019.

Nos últimos anos, Danza tem trabalhado de forma próxima com várias redes de escolas públicas no Brasil para produzir materiais adotados em programas que têm por objetivo fomentar a construção de projeto de vida na educação básica. Diversas metodologias adotadas por Danza podem ser adaptadas para serem adotadas em contextos de ensino superior e educação corporativa, de acordo com os objetivos de cada programa e pela adoção da perspectiva da Educação em Valores.

Agora, pensando em um contexto de ensino superior e de construção de propósito no mundo do trabalho, quero apresentar como caso inspirador deste capítulo o resultado de uma breve entrevista que realizei com Carol Shinoda, que é professora, coordenadora acadêmica e autora do livro *Propósito de vida: um guia prático para desenvolver o seu*, publicado em 2021, pela Benvirá.

## Caso Inspirador – O trabalho com propósito de vida no ensino superior, na pós-graduação e em ambientes organizacionais

**Como está desenhado o método por você desenvolvido? Quais são suas bases e os resultados alcançados?**

**Carol Shinoda** – Desde que realizei minha pesquisa de doutorado sobre Desenvolvimento de Propósito de Vida, venho apoiando pessoas a descobrirem e implementarem seus Propósitos.

Entre essas pessoas estão, principalmente, alunos do ensino superior (graduação e pós-graduação) e profissionais de organizações. Os estudantes – especialmente os de graduação – querem descobrir no que são bons e do que gostam. Já os profissionais querem colocar esses talentos e paixões a serviço do mundo. Desenhei um método para o meu trabalho que inclui não apenas identificar o Propósito, mas realizá-lo na prática e sustentá-lo ao longo do tempo. Ele é baseado em cinco etapas:

1. **Autoconhecimento:** descobrirmos nossos talentos e paixões.
2. **Empatia:** nos conectarmos com as necessidades do mundo.
3. **Experimentação:** testarmos nossas intenções na prática.
4. **Visão de futuro e planejamento:** desenharmos projetos de médio e longo prazos.
5. **Sustentação:** implementarmos métodos para continuar firmes na nossa jornada.

Acredito que um ponto-chave para que as pessoas se abram para esse processo seja eu também me abrir com elas. Se convido os alunos e profissionais a compartilharem suas histórias de vida, por exemplo, eu também faço isso com eles. E não é fácil para um professor ou facilitador se permitir ser vulnerável, mas é um passo de coragem que cria um espaço de confiança para o desenvolvimento acontecer.

Como resultado desse processo, as pessoas ampliam a consciência de quem são e de seus interesses e passam a realizar projetos para ajudar outros semelhantes com aquilo que têm a oferecer. E isso traz grande sentimento de realização. Importante dizer que mesmo quem tem um Propósito claro, vive diversos desafios na vida. Não existe o "nirvana" dos Propósitos, em que a vida é perfeita para sempre. E as competências socioemocionais são nossas ferramentas para continuarmos no caminho dinâmico de direcionar nossa vida ao nosso Propósito, refinando nosso autoconhecimento, gerindo nossas emoções, interagindo com as pessoas, entendendo como elas nos impactam e como podemos lidar melhor com cada uma, ampliando nossa consciência social e tomando decisões em prol de colocarmos no mundo nossos talentos a serviço de outros. Que cada um de nós se abra a esse corajoso exercício de desenvolvimento para que possamos viver uma vida com mais sentido e significado!

Ao conhecermos os processos adotados por Danza e Shinoda, fica mais fácil reconhecer e vislumbrar formas de adotar as metodologias ativas para apoiar estudantes e profissionais a terem uma vida com mais sentido. Se esse também é o seu interesse, não deixe de seguir para o próximo capítulo, no qual disponibilizo estratégias que podem apoiar você a avançar na construção de seu propósito de vida. Te espero lá!

## Capítulo 18

# Agora é com você: estratégias de consciência social e tomada de decisão responsável

Neste capítulo vamos refletir, reconhecer e planejar ações relacionadas ao propósito de vida. Para isso, vou pedir para que recorra às atividades de autoconhecimento, autogestão e habilidades sociais realizadas nas Estratégias de 1 a 10 propostas neste livro. Digamos que essas atividades são pré-requisitos para que você avance na compreensão e definição sobre qual é o seu propósito de vida. As estratégias que encontrará a seguir estão relacionadas às competências de consciência social e tomada de decisão responsável do Casel. A primeira competência está vinculada com a capacidade que temos de reconhecer os sentimentos e emoções de outras pessoas, de acolhermos a diversidade e de sermos empáticos. A segunda está pautada na capacidade de tomar boas decisões nos âmbitos individual e social e de ter comportamentos baseados na ética e em valores. Ambas as competências devem embasar um propósito de vida no que tange à relevante dimensão "para além de si".

# Estratégia 11:
## Mural de elementos influenciadores de propósito[1]

**Enfoque da aprendizagem socioemocional:** autoconhecimento e consciência social.

**Breve descrição da estratégia:** o objetivo é ajudar a identificar, anotar e organizar de forma visual (em um mural físico ou digital) aspectos que realmente considera relevantes em sua vida e que podem ser elementos influenciadores de propósito.

## O QUE SABER/FAZER ANTES DE COMEÇAR

**A estratégia pode ser utilizada por:** adolescentes, jovens, adultos e idosos.

**Objetivo:** identificar aspectos importantes e significativos no presente e que continuarão sendo relevantes no futuro.

**Tempo estimado:** entre 20 e 50 minutos (depende da pessoa).

**Número de participantes:** a estratégia deve ser realizada de forma individual, mas pode ser compartilhada posteriormente com familiares ou pessoas próximas.

**Recursos e materiais físicos e digitais:** para realizar a atividade sem o uso de tecnologias, é preciso usar *flip chart*, cartolina ou quadro branco, notas adesivas autocolantes coloridas para registro, lápis, caneta e/ou canetinha. O mural também pode ser construído em espaços digitais com o uso de ferramentas como Jamboard, Mural, Padlet, Google Slides, dentre outras.

**Adaptação da estratégia:** depois que o mural estiver pronto, é possível solicitar que os estudantes ou profissionais compartilhem o que foi produzido com um familiar ou amigo próximo, com quem convive com frequência e mantém uma relação de qualidade, para ouvir impressões e coletar outras perspectivas, que ajudarão na percepção de outros elementos influenciadores de propósito que poderiam compor o mural.

---

1 Atividade criada pela autora e inspirada em MALIN, H. *Teaching for Purpose*: preparing students for lives of meaning. Cambridge: Harvard Education Press, 2018.

## PASSO A PASSO DA APLICAÇÃO

Revisite as atividades de autoconhecimento, autogestão e habilidades sociais realizadas durante a leitura dos Capítulos 1 e 2.

Separe um espaço físico ou digital para a montagem de um mural.

Use uma nota adesiva física ou digital para registrar em uma palavra e uma breve expressão a sua resposta para a seguinte pergunta: Quais são os aspectos mais importantes na sua vida hoje e por que cada aspecto é significativo para você? Inclua cada resposta em uma nota adesiva diferente. Veja um exemplo:

**Família**
Pertencimento, fonte de amor, base.

**Trabalho**
Produção, realização, desafio.

**Espiritualidade**
Fé, esperança, transcendência.

Complemente seu mural registrando na nota adesiva a sua resposta para a seguinte pergunta: Por quanto tempo cada um desses aspectos tem sido e vai ser significativo para você? Essa resposta vai demonstrar a durabilidade desse aspecto importante para você. Veja um exemplo:

**Família**
Pertencimento, fonte de amor, base.

Sempre

**Trabalho**
Produção, realização, desafio.

Dos 18 aos 85 anos

**Espiritualidade**
Fé, esperança, transcendência.

Sempre

Agora, registre em uma nova nota a resposta para a seguinte pergunta: Quais são os objetivos, os planos, as atividades e os projetos que você possui hoje que te energizam e estão relacionados aos aspectos significativos que terão maior durabilidade em sua vida?

### Família
Pertencimento, fonte de amor, base.

Sempre

Investir no casamento e na educação integral dos filhos. Manter boas relações com pais, irmãos e demais familiares. Envelhecer perto da família.

### Trabalho
Produção, realização, desafio.

Dos 18 aos 85 anos

Desenvolver e implementar projetos educacionais focados em inovação com propósito e que impactam positivamente as experiências de aprendizagem das pessoas.

### Espiritualidade
Fé, esperança, transcendência.

Sempre

Atuar como voluntária em programas voltados para jovens e mulheres, apoiando o desenvolvimento espiritual desses grupos de pessoas.

Em seguida, circule os objetivos, os planos, as atividades e os projetos que possui e que impactam ou irão impactar outras pessoas. Escreva em uma nova nota adesiva quem são essas pessoas e qual é a contribuição que acredita que você pode trazer para a vida delas. O importante aqui é identificar elementos "para além de si".

**Marido:** amar, aprender, cuidar e compartilhar a vida com alguém.

**Filhos:** amar, educar, orientar, prover, deixar ir, estar disponível, acolher.

**Alunos e professores:** ensinar, inspirar, instrumentalizar, provocar reflexões, emocionar, promover mudanças.vida com alguém.

**Jovens da igreja:** provocar reflexões, ensinar, inspirar, ajudar.

208 Parte III - Propósito e Projetos de Vida

Por fim, reflita sobre as informações que colocou no mural e registre os principais elementos influenciadores da construção do seu propósito de vida.

**Evidências de que a aprendizagem socioemocional está sendo desenvolvida:**

- Clareza sobre aspectos significativos para a vida.
- Reconhecimento de objetivos, planos, atividades e projetos que possui que impactam ou irão impactar outras pessoas.
- Capacidade de reconhecer os elementos influenciadores de propósito de vida.

# Estratégia 12:
## Imersão empática

**Enfoque da aprendizagem socioemocional:** autoconhecimento, consciência social e tomada de decisão.

**Breve descrição da estratégia:** conviver com as pessoas em um contexto de sua escolha para avançar na compreensão de um problema significativo que deseja conhecer com mais profundidade, e, assim, ter maior conhecimento da dimensão do "para além do eu" escolhida para explorar.

## O QUE SABER/FAZER ANTES DE COMEÇAR

**A estratégia pode ser utilizada por:** adolescentes a partir dos 16 anos, jovens, adultos e idosos.

**Objetivo:** vivenciar uma realidade escolhida e, a partir disso, avançar na compreensão de um problema significativo.

**Tempo estimado:** entre duas e 24 horas (depende do ambiente onde a imersão será realizada e das pessoas também).

**Número de participantes:** atividade individual de interação com outras pessoas.

**Recursos e materiais físicos e digitais:** caderno ou bloco de notas para fazer registros, lápis, caneta e/ou canetinha. Celular ou *tablet* para fazer anotações.

**Adaptação da estratégia:** se não for possível fazer a imersão no local escolhido, pode-se conduzir uma entrevista empática. Neste caso, não será necessário experimentar aspectos da rotina das pessoas que deseja ajudar, mas será possível ouvir histórias, relatos e buscar aprofundamento na compreensão daquilo que precisam.

## PASSO A PASSO DA APLICAÇÃO

Durante a criação do mural com os elementos influenciadores do seu propósito de vida (vide Estratégia 11), talvez este já tenha ficado evidente para você, pois já tinha essa clareza previamente. Por outro lado, talvez tenha ficado mais confuso e ainda mais ansioso por ter um propósito de vida. No item 4 da Estratégia 11, você foi convidado a identificar grupos de pessoas ou pessoa a quem possa servir ou contribuir de forma positiva.

Nesta atividade você será desafiado a fazer uma imersão empática em um contexto de sua escolha para, com isso, avançar na compreensão da dimensão do "para além do eu" de seu propósito de vida. Para tanto, escolha duas pessoas ou grupos de pessoas identificados no item 4 da Estratégia 11 para quem acredita que possa prestar serviços conectados com seus desejos ou projetos que desenvolve ou pretende desenvolver. Seja bem específico na escolha, indicando quem são as pessoas e apresentando detalhes sobre as necessidades específicas que acredita que elas possuem. Exemplo:

| Grupo de pessoas | O que imagino que precisam | Como imagino que posso contribuir no curto prazo? |
|---|---|---|
| Meus pais, que estão idosos. | Cuidados mais intensos e maior necessidade de suporte socioemocional. | Trazê-los para morar comigo. |
| Professores de uma escola particular pequena do bairro, onde estudei quando era criança. | Suporte para o desenvolvimento de competências socioemocionais. | Dedicar algumas horas de voluntariado para conduzir workshops de aprendizagem socioemocional para eles. |

Crie uma tabela parecida com essa e registre suas respostas.

Uma parte importante de prestarmos o auxílio a alguém é ter certeza de que a pessoa ou o grupo deseja o auxílio, que a forma como você quer ajudar é vista como uma contribuição positiva por quem será auxiliado e que esta atividade é significativa para você. Por isso, o próximo passo é agendar algumas horas para acompanhar a realidade e vivenciar o dia a dia da pessoa ou do grupo que deseja servir. Para efeito de exemplo, considere o caso dos pais idosos: passe um fim de semana na casa dos seus pais idosos, observe a rotina deles, veja como eles preparam as refeições, veja quais limitações físicas têm apresentado, durma lá e, principalmente, converse com eles para saber como gostariam de ser ajudados neste momento em que a fragilidade física pode colocá-los em risco de se machucarem física e emocionalmente. No caso do exemplo dos professores da escola pequena de bairro, conte para a diretora do seu desejo de conhecer mais as necessidades de formação dos professores da escola e do seu desejo de atuar ali como voluntário.

Organize a imersão em algumas atividades.

**a.** Converse com as pessoas responsáveis pelo ambiente que deseja analisar sobre o seu desejo de contribuir de forma positiva para suprir necessidades daquele ambiente ou daquelas pessoas. Peça autorização para acompanhar a rotina das pessoas por um período que pode durar de duas a 24 horas (depende da circunstância). Diga que vai realizar uma imersão na qual vai acompanhar a rotina delas, conversar sobre seus desafios, ouvir histórias e tentar entender se pode ajudá-las e como.

**b.** No dia da imersão, chegue ao local no horário combinado, se apresente e explique o objetivo de sua visita.

**c.** A partir dos princípios da empatia, você deve:

- prestar atenção na rotina e nas atividades realizadas pelas pessoas que deseja ajudar;

- conversar com as pessoas e pedir para que contem histórias sobre os desafios enfrentados e suas necessidades;
- ver e ouvir como elas têm lidado com a situação desafiadora; e
- demonstrar real interesse e pedir para que compartilhem como se sentem em relação aos desafios enfrentados.

**d.** Ao final do período da imersão, agradeça por terem recebido você.

**e.** Assim que for possível, de preferência quando voltar para casa, faça alguns registros sobre:

- pontos importantes sobre a rotina e as necessidades das pessoas que descobriu durante o período de imersão e que não sabia; e
- ideias e *insights* que teve sobre como poderia ser útil e contribuir no contexto analisado.

Reflita se essas são realmente as pessoas a quem deseja servir no curto prazo e como pode fazer isso, inicialmente, de forma pontual e objetiva nas próximas semanas. Às vezes, a imersão vai demonstrar que, talvez, essas não sejam as pessoas nem o ambiente onde pode contribuir. Ou talvez fique evidente que a forma como imaginou que poderia contribuir não é a mais adequada. Anote suas percepções na tabela, conforme o exemplo a seguir.

| Grupo de pessoas | O que imagino que precisam | Como imagino que posso contribuir no curto prazo? | O que realmente precisam | Como realmente posso ajudar? |
|---|---|---|---|---|
| Meus pais, que estão idosos. | Cuidados intensos com a saúde e maior necessidade de suporte socioemocional. | Trazê-los para morar comigo. | Necessidade de ajuda no período da noite e desejo por suporte socioemocional. | Neste momento eles não querem sair da casa deles. Posso ajudar organizando um cronograma no qual diferentes membros da família se comprometem a visitá-los quinzenalmente. Além disso, posso dormir algumas noites na casa deles e/ou contratar uma cuidadora para ajudá-los no período noturno. |

| Grupo de pessoas | O que imagino que precisam | Como imagino que posso contribuir no curto prazo? | O que realmente precisam | Como realmente posso ajudar? |
|---|---|---|---|---|
| Professores de uma escola particular pequena do bairro, onde estudei quando era criança. | Suporte para o desenvolvimento de competências socioemocionais. | Dedicar algumas horas de voluntariado para conduzir workshops de aprendizagem socioemocional para eles. | Os professores já conhecem sobre aprendizagem socioemocional e têm adotado metodologias ativas para desenvolvê-las nos estudantes. | Posso procurar outra escola onde os professores tenham essa necessidade, ou criar um podcast no qual compartilho meus conhecimentos e minhas experiências sobre o tema. |

Se perceber que uma pessoa ou o grupo que gostaria de ajudar não precisa desse apoio específico, volte ao mural dos elementos influenciadores do seu propósito (vide Estratégia 11) e defina um novo ambiente para realizar a imersão. Com isso, você vai tomando maior consciência sobre temas e causas que estão bastante vinculados aos seus valores e de que maneira pode usar seus conhecimentos, seus talentos e seu tempo a serviço de outros.

**Evidências de que a aprendizagem socioemocional está sendo desenvolvida:**
- Vivenciar a realidade de pessoas que acredita poder ajudar.
- Ser empático e ter conversas profundas sobre as necessidades de outros.
- Capacidade de reconhecer a quem pode servir e como, a partir do conhecimento da realidade de outras pessoas.

# Estratégia 13:
## Aprendizagem por projetos sociais

**Enfoque da aprendizagem socioemocional**: consciência social e tomada de decisão.

**Breve descrição da estratégia**: esta metodologia ativa de projetos desafia as pessoas a identificar problemas sociais ou ambientais e, a partir da prática da empatia e do uso do pensamento crítico, desenvolver projetos de intervenção que resultem em mudanças concretas no ambiente ou na situação investigada de forma colaborativa.

## O QUE SABER/FAZER ANTES DE COMEÇAR

**A estratégia pode ser utilizada por**: crianças a partir de oito anos, adolescentes, jovens, adultos e idosos.

**Objetivo**: eleger problemas sociais e ambientais e desenvolver um projeto colaborativo de intervenção que permita mudanças concretas e, neste processo, promover o engajamento social e a construção de valores.

**Tempo estimado**: entre dois meses e dois semestres (depende da complexidade do problema social ou ambiental e do tipo de solução implementada).

**Número de participantes**: grupos com três a cinco participantes.

**Recursos e materiais físicos e digitais**: o registro das etapas do projeto, os dados coletados e as produções do grupo podem ser registrados pelo uso de *flip chart*, cadernos, notas adesivas autocolantes coloridas com lápis, caneta e/ou canetinha. Também podem ser utilizados espaços digitais compartilhados, como Padlet, Mural, ferramentas do Google Drive (Documentos, Planilhas, Apresentações, Formulários), dentre outras.

**Adaptação da estratégia**: a metodologia pode ser adaptada e simplificada para que seja adotada por crianças entre cinco e dez anos. Neste caso, a intervenção deve ser realizada em um ambiente controlado e que tenha a possibilidade de promover mudanças. Por exemplo: organizar a coleta de lixo reciclável em casa, organizar a coleta de roupas e brinquedos em seu condomínio que serão doados para um orfanato etc.

Capítulo 18 - Agora é com você: estratégias de consciência social e tomada de decisão responsável **215**

## PASSO A PASSO DA APLICAÇÃO

Desafiar os grupos a identificar em seu entorno, ou em sua comunidade, problemas sociais ou ambientais que precisem de intervenção. Em alguns casos, essa metodologia é adotada a partir de parcerias com entidades sociais.

Realizar pesquisas exploratórias breves sobre os problemas identificados. Neste momento, é recomendado conversar com as pessoas impactadas pelos problemas para coletar diferentes perspectivas sobre eles.

Eleger o problema sobre o qual o grupo deseja intervir. Se o projeto estiver sendo realizado em parceria com uma entidade social, é preciso ter clareza do escopo da intervenção, a partir de uma perspectiva mais ampla, que norteia o trabalho social realizado pela entidade.

Realizar pesquisas de campo para compreender de forma mais profunda as causas do problema analisado e as possibilidades de intervenção no contexto escolhido pelo grupo.

Planejar de que forma a intervenção social ou ambiental será realizada pelo grupo, considerando o cronograma de trabalho, a viabilidade financeira e de recursos humanos e como garantir que a intervenção seja sustentável.

Intervir no contexto escolhido depois das etapas anteriores ou de forma paralela.

 Registrar os resultados da intervenção e participar de rodadas de conversa sobre como atribuir sentido para as experiências vividas durante o desenvolvimento do projeto. Em algumas escolas, os estudantes produzem relatórios finais nos quais organizam o que realizaram em cada etapa do projeto, de que maneira isso se articula com conteúdos curriculares estudados e as principais aprendizagens.

**Evidências de que a aprendizagem socioemocional está sendo desenvolvida:**

- Capacidade de reconhecer problemas sociais ou ambientais em um contexto específico.
- Habilidade de colaborar com um grupo de colegas para criar, planejar e implementar uma intervenção social.

# Estratégia 14:

## Declaração significativa de propósito de vida[2][*]

**Enfoque da aprendizagem socioemocional:** autoconhecimento, consciência social e tomada de decisão.

**Breve descrição da estratégia:** nesta atividade você será convidado a se transportar para o futuro e se ver como uma pessoa idosa. Na perspectiva desse momento de vida, você deve refletir, imaginar e registrar o que gostaria de ouvir das pessoas que ama sobre como impactou a vida delas, a sua comunidade e/ou o mundo. A partir desse exercício, deve redigir em uma frase uma declaração significativa do seu propósito de vida.

## O QUE SABER/FAZER ANTES DE COMEÇAR

**A estratégia pode ser utilizada por:** adolescentes a partir dos 16 anos, jovens, adultos e idosos.

**Objetivo:** imaginar o futuro e obter subsídios para redigir uma declaração significativa de propósito de vida.

**Tempo estimado:** 50 a 90 minutos.

**Número de participantes:** individual.

**Recursos e materiais físicos e digitais:** celular, computador ou *tablet* que possa tocar uma música calma. Cadernos ou espaços digitais para registro, lápis, caneta e/ou canetinha.

**Adaptação da estratégia:** a faixa etária da pessoa no exercício de imaginação pode variar de acordo com a idade do público da atividade. É possível, por exemplo, indicar que os participantes se imaginem festejando seus aniversários daqui a 20 anos.

---

2  Inspirado em: SHINODA, C. *Propósito de vida*: um guia prático para desenvolver o seu. São Paulo: Benvirá, 2021.

*  Nota da autora: tive o privilégio de vivenciar uma experiência semelhante conduzida por Shinoda, no XI Ciclo de Inovação Pedagógica da Escola Superior de Propaganda e Marketing (ESPM) de São Paulo, em 2019.

## PASSO A PASSO DA APLICAÇÃO

**1** Antes de realizar a atividade é importante que tenha realizado as estratégias de autoconhecimento, autogestão e habilidades sociais propostas nos **Capítulos 1** e **2**. Se puder, também realize a Estratégia 11 (Mural de Elementos Influenciadores de Propósito) antes de iniciar. Elas serão a base para que consiga redigir o seu propósito de vida ao final.

**2** Imagine a seguinte situação: você está prestes a completar 85 anos e sua família e seus amigos prepararam uma festa de aniversário especial para você. Para conseguir se concentrar e imaginar como será essa festa, coloque uma música bem tranquila, feche os olhos e realize um exercício de meditação, adaptado da técnica de S.T.O.P., já descrita no **Capítulo 2**:

**Pare (*Stop*):** pare e sente de forma confortável. Imagine que você tem 85 anos. Pense na sua aparência física, em como vai ser o seu rosto, o seu cabelo e o seu corpo nesta idade.

**Respire (*Take a breath*):** ouça e sinta o ritmo de sua própria respiração enquanto concentra a sua mente em diversos aspectos que compõem a sua festa de aniversário: familiares, amigos, características do ambiente.

**Observe (*Observe*):** preste atenção nas suas emoções (boas e ruins) que emergem ao imaginar a sua festa de 85 anos. Imagine as cores, sinta os cheiros, examine o rosto das pessoas e sinta todo o carinho e amor recebido delas. Pense que nessa festa, durante o brinde a você, que é o aniversariante, uma pessoa que realmente o ama (irmã, filho, amigo, neto) pede para falar algumas breves palavras que descrevem a essência de qual foi a sua contribuição, até aquele momento, para as pessoas, para a comunidade onde está inserido e/ou mundo.

**Continue (*Proceed*):** depois dessa breve pausa e do exercício de imaginação, abra os olhos.

**3** Agora, escreva em um caderno ou espaço digital o breve relato afetuoso que gostaria de ouvir dessa pessoa que realmente ama você. Exemplo: "A minha irmã, Carol, é uma esposa, mãe e amiga dedicada, tem uma família unida e acolhedora e ajudou muitas pessoas que precisam, com recursos materiais e, principalmente, afeto e amizade. Ela ama aprender e tem usado a empatia e a habilidade para conectar conhecimentos e pessoas desenvolvendo projetos educacionais que ajudam outros educadores no Brasil a criarem experiências de aprendizagem significativas e relevantes para os estudantes e profissionais."

**4** Que reflexões sobre o seu propósito de vida foram identificadas enquanto realizava essa atividade? Lembre-se de que propósito de vida é "uma intenção estável e generalizada de alcançar algo que é ao mesmo tempo significativo para o eu e gera consequências no mundo além do eu".[3] O que é significativo para você hoje? Como tem ou quer gerar consequências no mundo "para além do eu hoje e no futuro"? Anote os seus pensamentos.

**5** A partir desse exercício, redija uma declaração significativa de seu propósito de vida, segundo proposto por Clark[4] e Shinoda:[5]

Quero _____ (verbo) _____ (pessoas) por meio de _____ (atividades) com _____ (minhas qualidades).

Veja o exemplo:

Quero <u>ajudar educadores</u> por meio da <u>utilização de metodologias ativas para promover experiências de aprendizagem mais significativas e centradas nas pessoas</u> com <u>meus conhecimentos, minhas habilidades, afeto e influência</u>.

---

3 CLARK, T. *Business model you*: o modelo de negócios pessoal. Rio de Janeiro: Alta Books, 2013.
4 DAMON, W. *O que o jovem quer da vida?* São Paulo: Summus Editorial, 2009, p. 53.
5 SHINODA, 2021.

Depois de escrever a sua declaração significativa de propósito de vida, lembre-se que pode ser revisitada à medida que novos interesses e projetos são concretizados. O importante é ter projetos que ajudem você a caminhar na direção desse propósito.

**Evidências de que a aprendizagem socioemocional está sendo desenvolvida:**
- Capacidade de imaginar e/ou reconhecer como pode viver de forma significativa.
- Capacidade de reconhecer e projetar que pode contribuir de forma positiva na vida de outras pessoas.

# Estratégia 15:
## Planejamento para o propósito

**Enfoque da aprendizagem socioemocional:** consciência social e tomada de decisão.

**Breve descrição da estratégia:** a atividade promove o estabelecimento de metas, projetos, ações e prazos vinculados a atividades que têm a ver com seu propósito de vida.

## O QUE SABER/FAZER ANTES DE COMEÇAR

**A estratégia pode ser utilizada por:** adolescentes, jovens, adultos e idosos (o nível de complexidade das metas, dos projetos e das ações deve acompanhar a faixa etária de quem vai elaborar e executar o planejamento).

**Objetivo:** definir projetos pessoais e profissionais vinculados ao propósito de vida e estabelecer prazos para que sejam desenvolvidos.

**Tempo estimado:** 30 a 120 minutos.

**Número de participantes:** individual e, posteriormente, com pessoas com quem pode contar para o desenvolvimento de projetos e ações vinculados ao propósito estabelecido.

**Recursos e materiais físicos e digitais:** caderno ou bloco de notas para fazer registros, lápis, caneta e/ou canetinha. Celular ou *tablet* para fazer anotações.

**Adaptação da estratégia:** crianças da educação infantil e do ensino fundamental provavelmente ainda não terão clareza sobre o propósito de vida. Essa atividade pode ser realizada com ajuda do professor, para definir atividades que podem realizar em prol de outras pessoas. Assim, praticam a empatia e o altruísmo.

222    Parte III – Propósito e Projetos de Vida

## PASSO A PASSO DA APLICAÇÃO

Se já tiver clareza sobre qual é o seu projeto de vida, chegou o momento de incluir na sua agenda atividades vinculadas a ele. Shinoda diz que "a agenda é o espaço onde o Propósito encontra uma vida significativa na prática".[6] Isto é, não adianta só ter intenções. É preciso colocar as metas estabelecidas na prática. Se você ainda não tem clareza sobre o seu propósito de vida, talvez seja melhor deixar para realizar essa atividade posteriormente, quando tiver avançado em seu processo de construção de propósito.

Nesta atividade, você será desafiado a definir alguns pontos importantes no período de três meses, um e cinco anos.

- **Metas alinhadas ao seu propósito de vida:** estabeleça objetivos claros sobre como deseja viver os próximos meses e anos de forma mais significativa.
- **Projetos que desejo desenvolver ou estar envolvido:** defina projetos específicos que têm começo, meio e fim.
- **Ações e formas reais de como vou contribuir:** determine formas de como colocar em prática.
- **Datas em que vou colocá-las em prática:** abra a sua agenda e inclua as ações e os prazos para que sejam realizadas.
- **Pessoas com quem posso contar:** pense em pessoas que têm propósitos parecidos ou complementares ao seu e poderiam apoiar você nessa jornada.

---

6   SHINODA, 2021, p. 217.

O quadro a seguir é um exemplo de como você pode realizar o planejamento para o propósito.

|  | Metas alinhadas ao propósito de vida | Projetos que desejo desenvolver ou me envolver | Ações e formas reais de como vou contribuir | Datas em que vou colocá-las em prática | Pessoas com quem posso contar |
|---|---|---|---|---|---|
| 3 meses | | | | | |
| 1 ano | | | | | |
| 5 anos | | | | | |

Depois de completar seu quadro, abra a sua agenda e comece a incluir as ações e datas em que deseja que sejam realizadas.

Marque conversas com as pessoas que podem te apoiar nesse processo. Compartilhe o seu quadro de planejamento para propósito e veja se desejam apoiar você. Conversem sobre o tipo de apoio que podem prestar e, se estiver de acordo, peça para que elas também incluam na agenda delas o tempo que será necessário para trilhar esta jornada com você, dando um apoio pequeno (exemplo: ter com quem compartilhar como tem sido o processo) ou grande (exemplo: participação efetiva em um projeto mais robusto).

Finalmente, lembre-se de que esse quadro de planejamento pode sofrer mudanças à medida que você vai abrindo espaço em sua agenda para atividades e projetos mais significativos. O importante é ter pessoas com quem compartilhar a jornada e com quem possa aprender ao longo do processo.

**Evidências de que a aprendizagem socioemocional está sendo desenvolvida:**
- Habilidade de definir metas, projetos, ações e prazos vinculados ao propósito de vida.
- Capacidade de incluir na agenda e de executar atividades e projetos significativos vinculados ao propósito de vida.

## Checkpoint com parceiro de jornada

A leitura dos capítulos que compõem a **Parte III** deste livro convidou você a refletir sobre o seu propósito de vida. Esse é um tema muito relevante, mas que também pode gerar ansiedade, especialmente se você não tiver clareza sobre qual é o seu propósito ou se perceber que suas escolhas e ações diárias não estão conectadas com esse propósito. Por isso, agora que realizou algumas atividades sobre consciência social e tomada de decisão responsável, sugiro que marque uma conversa com o seu parceiro de jornada. Nela, podem compartilhar suas certezas e dúvidas em relação ao seu propósito de vida. Nesta conversa, também é importante trocar sobre como você acredita que tem impactado a vida de outras pessoas. Além disso, separem um tempo para discutir de que forma os projetos pessoais e coletivos em que estão envolvidos atualmente se articulam a um propósito intencional e estável. Boa conversa!

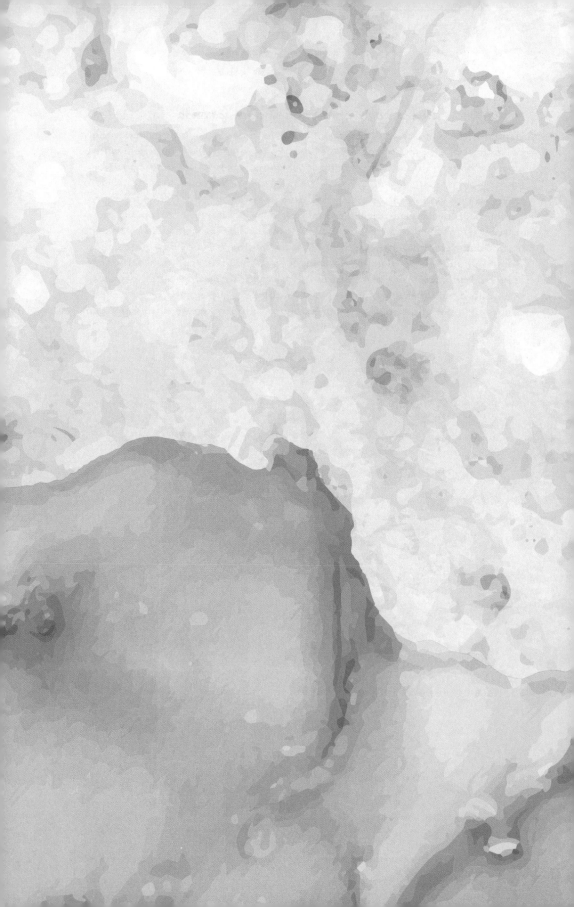

# CONVITE FINAL

## DESIGN DE EXPERIÊNCIAS CRIATIVAS DE APRENDIZAGEM SOCIOEMOCIONAL

# O educador como designer de experiências criativas de aprendizagem socioemocional

Nossa vida é formada por experiências. Algumas são boas e empolgantes; outras causam desconforto e aflição. Toda experiência acontece em um contexto específico e se processa no âmbito do corpo e da mente (o que, sabemos, envolve as emoções e os sentimentos). É por esse motivo que duas pessoas podem estar juntas no mesmo momento e local e viver experiências completamente diferentes. Vou dar um exemplo. Há alguns anos, meu esposo pulou de paraquedas com um amigo. Para ele, essa foi umas das experiências mais incríveis e empolgantes da vida. Para o amigo dele, foi aterrorizante e traumático.

Nem todas as experiências têm a mesma capacidade de nos impactar. Algumas são vivenciadas de forma desatenta e mecânica (como arrumar a cama de manhã e escovar os dentes), pois estão destituídas de grande significado ou não nos tocam no âmbito das emoções. Por isso, segundo Kelley Gasque, para que a experiência seja relevante, é preciso estar associada "a atenção consciente, isto é, ela não é a lembrança de tudo que ocorreu, de todas as atividades realizadas ou automatizadas, mas o que decorre da vivência consciente".[1]

Quando eu era criança, meus pais me contavam as histórias da Bíblia antes de dormir. Para mim, aqueles eram momentos especiais, de forte conexão afetiva com eles e que faziam parte da rotina de nossa família. Todavia confesso que hoje tenho memórias bem vagas dessas experiências, apesar de saber que aconteceram com frequência, que me aproximavam dos meus pais e que me ajudaram a aprender muito. Digo isso, pois as

---

1   GASQUE, K. C. G. D. O papel da experiência na aprendizagem: perspectivas na busca e no uso da informação. *TransInformação*, v. 20, n. 2. p. 149-158, 2008. Disponível em: https://www.scielo.br/j/tinf/a/k5pLhxFqsqyxJ63QLFJH6Hz/. Acesso em: 20 ago. 2022.

memórias mais vívidas que tenho são das brincadeiras que passaram a ocorrer, por algum tempo, às sextas-feiras à noite, quando recriávamos os ambientes e os personagens das histórias. Nesses dias, meu pai chegava mais cedo do trabalho e nos convocava para mover os móveis, usar toalhas, almofadas e lençóis para transformar a sala de casa em castelos, florestas, navios, tendas e cavernas, que, a essa altura, eu já conhecia bem. Lembro que usávamos a criatividade para montar figurinos compatíveis com as roupas dos personagens. Minha mãe, por sua vez, dedicava um tempo preparando um jantar especial, que era servido naquele espaço rico que havíamos estruturado. A possibilidade de viver essas experiências multissensoriais gerou um aprendizado rico, que pode ser revisitado de forma clara em minha memória até hoje.

Como educadores, nem sempre conseguimos criar experiências de aprendizagem imersivas como a que relatei, mas podemos possibilitar que o aprendiz experimente o "aprender fazendo". Esse conceito é proposto na obra do educador americano John Dewey,[2] que evidencia que a experiência é um elemento fundamental para podermos aprender, desde que seja significativa e vivida de forma consciente, para ser possível gerar reflexão e crítica. Para Dewey, a articulação entre experiência e aprendizagem está embasada em conhecimentos capazes de ampliar a nossa visão sobre perspectivas antes desconhecidas e, com isso, promover mudanças de atitudes e desenvolvimento de competências. De fato, os resultados das pesquisas e práticas adotadas pelo autor fundamentam e justificam o uso de metodologias ativas para a criação de experiências de aprendizagem relevantes.

Neste livro, você foi convidado a usar as metodologias ativas para avançar em seu processo de aprendizagem socioemocional a partir da perspectiva pessoal e profissional. Esse primeiro passo é importante para a ampliação de conhecimentos sobre como as metodologias ativas são potentes não só para auxiliar nesse processo, mas provocar reflexões, desenvolver a consciência, ampliar conhecimentos e contribuir no planejamento de ações. Todavia creio que chegou o momento de convidar e ajudar você a dar um passo adiante, no sentido de usar a sua criatividade e os seus conhecimentos para incorporar as metodologias ativas que experimentou enquanto lia e praticava o que propus aqui, para apoiar outras pessoas em seu processo de aprendizagem socioemocional.

Faço este convite apresentando, neste último capítulo, caminhos para que todo o processo seja feito a partir da perspectiva do design de experiências criativas de aprendizagem socioemocional. Digo isso, pois em

---

2   DEWEY, J. *Experiência e educação*. São Paulo: Editora Vozes, 2011.

minha trajetória tenho percebido que alguns elementos, quando articula-dos, permitem ao educador ser capaz de criar e implementar experiências de aprendizagem criativas e memoráveis. Esses elementos estão represen-tados na Figura C.1, a seguir.

**Figura C.1** - Elementos fundamentais para a criação e implementação de experiências de aprendizagem criativas

Repertório metodológico e tecnológico – saberes sobre como adotar as metodologias ativas com o suporte de recursos físicos e digitais.

Repertório conceitual – saberes sobre as áreas do conhecimento onde atua e/ou é especialista, como Pedagogia, Gestão, Biologia, Linguagens, Tecnologias etc.

Conhecimento sobre design – saberes sobre como desenvolver projetos aplicando as etapas e estratégias do design considerando os *mindsets* (modos de pensar), emoções e sentimentos do aprendiz.

**Fonte:** elaborada pela autora.

As experiências de aprendizagem podem ser criadas de forma isolada ou articulada. Vou dar um exemplo: se, como educador, quero desenvolver habilidades de relacionamento e dou aula de Liderança em um programa de educação corporativa, posso incorporar, nas minhas aulas, atividades que ajudem os profissionais a trabalharem em grupos de forma mais efi-caz e a terem melhores relações com seus pares. Por outro lado, se sou gestora educacional de uma escola, posso mobilizar uma equipe de edu-cadores para fazer um estudo e incorporar no currículo de toda a educação básica uma disciplina de aprendizagem socioemocional centrada no uso de metodologias ativas. Com isso os estudantes terão um momento sema-nal destinado a esse fim. Qual é a melhor opção?

Creio que todos os esforços são válidos e podem fazer a diferença na vida das pessoas, desde que concebidos de forma intencional e, de prefe-rência, através do uso de metodologias ativas. De qualquer modo, quando a aprendizagem socioemocional é vista e abordada como um elemento fundamental a ser trabalhado em aulas, cursos e programas de instituições educacionais ou organizações, seu resultado é potencializado. Isso acontece porque ela deixa de ser uma iniciativa isolada de um ou outro professor e se torna parte do currículo adotado por todo o corpo docente.

Em outras palavras, como educadores, precisamos conhecer maneiras de fomentar a aprendizagem socioemocional em ambientes formais e informais de aprendizagem. Uma forma eficaz de fazer com que isso se torne realidade é a partir do design e da execução de experiências de aprendizagem que considerem os aspectos cognitivos, emocionais e sociais de quem aprende, e que são vivenciadas de forma plena e consciente pelos alunos e/ou profissionais.

*COMO EDUCADORES, PRECISAMOS CONHECER MANEIRAS DE FOMENTAR A APRENDIZAGEM SOCIOEMOCIONAL EM AMBIENTES FORMAIS E INFORMAIS DE APRENDIZAGEM.*

A esta altura você deve estar se perguntando: "O que é design e o que caracteriza uma experiência criativa de aprendizagem socioemocional?" É sobre isso que vamos falar nos próximos tópicos.

## Breve panorama sobre o uso de design em educação

Bem, vamos começar por uma breve apresentação do conceito de design e suas aplicações no campo da Educação. Confesso que quando comecei a estudar sobre esse campo do conhecimento, há mais de 20 anos, tinha uma visão limitada sobre o conceito, associando-o à estética e à funcionalidade de produtos e ambientes. Sendo assim, sabia reconhecer que uma casa fora projetada por uma designer de interiores diante da harmonia no uso de suas cores, seus materiais e suas formas, em comparação a outra elaborada por alguém sem formação na área. Ao me aprofundar no assunto, logo entendi que essa visão sobre o que é design era bastante limitada.

De fato, o economista e psicólogo americano Herbert Simon elucida que: "design é a capacidade de conceber um curso de ação que visa transformar situações existentes em preferidas."[3] Essa capacidade de transformação é estudada a partir de várias vertentes, incluindo grupos de profissionais que atuam em design de produtos, design industrial, design de bens, design instrucional, design de informações, design de interfaces, design centrado no usuário, design de redes, design de conexões e assim por diante.

---

3   SIMON, H. *The sciences of the artificial*. 3. ed. Cambridge: MIT Press, 1996, p. 111.

Essa visão ampla sobre o que é design foi corroborada várias décadas mais tarde por Rique Nitzsche, ao explicar que todos os seres humanos têm a capacidade espontânea de serem designers uma vez que: "design é tornar tangível uma intenção de transformação."[4] É a capacidade que temos de materializar os nossos pensamentos em variados contextos. Dessa forma, atuamos como designers quando concebemos e executamos uma festa de aniversário e quando planejamos e facilitamos uma experiência de aprendizagem.

Venho de uma família repleta de artistas, que dedicam grande parte de seu tempo atuando como designers, mesmo sem terem formação na área. A cada composição musical criada pelo meu pai, que é maestro; a cada canção interpretada pela minha mãe, pela minha irmã e pelos meus primos, que são cantores profissionais; a cada produção audiovisual criada pelo meu irmão, que é diretor de produção de vídeo, vejo ideias se tornando tangíveis e pensamentos sendo materializados de forma bonita, sensível e emocionante.

Agora, uma pergunta relevante que emerge a partir da compreensão deste conceito amplo de design é: Se todos podemos ser designers, por que algumas pessoas têm mais sucesso no processo criativo e na execução de seus designs?

O próprio Simon esboçou uma resposta a essa pergunta no livro *As ciências do artificial*, quando apresenta características dos *mindsets*[5] adotados por pessoas com formação no campo do design – os designers –, que envolvem alguns elementos que também podem ser desenvolvidos por educadores (mesmo que não tenham uma formação acadêmica no campo do design):

- **capacidade** de coletar dados de forma empática para entender uma possibilidade um ou desafio com profundidade;
- **habilidade** de sintetizar e analisar os dados coletados;
- **capacidade** de trabalhar de forma individual e colaborativa em grupos multidisciplinares em momentos específicos do processo do design;
- **uso** de diferentes linguagens (visual, multimídia, verbal etc.) para expressar ideias e apresentar as soluções criadas; e
- **habilidade** para criar soluções e testá-las, para que sejam aperfeiçoadas antes de serem implementadas.

Geralmente, o processo de design demanda a interação com diferentes grupos de pessoas. O primeiro é composto por aquelas que são impac-

---

4    NITZSCHE, R. *Afinal, o que é design thinking?* São Paulo: Rosari, 2012. p. 29.
5    *Mindset* é um modo de pensar que impacta diretamente o modo de agir.

tadas pelo desafio ou pela possibilidade analisada e vão compartilhar informações sobre suas necessidades e seus desejos. O segundo é composto por aquelas que podem trabalhar com você ou apoiá-lo no processo de design para criar, testar e implementar projetos, propostas e soluções.

Mas o design não se limita a *mindsets* que impactam as ações das pessoas que o adotam. Também é composto por um processo[6] que contém etapas e estratégias, podendo ser adotadas de forma flexível e não linear. Tais etapas e estratégias podem nortear a criação de experiências de aprendizagem socioemocional de curta, média e longa duração. O Quadro C.1, a seguir, apresenta as etapas do design, algumas estratégias comumente utilizadas por designers e um exemplo de aplicação em contextos de aprendizagem socioemocional.

**Quadro C.1 -** Etapas, estratégias e exemplos de aplicação do design

| Etapas do design | Exemplos de estratégias do design | Exemplos de aplicação em contextos de aprendizagem socioemocional |
|---|---|---|
| Empatia | **Observação:** acompanhar o que as pessoas fazem.<br>**Imersão:** participar de experiências vividas pelas pessoas.<br>**Entrevista empática:** pedir para que as pessoas compartilhem histórias, experiências marcantes, emoções e sentimentos.<br>**Persona:** criar personagens fictícios que contenham as principais características de grupos de pessoas observadas e entrevistadas. | Demanda por incorporar nos cursos ou nas disciplinas que ministro atividades que fomentem a aprendizagem socioemocional dos estudantes e/ou profissionais.<br>Levantamento sobre as necessidades de aprendizagem socioemocional: qual o perfil dos estudantes e/ou profissionais, suas práticas, necessidades e expectativas, mapeamento de potencialidades e restrições institucionais (como tecnologias de suporte, parcerias que posso firmar com outros professores ou gestores). |
| Criação | **Chuva de ideias (*brainstorming*):** produzir o maior número de ideias que possam ser usadas na criação de uma solução.<br>**Cocriação:** socializar as ideias produzidas com outras pessoas e ouvir as ideias delas sobre o tema | Design de experiências de aprendizagem para conteúdos curriculares que incluam atividades de fomento à aprendizagem socioemocional, envolvendo: planejamento das aulas, definição de conteúdos a serem abordados, metodologias ativas a serem adotadas, tecnologias de |

---

6   CAVALCANTI, C. C.; FILATRO, A. *Design thinking na educação presencial, a distância e corporativa.* São Paulo: Saraiva Uni, 2017.

| Etapas do design | Exemplos de estratégias do design | Exemplos de aplicação em contextos de aprendizagem socioemocional |
|---|---|---|
| Criação | estudado, para que as proposições iniciais sejam melhoradas e complementadas.<br><br>**Prototipagem:** usar recursos visuais para expressar a solução criada a ser testada e aperfeiçoada. | suporte que serão utilizadas e formas de avaliar o desenvolvimento da autorregulação. Elaboração de representação visual (matriz, esquema, fluxograma, mapa de jornada de aprendizagem, infográfico etc.) que torne tangível o design da experiência de aprendizagem socioemocional criada. |
| Execução | **Plano de implementação:** delimitar prazos, recursos humanos e financeiros necessários para que a solução seja implementada.<br><br>**Projeto piloto:** implementar a solução para um grupo pequeno com o objetivo de testar, aprender e fazer ajustes na solução. | Implementação da experiência de aprendizagem criada em contexto específico (projeto-piloto) para depois ampliar a outros contextos. |
| Avaliação | **Avaliar a solução:** verificar de que forma o que foi implementado gerou valor para as pessoas.<br><br>**Plano de aprendizagens:** mapear aquilo que as pessoas aprenderam durante o processo de design. | Avaliação dos resultados da aprendizagem socioemocional para que ajustes sejam feitos e a proposta possa ser implementada novamente em contextos variados. |

**Fonte:** elaborado pela autora.

Aplicar os *mindsets*, as etapas e as estratégias do design para criar experiências criativas de aprendizagem não é algo novo em Educação. De fato, encontramos na literatura vasta produção sobre como Design Instrucional (ou educacional), Design Thinking e Design de Experiências de Aprendizagem[7] têm sido adotados de forma individual ou articulada para criação, execução e avaliação de experiências de aprendizagem significativas e relevantes. Essas são áreas do conhecimento que podem ser estudadas com mais profundidade por educadores interessados em inovar em sua prática pedagógica e ter um repertório mais amplo para criar aulas,

---

7   O livro *DI 4.0 Inovações na educação corporativa* de autoria de Andrea Filatro – e para o qual contribuí com a escrita de um capítulo – traz uma discussão aprofundada sobre o tema e é repleto de ferramentas, recursos visuais e exemplos.

cursos, projetos e programas embasados em experiências criativas de aprendizagem socioemocional.

E a criatividade? Qual é o papel dessa competência para que os educadores sejam capazes de atuar como designers?

## Experiências criativas de aprendizagem socioemocional

A criatividade humana é fascinante. Ter a capacidade de conectar conhecimentos, emoções, pessoas e recursos para explorar novas possibilidades e conceber soluções para problemas complexos cria uma gama de instrumentos para gerarmos impacto positivo no mundo. A criatividade humana também tem sido fonte de inspiração quando expressa pelo uso da arte (Literatura, Música, Pintura, Dança, Fotografia, Cinema etc.), por ser uma relevante fonte de registro de momentos históricos, desejos e sonhos. Sem ela, igualmente, não conseguimos implementar mudanças em escolas, universidades, organizações e nem na sociedade.

Paul Torrance[8] é um estudioso que dedicou a vida ao estudo da criatividade e realizou várias pesquisas empíricas sobre o tema em diferentes contextos, inclusive educacionais. Para ele, ser criativo é ter a capacidade de perceber desafios, deficiências, lacunas no conhecimento e desarmonias e, a partir do mapeamento dessas necessidades, conseguir criar e testar hipóteses que posteriormente podem ser melhoradas e compartilhadas com outras pessoas.

Sabemos que algumas pessoas são naturalmente criativas e parecem ter uma capacidade especial de "pensar fora da caixa", mas nem todos têm esse privilégio. Diferente do que muitos pensam, a criatividade é uma competência que pode – e deve – ser aprendida e desenvolvida ao longo da vida. De fato, Resnick destaca que "não se pode ensinar a criatividade [...]. Mas podemos nutrir a criatividade [...]. Podemos criar um ambiente de aprendizagem onde a criatividade floresça."[9] Na minha visão, a criatividade é uma das principais competências a ser desenvolvida por educadores, pois é

*A CRIATIVIDADE PRECISA SER VALORIZADA E CULTIVADA EM AMBIENTES DE APRENDIZAGEM. É ELA QUE NOS AJUDA NO DESAFIO DE IMPLEMENTAR IMPORTANTES E NECESSÁRIAS MUDANÇAS NA EDUCAÇÃO*

---

8   TORRANCE, E. P. Scientific views of creativity and factors affecting its growth. *Daedalus*, v. 94, n. 3, pp. 663-681, 1965. Disponível em: www.jstor.org/stable/20026936. Acesso em: 19 jun. 2022.

9   RESNICK, M. *Jardim de infância para a vida toda*: por uma aprendizagem criativa, mão na massa e relevante para todos. Trad. Mariana Casetto Cruz e Lívia Rulli Sobral. Porto Alegre: Penso, 2020, p. 20.

aspecto fundamental para que criem e facilitem momentos ricos de aprendizagem. Para que isso aconteça, a criatividade precisa ser valorizada e cultivada em ambientes de aprendizagem. É ela que nos ajuda no desafio de implementar importantes e necessárias mudanças na educação, enquanto lidamos com restrições e desafios encontrados em nossa área de atuação.

Já ouvi alguns professores dizendo que tiveram ideias criativas para conduzir as suas aulas, mas que tinham medo de colocá-las em prática e alguma coisa dar errado. Temiam sofrer críticas depois e serem tolhidos por tentar algo novo. Sim, uma parte grande do processo criativo está embasada em erros, acertos, testes, melhorias e aprendizagens. O processo de design prevê que esse ciclo ocorra, por isso precisamos contribuir para que as nossas escolas e organizações sejam ambientes onde as pessoas tenham vontade de ser criativas.

Educadores criativos desenham experiências de aprendizagem significativas e relevantes para estudantes e profissionais, criam formações docentes impactantes, são gestores habilidosos do ponto de vista humano e técnico, produzem materiais didáticos inspiradores e consistentes. Além disso, articulam o uso de tecnologias e mídias digitais com recursos analógicos para fomentar a aprendizagem no âmbito socioemocional e teórico/conceitual. Vamos ver como isso pode ser realizado na prática?

## Educador designer e o uso de metodologias ativas no modelo Decas

Apesar de ser uma especialista em design aplicado à educação e ajudar outros educadores a desenvolver a criatividade, confesso que minha intenção aqui não é me aprofundar em todas as dimensões e abordagens do design que podem ajudar você a criar experiências criativas de aprendizagem socioemocional em sua prática. O que desejo é apresentar um dos muitos caminhos que podem te inspirar e ajudar a assumir o papel de designer que cria, executa e avalia experiências de aprendizagem. Assim, poderá promover avanços significativos no desenvolvimento socioemocional de estudantes e profissionais.

Esse caminho se consolida em um modelo que criei, inspirado no estudo e no uso de estratégias adotadas nos campos do Design Instrucional, Design Thinking e Design de Experiências de Aprendizagem.[10] Pensando

---

10 Uma abordagem de design de experiência que tenho estudado e adotado nos últimos anos para criação de aulas, *workshops* e cursos é o modelo proposto pela escola dinamarquesa de design Kaospilot. Saiba mais em: www.kaospilot.dk.

O educador como designer de experiências criativas de aprendizagem socioemocional   237 nas etapas do design, este modelo contém alguns elementos que ajudam o educador a praticar a empatia na busca por entender, de forma mais profunda, quem são as pessoas que vivenciarão a experiência de aprendizagem proposta. Além disso, apresenta também uma estrutura visual que pode ser útil no planejamento e na implementação da solução educacional.

Organizei o modelo em uma ferramenta que tenho usado e compartilhado com outros educadores participantes de *workshops* e oficinas que facilito. Apresento o modelo Decas – acrônimo para Design de Experiências Criativas de Aprendizagem Socioemocional –, seguido de uma explicação de como adotá-lo.

**Figura C.2** - Modelo Decas

**DESIGN DA EXPERIÊNCIA CRIATIVA DE APRENDIZAGEM SOCIOMOCIONAL (MODELO DECAS)**

| 1) Quem é o designer da experiência? | | | | 4) Quem vai aprender? | | | |
|---|---|---|---|---|---|---|---|
| 2) Que competências socioemocionais serão desenvolvidas: | | | | | | | |
| | | | | 5) O que vai aprender? | | 6) Para que vai aprender? | |
| 3) Quais são os objetivos de aprendizagem: | | | | | | | |

| Como vai aprender? A experiência criativa de aprendizagem sociomocional | | | | | | |
|---|---|---|---|---|---|---|
| a) Sentimentos positivos que quero promover | b) Sentimentos negativos que podem emergir | c) Local e tempo | d) Ações do educador | e) Ações dos aprendizes (estudantes e/ou profissionais) | f) Recursos (físicos digitais) e materiais de apoio | g) Avaliação |
| | | | | | | |
| | | | | | | |
| | | | | | | |
| | | | | | | |

**Fonte:** elaborada pela autora.

Para usar o modelo Decas, deve-se lançar mão de sua criatividade, seu repertório e da prática da empatia. Comece se colocando no lugar das pessoas que vão viver a experiência. Este padrão pode ser adotado à medida que responde às sete perguntas que compõem a ferramenta. A seguir, apresento sugestões sobre como responder a elas.

**1 Quem é o designer da experiência?** Inclua o seu nome ou os nomes das pessoas com quem vai trabalhar em parceria no design da experiência de aprendizagem. Exemplo: Carolina.

**2 Que competências socioemocionais serão desenvolvidas?** Indique as competências que deseja desenvolver com as pessoas que vão vivenciar a experiência. Exemplo: autoconhecimento e consciência social.

238  Convite Final: Design de Experiências Criatrivas de Aprendizagem Socioemocional

**3 Quais são os objetivos de aprendizagem?** Redija os objetivos que vão nortear o trabalho realizado com os estudantes, os profissionais ou os outros grupos de pessoas. Certifique-se de que os objetivos têm conexão direta com as competências socioemocionais a serem desenvolvidas e são significativos para quem vai aprender. Exemplo: identificar uma necessidade real vivenciada por um grupo de pessoas em situação de vulnerabilidade social causada (também) pela pobreza.

Refletir sobre valores, talentos e aptidões pessoais que podem ser colocados a serviço de outros.

**4 Quem vai aprender?** Indique quem é a pessoa ou pessoas que vão vivenciar a experiência de aprendizagem. Para exercitar a prática da empatia aqui é importante destacar as características, necessidades, dores e motivações destas pessoas. Esse campo pode ser preenchido de forma mais aprofundada ou rápida. Exemplo:

*Quem?* Turma do 3º ano do ensino médio. *Características*: Jovens de 16 a 17 anos que moram em um bairro da periferia de Porto Velho, que gostam de música e de interagir com os amigos nas redes sociais. *Necessidades*: conectar o que aprendem na escola com a realidade; arranjar um emprego. *Dores*: pouco interesse em aulas expositivas; dificuldade de conectar o que aprendem na escola com a sua realidade. *Motivações*: terminar o ensino médio, procurar um emprego; suporte de um grupo de amigos.

**5 O que vai aprender?** Liste os conceitos e os temas que serão explorados, discutidos e trabalhados na experiência de aprendizagem socioemocional. Exemplo: a prática da empatia; a pobreza no Brasil; a prática do voluntariado.

**6 Para que vai aprender?** Indique por que a experiência de aprendizagem é importante para o desenvolvimento socioemocional daquela pessoa ou grupo de pessoas. Exemplo: pela prática da empatia, o aprendiz pode se tornar uma pessoa mais preocupada com o bem comum.

**7 Como vai aprender?** Detalhe de forma clara e objetiva os elementos que compõem o design da experiência de aprendizagem:

**a. Sentimentos positivos que quero promover**: imagine e registre quais sentimentos positivos deseja despertar nas pessoas durante cada etapa da experiência de aprendizagem socioemocional. Exemplo: desejo, surpresa, motivação, orgulho, acolhimento, confiança, alívio, inspiração, realização etc. Lembre-se de que o design deve ser realizado tendo em mente o sentimento positivo que deseja que a pessoa vivencie. Portanto, se eu quiser promover "interesse" e "acolhimento" durante uma experiência de aprendizagem, quais atividades posso propor?

**b. Sentimentos negativos que podem emergir**: imagine e registre quais sentimentos negativos podem surgir durante a experiência. Exemplo: frustração, tédio, confusão, ansiedade, inércia, medo, insegurança, vergonha, irritação etc. Se eu quiser evitar que os aprendizes se sintam com "tédio", "insatisfeitos" e "inertes", como posso dar o protagonismo necessário para que fiquem motivados a participar dessa experiência? Perguntas como essa devem ser levadas em consideração e apoiar cada escolha realizada durante a próxima etapa do processo de design.

**c. Local e tempo**: indique o(s) ambiente(s) onde a experiência será vivenciada e o tempo dedicado para cada atividade proposta. Exemplo: em casa (30 min.); em sala de aula (50 min.).

**d. Ações do educador**: liste as atividades que precisa realizar para que a experiência de aprendizagem ocorra. Exemplo: disponibilizar uma TED Talk sobre pobreza e o mapa de valores (Estratégia 4, apresentada neste livro); propor um debate sobre o impacto da pobreza no Brasil; solicitar a escrita de um texto etc.

**e. Ações dos aprendizes (estudantes e/ou profissionais):** indique as atividades a serem realizadas pelos participantes da experiência. Exemplo: assistir a uma TED Talk, preencher o mapa de valores, participar do debate, produzir um texto reflexivo etc.

**f. Recursos (físicos digitais) e materiais de apoio:** inclua as ferramentas e recursos físicos e digitais que serão utilizados pelos participantes da experiência de aprendizagem.

**g. Avaliação:** defina as formas que vai usar para coletar evidências de que a aprendizagem socioemocional está sendo desenvolvida por meio de alguns tipos de avaliação:

- **diagnóstica** – busca mapear o que o aprendiz já sabe sobre o tema estudado;
- **autoavaliação** – promove reflexões sobre valores, crenças, práticas, desejos etc. e o que foi aprendido;
- **por pares** – permite que estudantes ou profissionais avaliem a participação de seus pares em atividades colaborativas; e
- **formativa** – realizada pelo educador em diferentes momentos ao longo do processo de aprendizagem.

Agora, tomando como base os exemplos apresentados, veja na Figura C.3 como a ferramenta Decas poderia ser preenchida, considerando o uso de uma das estratégias propostas neste livro e combinada com outras metodologias ativas.

Esse exemplo considera o preenchimento do modelo Decas de uma experiência de aprendizagem prevista para ocorrer antes e durante uma aula de 50 minutos. Você deve ter notado que, nessa aula, escolhi usar somente uma das estratégias que apresentei (mapa de valores). Ela foi combinada com outras metodologias ativas (debate, mapa mental e escrita reflexiva), o que gerou uma proposta inédita de experiência de aprendizagem. Digo isso, pois a característica flexível das estratégias que você encontrou nesta obra permite que sejam utilizadas de forma isolada ou integradas a outras técnicas, métodos e tecnologias centradas nas pessoas.

**Figura C.3** – Exemplo de preenchimento do modelo Decas

## DESIGN DA EXPERIÊNCIA CRIATIVA DE APRENDIZAGEM SOCIOEMOCIONAL (MODELO DECAS)

**1) Quem é o designer da experiência?** Carolina

**2) Que competências socioemocionais serão desenvolvidas:** Autoconhecimento e Consciência Social

**3) Quais são os objetivos de aprendizagem:** Identificar uma necessidade real vivenciada por um grupo pessoas que estão em situação de vulnerabilidade social causada pela pobreza.

**4) Quem vai aprender?** Turma do 3º ano do Ensino Médio. Características: Jovens de 16 a 17 anos que moram em um bairro de periferia de Porto Velho, que gostam de música e de interagir com os amigos nas redes sociais. Necessidades: conectar o que aprendem na escola com a realidade do mundo real, arranjar um emprego. Dores: pouco interesse em aulas expositivas, dificuldade de conectar o que aprendem na escola com a sua realidade. Motivações: terminar o Ensino Médio, procurar um emprego ; suporte de um grupo de amigos.

**5) O que vai aprender?** a prática da empatia; a pobreza no Brasil; a prática do voluntariado.

**6) Para que vai aprender?** Pela prática da empatia o aprendiz pode se tornar uma pessoa mais preocupada com o bem comum.

### Como vai aprender?
A experiência criativa de aprendizagem socioemocional

| a) Sentimentos positivos que quero promover | b) Sentimentos negativos que podem emergir | c) Local e tempo | d) Ações do educador | e) Ações dos aprendizes (estudantes e/ou profissionais) | f) Recursos (físicos digitais) e materiais de apoio | g) Avaliação |
|---|---|---|---|---|---|---|
| Interesse | Desinteresse | Em casa 30 min. | Envio de link de mini documentário sobre pobreza no Brasil (Youtube). Solicitar que preencham digitalmente o mapa de valores (estratégia 4). | Assistir o mini documentário e preencher o mapa de valores que deve ser fotografado e trazido para a aula. | Dispositivo móvel ou computador com acesso a internet. | Autoavaliação |
| Motivação | Inércia | Sala de aula 30 min. | Propor um debate sobre aspectos interessantes do documentários e elaboração de resumo da conversa | Discutir em trios e elabora um mapa mental que resume aspectos centrais do apresentados no filme | Papel sulfite, lápis e caneta/iva ou ferramenta digital como mindmeister | |
| Desejo | Preguiça | Sala de aula 20 min. | Propor atividade reflexiva que articule o tema da pobreza e os resultados do mapa de valores | Escrita de texto reflexivo que articula os valores e talentos que possui e a capacidade de fazer algo para ajudar pessoas pobres. | Caderno e caneta | |

**Fonte:** elaborada pela autora.

O educador como designer de experiências criativas de aprendizagem socioemocional 241

Cabe ainda destacar que o modelo Decas pode ser usado para conceber ações educacionais que ocorrem por períodos mais longos: algumas horas e/ou aulas, um bimestre, um semestre letivo, um ano. É uma ferramenta que pode ser utilizada e adaptada de acordo com a sua realidade. A intenção é que ele ajude você a assumir o papel de designer de experiências de aprendizagem socioemocionais relevantes e eficazes. Assim, espero que seja capaz de conduzir outras pessoas em ações mais pontuais de aprendizagem socioemocional ou em uma jornada mais ampla de desenvolvimento.

## Convite final

Há poucos meses fui convidada para coordenar um time de educadores na produção de um material digital interativo sobre metodologias ativas para a Secretaria de Educação e Esportes de Pernambuco.[11] Ali, apresentamos mais de 40 metodologias ativas a serem usadas em escolas, com exemplos práticos de aplicação. Após o material ficar pronto, trabalhamos em formações para preparar e apoiar os educadores do Estado a adotar essas metodologias nas escolas públicas.

Ao trabalhar nesse projeto, tivemos o cuidado de preparar os educadores, não somente para reproduzir as metodologias ativas apresentadas no material que criamos. Ao contrário, o tempo todo eles foram convocados a ampliar o seu repertório sobre as metodologias ativas para que, a partir desse conhecimento, pudessem lançar mão da criatividade e assumir o papel de designers de experiências de aprendizagem significativas para os jovens.

Essa noção é muito importante para mim. Por isso repito aqui o que dissemos muitas vezes para os educadores de Pernambuco: invista em sua aprendizagem, pois "o conhecimento alimenta a criatividade e a criatividade é a semente da inovação".[12] Se queremos contribuir com a renovação da educação, precisamos colocar nossas criações na prática. Afinal, a inovação é composta por ações que geram valor para as pessoas.

> INVISTA EM SUA APRENDIZAGEM, POIS "O CONHECIMENTO ALIMENTA A CRIATIVIDADE E A CRIATIVIDADE É A SEMENTE DA INOVAÇÃO."

---

11 PERNAMBUCO. Secretaria de Educação e Esportes. *Metodologias ativas*: um guia para professores, 2022. Recife: SEE-PE, 2022.

12 PERNAMBUCO, 2022, p. 156.

Por isso, concluo a escrita deste livro fazendo alguns convites muito especiais para você, que me acompanhou até aqui. O primeiro é que continue investindo em sua aprendizagem socioemocional. Tenha coragem de refletir, reconhecer demandas e, se for preciso, buscar ajuda de amigos e especialistas para que avance na aprendizagem de dimensões nas quais você acredita ainda precisar (e/ou desejar) evoluir. Nesse processo, seja compreensivo e carinhoso consigo mesmo, entendendo que a aprendizagem é uma jornada que nunca acaba, tem altos e baixos e que até mesmo os nossos "fracassos" podem representar importantes lições capazes de nos motivar a mudar e avançar.

O segundo convite é para que tenha a coragem de incluir em sua prática profissional elementos da aprendizagem socioemocional. Espero ter deixado claro que o uso de metodologias ativas é um caminho produtivo para que isso aconteça. Por isso adapte as metodologias que apresentei para a sua realidade e, tão importante quanto, coloque-as em prática. Combine metodologias que já experimentou ou crie outras com a ajuda de colegas educadores e até mesmo dos próprios aprendizes. Adote as metodologias criadas em aulas, cursos e programas presenciais, on-line e híbridos. Depois, colete *feedbacks* de estudantes e profissionais sobre como podem ser ajustadas/melhoradas. É pela vivência deste ciclo constante – criação-ação-reflexão – que podemos aperfeiçoar a nossa capacidade de atuar como educadores-designers.

Por fim, quero dizer que, para mim, foi um privilégio conduzir você nesta jornada. Espero que os conceitos, as ideias, as experiências, as provocações e as sugestões de conversas que encontrou nas páginas deste livro inspirem e motivem você a ser não só um educador, mas uma pessoa mais consciente da relevância da aprendizagem socioemocional e desejosa de ser agente de transformação nos ambientes onde tem o privilégio de contribuir na formação e no desenvolvimento de outras pessoas. Você aceita esses convites?

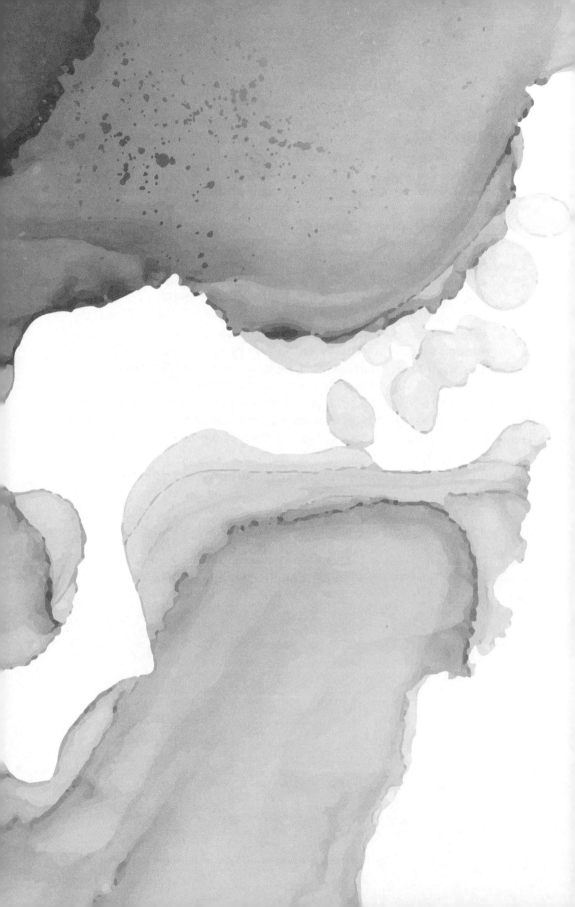

# COLABORADORES

# Especialistas Convidados

**Carol Shinoda** é doutora pela Faculdade de Economia, Administração, Contabilidade e Atuária da Universidade de São Paulo (FEA-USP), com tese sobre Desenvolvimento do Propósito de Vida na Educação. Durante seu doutorado, realizou um trabalho de construção de propósito de vida com estudantes do ensino superior de duas instituições: na própria FEA-USP (instituição pública) e no Centro Universitário FEI (instituição privada). Em intervenções que variaram de 12 a 25 horas, adotou diferentes metodologias ativas que se demonstraram eficazes para levar os jovens a refletir e estabelecer um propósito de vida. Desde então, Shinoda também tem atuado como professora de Propósito de Vida em programas de pós-graduação e ambientes organizacionais. É, atualmente, *coach* de jovens do Instituto Social para Motivar, Apoiar e Reconhecer Talentos (Ismart) e faz parte da coordenação do MBA de Gestão de Projetos e de Gestão de Pessoas da Escola Superior de Agricultura "Luiz de Queiroz" (Esalq) da USP. Autora do livro *Propósito de vida: um guia prático para desenvolver o seu* (Benvirá, 2021).

**Hanna Cebel Danza** é mestra e doutora em Psicologia e Educação pela Faculdade de Educação da Universidade de São Paulo (USP). Estudando a temática dos Projetos de Vida desde 2011, defendeu em 2019 a tese intitulada "Conservação e mudança nos projetos de vida dos jovens: um estudo longitudinal sobre uma intervenção de Educação em Valores". Em 2018 realizou um estágio de investigação e docência na Universidade de Barcelona junto ao Grup de Recerca en Educació Moral (GREM) e no curso de mestrado em "Educação em Valores" da mesma instituição. É autora do livro *Projetos de vida: construindo o futuro* e coautora dos livros *Psicologia para pais e educadores: desenvolvimento moral e social* e *Estudos sobre adolescência: vários contextos, vários olhares* e do material didático do componente curricular de Projeto de vida das Secretarias de Educação dos Estados de Pernambuco e Alagoas. É professora na pós-graduação do Instituto Singularidades, além de ser especialista de conteúdo do Programa Socioemocional Pleno.

**João Paulo Bittencourt** é doutor em Administração pela Universidade de São Paulo (FEA/USP). Mestre em Gestão Estratégica das Organizações pela Universidade do Estado de Santa Catarina, Especialista em Gestão de Pessoas. Docente nas áreas de Gestão e Gestão de Pessoas, Liderança e Inovação na Gestão. Foi coordenador geral da Faculdade Ação, consultor acadêmico da Editora Saraiva, gestor de sistema de ensino técnico na Editora Érica e Coordenador Geral de Pós-Graduação e Pesquisa do Instituto Singularidades. Foi Coordenador de MBA e Programas de Gestão de Saúde na Sociedade Beneficente Israelita Albert Einstein. É coautor dos livros *Leadership Development in Emerging Market Economies* e *Evidence-Based Initiatives for Organizational Change and Development*. É consultor certificado em Assessment pelo Center for Creative Leadership (CCL®). Atualmente é Gerente de Ensino Superior e coordena a graduação em Administração da Sociedade Beneficente Israelita Brasileira Albert Einstein.

**Marco Antônio Morgado** é doutor e mestre em Psicologia e Educação pela Universidade de São Paulo (USP), com estágio de um ano na Universidade de Barcelona (UB). Biólogo e pedagogo, tem experiência como professor no Ensino Superior e na Educação Básica, atuando com metodologias ativas e educação em valores. Atualmente é professor de pós-graduação no Instituto Singularidades, coordenador pedagógico na Educação Básica, além de consultor pedagógico e autor de materiais didáticos nas áreas de Projeto de vida, Identidade e Metodologias ativas de aprendizagem. É autor do livro *Projeto de vida: construindo o futuro*, coautor do livro *Psicologia para pais e educadores*. Sua área de pesquisa e produção acadêmica abrange os seguintes temas: Educação em valores, Identidade e projeto de vida, Psicologia moral e Psicologia da educação.

# REFERÊNCIAS

# Referências

**ABERTURA**

AMÉRICO, T. Venda de antidepressivos cresce 17% durante pandemia no Brasil. *CNN Brasil*, 23 fev. 2021. Disponível em: https://bit.ly/3GEWeWD. Acesso em: 1 jun. 2022.

BIGARELI, B. Por que o profissional do futuro precisa ter habilidades socioe-mocionais. *Época Negócios*, 13 nov. 2017. Disponível em: https://epocanegocios.globo.com/Carreira/noticia/2017/11/por-que-o-profissional-do-futuro-precisa--ter-habilidade-socioemocionais.html. Acesso em: 25 fev. 2022.

DEWEY, J. *Experiência e educação*. São Paulo: Editora Vozes, 2011.

FÓRUM ECONÔMICO MUNDIAL. *The future of jobs 2020*. Geneva, out. 2020. Disponível em: www3.weforum.org/docs/WEF_Future_of_Jobs_2020.pdf. Acesso em: 25 fev. 2022.

FREIRE, P. *Pedagogia da autonomia*: saberes necessários à prática edu-cativa. São Paulo: Paz e Terra, 1996. (Coleção Leitura).

MONTESSORI, M. *Pedagogia científica*: a descoberta da criança. São Paulo: Flamboyant, 1965.

MORAES, A L. Mente saudável. Consumo de antidepressivos cresce 74% em seis anos no Brasil. *Veja*, 14 fev. 2020. Disponível em: https://bit.ly/3M8XCID. Acesso em: 1 jun. 2022.

OMS. *Live life*: an implementation guide for suicide prevention in countries, 17 jun. 2021. Disponível em: www.who.int/publications/i/item/9789240026629. Acesso em: 25 fev. 2022.

OMS. *Mental health*: strengthening our response, 30 mar. 2018. Disponível em: www.who.int/news-room/fact-sheets/detail/mental-health-strenghe-ning-our-response. Acesso em: 25 fev. 2022.

OPAS. *Após 18 meses de pandemia de COVID-19, OPAS pede prioridade para prevenção ao suicídio*, 9 set. 2021. Disponível em: https://www.paho.org/pt/noticias/9-9-2021-apos-18-meses-pandemia-covid-19-opas-pede-prioridade-para-prevencao-ao-suicidio. Acesso em: 25 fev. 2022.

PIAGET, J. *Relações entre a afetividade e a inteligência no desenvolvimento mental da criança*. Rio de Janeiro: Wak Editora, 2014.

VYGOTSKY, L. *A formação social da mente*. São Paulo: Martins Fontes, 1987.

WEF. *The future of jobs 2020*, out. 2020. Disponível em: http://www3.weforum.org/docs/WEF_Future_of_Jobs_2020.pdf. Acesso em: 25 fev. 2022.

## PARTE I

ABED, A. L. Z. O desenvolvimento das habilidades socioemocionais como caminho para a aprendizagem e o sucesso escolar de alunos da educação básica. *Constr. Psicopedag.*, São Paulo, v. 24, n. 25, p. 8-27, 2016.

BRASIL. Ministério da Educação. *Base Nacional Comum Curricular*. Brasília, 2018.

CARLOTTO, M. S. Síndrome de burnout em professores: prevalência e fatores Associados. *Psicologia: Teoria e Pesquisa*, v. 27, p. 403-410, 2011. Disponível em: https://doi.org/10.1590/S0102-37722011000400003. Acesso em: 22 jun. 2022.

CLARK, T. *Business model you*: o modelo de negócios pessoal. Rio de Janeiro: Alta Books, 2013.

DAMÁSIO, A. R. *O erro de Descartes*: emoção, razão e o cérebro humano. São Paulo: Companhia das Letras, 1996.

DAMÁSIO, A. R. *O sentimento de si*: corpo, emoção e consciência. Lisboa: Temas e debates – Círculo de leitores, 2013.

DAMÁSIO, B. F. Mensurando habilidades socioemocionais de crianças e adolescentes: desenvolvimento e validação de uma bateria (Nota Técnica). *Trends in Psychol.*, v. 25, n. 4, p. 2044, 2017.

DOVIDIO, J. F.; PILIAVIN, J. A.; SCHROEDER, D. A.; PENNER, L. A. *The social psychology of prosocial behavior*. New York: Lawrence Earlbaum, 2006.

DUHIGG, C. What Google learned from its quest to build the perfect team. *The New York Times Magazine*, 25 fev. 2016. Disponível em: www.nytimes.com/2016/02/28/magazine/what-google-learned-from-its-quest-to-build-the-perfect-team.html Acesso em: 21 abr. 2022.

EDMONDSON, A. Psychological safety and learning behavior in work teams. *Administrative Science Quarterly*, v. 44, p. 350-383, 1999.

EISENBERG, N.; VANSCHYNDEL, S. K.; SPINRAD, T. L. Prosocial motivation: inferences from an opaque body of work. *Child Dev.*, v. 87, n. 6, p.1668-1678, 2016.

EKMAN, P.; FRIESEN, W. V. O repertório do comportamento não-verbal: categorias, origens, uso e codificação. Semiótica, v. 1, p. 49-98, 1969.

ERIKSON, E. H. *Identity and life cycle*. New York: W. W. Norton, 1980.

FILATRO, A.; CAVALCANTI, C. C. *Metodologias Inov-ativas na educação presencial, a distância e corporativa*. São Paulo: Saraiva Uni, 2018.

FLORES-MENDOZA, C. E.; NASCIMENTO, E.; CASTILHO, A. V. A crítica desinformada aos testes de inteligência. *Estudos de Psicologia*, v. 19, n. 2, p. 17-36, 2002. Disponível em: https://doi.org/10.1590/S0103-166X2002000200002. Acesso em: 12 jan. 2022.

GALELI, B. *et. al.* PROA Index: fidedignidade na avaliação baseada em competências na formação profissional online de jovens. *Anais SEMEAD*, 2021. Disponível em: https://login.semead.com.br/24semead/anais/resumo.php?-cod_trabalho=1847. Acesso em: 16 abr. 2022.

GOLEMAN, D. *Working with emotional intelligence*. New York: Bantam Books, 1998.

GOLEMAN, D. *Inteligência emocional*: a teoria revolucionária que redefine o que é ser inteligente. Rio de Janeiro: Objetiva, 2012.

GONDIM, S. M. G.; MORAIS, F. A.; BRANTES, C. A. A. Competências socioemocionais: fator-chave no desenvolvimento de competências para o trabalho. *Rev. Psicol., Organ. Trab.*, v. 14, n. 4, p. 394-406, 2014. Disponível em: http://pepsic.bvsalud.org/scielo.php?script=sci_arttext&pid=S1984-66572014000400006&lng=pt&nrm=iso. Acesso em: 31 out. 2021.

IORIO, A. Nem hard, nem soft: precisamos falar sobre as human skills. *MIT Review*, set. 2021. Disponível em: https://mittechreview.com.br/nem-hard--nem-soft-precisamos-falar-sobre-as-human-skills. Acesso em: 21 abr. 2022.

LIMA, B. As habilidades emocionais que irão impulsionar sua carreira. *Forbes*, 10 jan. 2022. Disponível em: https://forbes.com.br/carreira/2022/01/quais-sao-as-7-soft-skills-em-alta-para-2022. Acesso em: 21 abr. 2022.

JUNG, C. G. *Presente e Futuro*. 3. ed. Petrópolis: Editora Vozes, 1991.

LITTLE, B. Quem é você realmente? O puzzle da personalidade. *TED 2016*. Disponível em: https://bit.ly/39IjXsZ. Acesso em: 29 abr. 2022.

MARIN, A. H. *et al*. Competência socioemocional: conceitos e instrumentos associados. *Rev. Bras. Ter. Cogn.*, v. 13, n. 2, p. 92-103, 2017. Disponível em: http://pepsic.bvsalud.org/scielo.php?script=sci_arttext&pid=S1808-56872017000200004&lng=pt&nrm=iso. Acesso em: 23 ago. 2020.

MARQUES, A. M.; FÓZ, A. Q. B.; LOPES, E. G. Q.; TANAKA, L. H. Emotional education program: a participative intervention with teachers. *Qualitative Research Journal*, v. 21, n. 3, p. 274-285, 2021. Disponível em: https://doi.org/10.1108/qrj-07-2019-0052. Acesso em: 7 jun. 2022.

MARQUES, A. M.; TANAKA, L. H.; FÓZ, A. Q. B. Avaliação de programas de intervenção para a aprendizagem socioemocional do professor: uma revisão integrativa. *Revista Portuguesa de Educação*, [S. l.], v. 32, n. 1, p. 35-51, 2019. Disponível em: http://doi.org/10.21814/rpe.15133. Acesso em: 7 jun. 2022.

MAYER, J.; SALOVEY, P. What is emotional intelligence? *In*: SALOVEY, P.; SLUYTER, D. J. (eds.) *Emotional development and emotional intelligence*. New York: Basic Books, 1997.

NORONHA, A. P. P. Análise de testes de personalidade: qualidade do material, das instruções, da documentação e dos itens qualidade de testes de personalidade. *Estudos de Psicologia*, v. 19, n. 3, p. 55-65, 2002. Disponível em: https://doi.org/10.1590/S0103-166X2002000300006. Acesso em: 12 jan. 2022.

OTERO, R.; RENNÓ, R. *Ninguém é igual a ninguém*: o lúdico no conhecimento do ser. São Paulo: Editora do Brasil, 1994.

PANCORBO, G.; LAROS, J. A. Validity Evidence of the social and emotional nationwide assessment (Senna 1.0) Inventory. *Paidéia*, v. 17, n. 68, 2017. Disponível em: www.researchgate.net/publication/323833279_Validity_evidence_of_the_Social_and_Emotional_Nationwide_Assessment_SENNA_10_Inventory . Acesso em: 3 fev. 2022.

PIAGET, J. *Relações entre a afetividade e a inteligência no desenvolvimento mental da criança*. Rio de Janeiro: Wak Editora, 2014.

PRIOSTE, A.; NARCISO, I.; GONÇALVES, M. Questionário de valores pessoais readaptado: processo de desenvolvimento e contributos iniciais para a validação. *RIDEP*, v. 1, n. 34, p. 175-199, 2012. Disponível em: www.aidep.org/03_ridep/R34/ART%209.pdf. Acesso em: 21 abr. 2022.

PROA. *Jovens a bordo do futuro*: projeto de vida. São Paulo: PROA, 2020.

RABELO, A. Comportamento Prosocial. *ScienceBlogs*, 24 ago. 2010. Disponível em: www.blogs.unicamp.br/socialmente/2010/08/24/comportamento-prosocial. Acesso em: 19 jun. 2022.

SALOM, E.; MORENO, J. M.; BLÁZQUEZ, M. *Desenvolvimento da conduta pró-social por meio da educação emocional em adolescentes*. Petrópolis: Editora Vozes, 2012.

SANTOS, D. D.; BERLINGUERI, M. M.; CASTILHO, R. B. Habilidades socioemocionais e aprendizagem escolar: evidências a partir de um estudo de larga escala. *Anais do Anpec*, Ribeirão Preto, 2017. *In*: SALOM, E. *et. al. Desenvolvimento de conduta pró-social por meio da educação emocional em adolescentes*. Petrópolis: Editora Vozes, 2012.

SHINODA, C. *Propósito de vida*: um guia prático para desenvolver o seu. São Paulo: Benvirá, 2021.

STRAUSS, V. The surprising thing Google learning about its employees – and what it means for today's students. *The Washington Post*, 20 dez. 2017. Disponível em: https://www.washingtonpost.com/news/answer-sheet/wp/2017/12/20/the-surprising-thing-google-learned-about-its-employees-and-what-it-means-for-todays-students. Acesso em: 6 jun. 2022.

SWIATKIEWICZ, O. Competências transversais, técnicas ou morais: um estudo exploratório sobre as competências dos trabalhadores que as organizações em Portugal mais valorizam. *Cadernos EBAPE*, Escola Brasileira de Administração Pública e de Empresas Rio de Janeiro, v. 12, n. 3, p. 663-687, 2014.

TOZZI, E. A saúde mental não pode mais ficar nas sombras. *Você RH*, 15 set. 2020. Disponível em: https://vocerh.abril.com.br/politicasepraticas/saude-mental. Acesso em: 21 abr. 2022.

WALLON, H. *Psicologia e educação da infância*. Lisboa: Estampa, 1975.

WHAT is the Casel framework?. *Casel (Collaborative for Academic, Social and Emotional Learning)*, 2021. Disponível em: https://casel.org/fundamentals-of-sel/what-is-the-casel-framework. Acesso em: 5 fev. 2022.

WEISSBERG, R. P.; DURLAK, J. A.; DOMITROVICH, C. E.; GULLOTTA, T. P. Social and emotional learning: past, present, and future. *In*: DURLAK, J. A.; DOMITROVICH, C. E.; WEISSBERG, R. P.; GULLOTTA, T. P. (eds.). *Handbook of social and emotional learning*: research and practice. New York: Guilford, 2015.

## PARTE II

ABACAR, M.; ALIANTE, G.; ANTONIO, J. F. Stress e estratégias de coping em estudantes universitários. *Aletheia*, Canoas, v. 54, n. 2, p. 133-144, 2021.

ABREU, S.; MIRANDA, A. A. V.; MURTA, S. G. Programas Preventivos Brasileiros: quem faz e como é feita a prevenção em saúde mental? *Psico-USF*, Bragança Paulista, v. 21, n. 1, p. 163-177, 2016.

ALAGOAS (Estado). Secretaria de Educação de Alagoas. *Projeto de vida 1º ano, material do estudante*. Maceió: Seduc/AL, s.d., p. 120-121.

ALMEIDA FILHO, N.; COELHO, M. T. A.; PERES, M. F. T. O conceito de saúde mental. *Revista USP*, v. 43, p. 100-125, 1999.

AMERICAN PSYCHOLOGY ASSOCIATION. APA Dicionary of Psychology. Disponível em: https://dictionary.apa.org/meditation. Acesso em: 22 fev. 2022.

BAUMAN, Z. *Modernidade líquida*. Rio de Janeiro: Jorge Zahar, 2001.

BORGES, L. Sem amizades por aí? Quase metade das pessoas diz não ter amigos de verdade. *UOL*, 20 dez. 2021. Disponível em: www.uol.com.br/vivabem/noticias/redacao/2021/12/20/sem-melhores-amigos-pesquisa-mostra-que-pandemia-impactou-amizades.htm. Acesso em: 21 abr. 2022.

BRASIL. Ministério da Saúde. Portaria n. 849, de 27 de março de 2017. Disponível em: http://189.28.128.100/dab/docs/portaldab/documentos/prt_849_27_3_2017.pdf. Acesso em: 21 abr. 2022.

BRASILEIROS são os que passam mais tempo por dia no celular, diz levantamento. *G1*, 12 jan. 2022. Disponível em: https://g1.globo.com/tecnologia/noticia/2022/01/12/brasileiros-sao-os-que-passam-mais-tempo-por-dia-no--celular-diz-levantamento.ghtml. Acesso em: 29 jul. 2022.

BUETTNER, D. *The blue zones of happiness*: lessons from the world's happiest people. Washington: National Geographic, 2017.

BUETTNER, D. The secrets of long life. *National Geographic*, nov. 2005. Disponível em: www.bluezones.com/wp-content/uploads/2015/01/Nat_Geo_LongevityF.pdf. Acesso em: 15 jun. 2022.

CARPENA, M. X.; MENEZES, C. B. Efeito da meditação focada no estresse e *mindfulness* disposicional em universitários. *Psic.: Teor. e Pesq.*, v. 34, e3441, 2018. Disponível em: https://doi.org/10.1590/0102.3772e3441. Acesso em: 23 set. 2020.

DANZA, H.; MORGADO, M. A. *Projeto de Vida*: construindo o futuro (manual do professor). São Paulo: Ática, 2020.

DELLE FAVE, A. *et al*. Lay definitions of happiness across nations: the primacy of inner harmony and relational connectedness. *Frontiers in Psychology*, n. 7, p. 1-23.

DIAS, A. P. *O outro diálogo*: uma compreensão do diálogo interno. 2009. Tese de doutorado. Universidade Federal do Rio Grande do Norte, Natal, Rio Grande do Norte, 2009. Disponível em: https://repositorio.ufrn.br/bitstream/123456789/14260/1/AlinePD_TESE.pdf Acesso em: 21 abr. 2022.

FERRARI, W. A sociedade do cansaço é cada vez mais realidade; como se blindar? *Consumidor moderno*, 3 jun. 2021. Disponível em: www.consumidormoderno.com.br/2021/06/03/sociedade-cansaco-blindar. Acesso em: 21 abr. 2022.

FILATRO, A.; CAVALCANTI, C. C. *Metodologias Inov-ativas na educação presencial, a distância e corporativa*. São Paulo: Saraiva Uni, 2018.

FISHER, R. Still thinking: the case for meditation with children. *Thinking Skills and Creativity*, v. 1, n. 2, p. 146-151, 2006.

GARATTONI, B.; SZKLARZ, E. Você tira o celular mais de 200 vezes por dia. *Super Interessante*, 2019. Disponível em: https://super.abril.com.br/comportamento/voce-tira-o-celular-do-bolso-mais-de-200-vezes-por-dia. Acesso em: 21 abr. 2022.

GAZZALEN, A.; ROSEN, L. *The distracted mind*: ancient brains in a high-tech World. Cambridge: MIT Press, 2016.

GELLES, D. How to be more mindful at work. *The New York Times*, 1 nov. 2018. Disponível em: www.nytimes.com/guides/well/be-more-mindful-at--work. Acesso em: 21 abr. 2022.

GOBATTO, C. A.; ARAÚJO, T. C. C. F. Coping religioso-espiritual: reflexões e perspectivas para a atuação do psicólogo em oncologia. *Rev. SBPH*, v. 13, n. 1, p. 52-63, 2010.

GOLDSTEIN, E. The S.T.O.P. Practice for stress. *Mindfull*, 11 out. 2018. Disponível em: www.mindful.org/the-s-t-o-p-practice-for-stress. Acesso em: 21 abr. 2022.

HAN, B. C. *Sociedade do cansaço*. Trad. Enio Paulo Giachini. Petrópolis: Editora Vozes, 2015.

HALL, J. A. How many hours does it take to make a friend? *Journal of Social and Personal Relationships*, v. 36, n. 4, p. 1278-1296, 2019.

HALL, J. A.; DAVIS, D. C. Proposing the Communicate Bond Belong Theory: evolutionary intersections with episodic interpersonal communication. *Communication Theory*, v. 27, p. 21-47, 2017.

HRONIS, A. Why do we find making new friends so hard as adults. *The Conversation Magazine*, jan. 2022.

HOROWITZ, J. M.; IGIELNIK, R. How parents of K-12 students learning online worries about them falling behind. *Pew Research Center*, 2020. Disponível em: www.pewresearch.org/social-trends/wp-content/uploads/sites/3/2020/10/PSDT_10.29.20_kids.edu_.full_.pdf. Acesso em: 13 jun. 2022.

JOHN, S. A.; BROWN, L. F.; BECK-COON, K.; MONAHAN, P. O.; TONG, Y.; KROENKE, K. Randomized controlled pilot study of mindfulness-based stress reduction for persistently fatigued cancer survivors. *Psychooncology*, v. 24, n. 8, p. 885-893, 2015.

KABALI, H. K; IRIGOYEN, M. M.; NUNEZ-DAVIS, R. *et al*. Exposure and use of mobile media devices by small children. *Pediatrics*, v. 136, n. 6, p. 1044-1050, 2015. Disponível em: https://doi.org/10.1542/peds.2015-2151. Acesso em: 13 jun. 2022.

KILBEY, E. *Como criar filhos na era digital*. Trad. Guilherme Miranda. Rio de Janeiro: Fontanar, 2018.

KOHN L. T.; CORRIGANO, J. M.; DONALDSON, M. S. (eds.). *To err is human*: building a safer health system. Washington: Institute of Medicine National Academy Press, 2000.

LAZARUS, R.; FOLKMAN, S. *Stress appraisal and coping*. Nova York: Springer, 1984.

LÉVY, P. *Cibercultura*. São Paulo: Editora 34, 2009.

LINHARES, M. B. M.; MARTINS, C. B. S. O processo da autorregulação no desenvolvimento de crianças. *Estudos de Psicologia*, v. 32, n. 2, p. 281-293, 2015.

LIVINGSTONE, S. Can we "flip the script" from counting hours of screen time to distinguishing different times of online experiences? *LSE*, 16 dez. 2020. Disponível em: https://blogs.lse.ac.uk/parenting4digitalfuture/2020/12/16/from-screen-time-to-online-experiences/ Acesso em: 21 abr. 2022.

MARTINS, A. O que realmente nos faz felizes: as lições de uma pesquisa de Harvard que há quase oito décadas tenta responder a essa pergunta. *BBC*

*News Brasil*, 2016. Disponível em: www.bbc.com/portuguese/curiosidades-38075589. Acesso em: 21 abr. 2022.

MASSIS, D. Somos cada vez menos felizes porque estamos viciados na tecnologia. *BBC News Brasil*, 23 fev. 2020. Disponível em: www.bbc.com/portuguese/geral-51409523. Acesso em: 21 abr. 2022.

MCKEOWN, G. *Essencialismo*: a disciplinada busca por menos. Rio de Janeiro: Sextante, 2015.

MENDELSON, T.; GREENBERG, M. T.; DARIOTIS, J. K.; GOULD, L. F.; RHOADES, B. L.; LEAF, P. J. Feasibility and preliminary outcomes of a school-based mindfulness intervention for urban youth. *Journal of Abnormal Child Psychology*, v. 38, n. 7, p. 985-994, 2010.

MORIN, E. *Educação e complexidade*: os sete saberes e outros ensaios. Organização Maria da Conceição de Almeida, Edgard de Assis Carvalho. Trad. Edgard de Assis Carvalho. São Paulo: Cortez, 2002.

NUNES, S. *Prática do mindfulness na educação pré-escolar*. Dissertação de mestrado obtido pelo Instituto Jean Piaget, 2018. Disponível em: https://comum.rcaap.pt/bitstream/10400.26/24105/1/Sara%20Nunes%20-%20ESE.pdf. Acesso em: 21 abr. 2022.

O'CONNEL, M. E.; BOAT, T.; WARNER, K. E. *Preventing mental, emotional, and behavioral disorders among young people*: progress and possibilities. Washington: The National Academies Press, 2009.

PINHEIRO, A. C. Saúde mental bate recorde de busca no Google na quarentena. *Revista Cláudia,* 7 ago. 2020. Disponível em: https://claudia.abril.com.br/saude/saude-mental-bate-recorde-de-busca-no-google-na-quarentena/. Acesso em: 21 abr. 2022.

PINHO, A. Projeto de professores usa inteligência artificial e relógio contra depressão. *Folha de S.Paulo*, 10 mai. 2021. Disponível em: www1.folha.uol.com.br/equilibrioesaude/2021/05/projeto-de-professores-usa-inteligencia--artificial-e-relogio-contra-depressao.shtml. Acesso em: 21 abr. 2022.

PORTO, L. Por que estamos trabalhando tanto e até morrendo por excesso de trabalho. *O futuro das coisas*, 7 jan. 2022. Disponível em: https://ofuturodascoisas.com/por-que-estamos-trabalhamos-tanto-e-ate-morrendo--por-excesso-de-trabalho. Acesso em: 21 abr. 2022.

POZO-MUÑOZ, C.; SALVADOR-FERRER, C.; ALONSO-MORILLEJO, E.; MARTOS-MENDEZ, M. J. Social support, burnout, and well-being in teacher professionals: contrast of a direct and buffer effect model. *Ansiedad y Estrés*, v. 14, n. 2-3, p. 127-141, 2008.

RAHAL, G. M. Atenção plena no contexto escolar: benefícios e possibilidades de inserção. *Psicol. Esc. Educ.*, v. 22, n. 2, p. 347-358, 2018.

SAINATO, M. Exhausted and underpaid: teachers across the US are leaving their jobs in numbers. *The Guardian*, 2021. Disponível em: www.theguardian.com/world/2021/oct/04/teachers-quitting-jobs-covid-record-numbers. Acesso em: 21 abr. 2022.

SCHAAB, B.; DUARTE, M.; AZEVEDO, O.; CRUZ, D.; JAQUES, P. Aplicação do mindfulness em um sistema tutor inteligente: um estudo piloto. *In: XXVI Simpósio Brasileiro de Informática na Educação*, Maceió, 2015.

SEDLMEIER, P.; EBERTH, J.; SCHWARZ, M.; ZIMMERMANN, D. HAARIG, F.; JAEGER, S.; KUNZE, S. The psychological effects of meditation: a meta--analysis. *Psychological Bulletin*, v. 138, n. 6, p. 1139-1171, 2012. Disponível em: https://doi.org/10.1037/a0028168. Acesso em: 17 jun. 2022.

SHABBAT tecnológico: observando o sábado para redescobrir o repouso. *Instituto Humano Unisinos*, 10 jul. 2019. Disponível em: www.ihu.unisinos. br/78-noticias/590725-shabbat-tecnologico-observando-o-sabado-para-redescobrir-o-repouso. Acesso em: 21 abr. 2022.

SIMON, H. *Designing organizations for an information-rich world*. In computers, communication and the public interest. Baltimore: Johns Hopkins University Press, 1971.

TRABALHAR com amigos aumenta a produtividade, segundo estudo. *Época Negócios*, 31 mai. 2017. Disponível em: https://epocanegocios.globo.com/ Carreira/noticia/2017/05/trabalhar-com-amigos-aumenta-produtividade--segundo-estudo.html. Acesso em: 22 abr. 2022.

TRABALHAR 'demais' mata 745 mil pessoas por ano no mundo, revela estudo. *BBC News Brasil*, 18 mai. 2021. Disponível em: www.bbc.com/portuguese/internacional-57154909. Acesso em: 21 abr. 2022.

UCHIDA, Y.; OGIHARA, Y. Personal or interpersonal construal of happiness: a cultural psychological perspective. *Int. J. Well Being*, v. 2, n. 4, p. 354-369, 2012. Disponível em: http://doi.org/10.5502/ijw.v2.i4.5. Acesso em: 17 jun. 2022.

UHLS, Y. T.; MICHIKYAN, M.; HARRIS, J.; GARCIA, D.; SMALL, G. W.; ZGOUROU, E.; GREENFIELD, P. M. Five days at outdoor education camp without screens improves preteen skills with nonverbal emotion cues. *Computers in Human Behavior*, v. 39, p. 387-392, 2014. Disponível em: www.sciencedirect.com/ science/article/pii/S0747563214003227. Acesso em: 13 jun. 2022.

WATCHING the pandemic: what YouTube trends reveals about human needs during Covid-19. *YouTube Culture & Trends*, 2020. Disponível em: www.youtube.com/trends/articles/covid-impact. Acesso em: 23 abr. 2022.

XAVIER, M. Uma perspectiva social para saúde mental. Disponível em: https://drive.google.com/file/d/1GQe6YtMHGdqGtniS7pxpxmOczgjAvd5b/view. Acesso em: 22 fev. 2022.

XAVIER, M.; GALVÃO, M.; ASSIS, M. Inventário Amuta. *Amuta*, 2022. Disponível em: www.institutoamuta.com.br/inventario. Acesso em: 15 mar. 2022.

## PARTE III

ABED, A. L. Z. O desenvolvimento das habilidades socioemocionais como caminho para a aprendizagem e o sucesso escolar de alunos da educação básica. *Constr. Psicopedag.*, v. 24, n. 25, p. 8-27, 2016 . Disponível em: http://pepsic.bvsalud.org/scielo.php?script=sci_arttext&pid=S1415-69542016000100002&lng=pt&nrm=iso. Acesso em: 9 ago. 2020.

ARAÚJO, U.; ARANTES, A.; PINHEIRO, V. *Projetos de vida*: fundamentos psicológicos, éticos e práticas educacionais. São Paulo: Summus Editorial, 2020.

BNCC. *Projeto de vida: ser ou existir?* Disponível em: http://basenacional-comum.mec.gov.br/implementacao/praticas/caderno-de-praticas/aprofundamentos/200-projeto-de-vida-ser-ou-existir. Acesso em: 12 abr. 2022.

BRASIL. Ministério da Educação. *Base Nacional Comum Curricular*, Brasília, 2018.

BRONK, K. C. *Purpose in life*: a critical component of optimal youth development. Springer, 2014.

CLARK, T. *Business model you*: o modelo de negócios pessoal. Rio de Janeiro: Alta Books, 2013.

DAMON, W. *O que o jovem quer da vida?* São Paulo: Summus Editorial, 2009.

DAMON, W.; MENON, J.; BRONK, K. The development of purpose during adolescence. *Applied Development Science*, v. 7, n. 3, p. 119-128, 2003.

DANZA, H. C. *Conservação e mudança dos projetos de vida de jovens*: um estudo longitudinal sobre educação em valores. 2019. Tese (Doutorado em Educação) – Faculdade de Educação, Universidade de São Paulo, São Paulo, 2019. Disponível em: http://doi.org/10.11606/T.48.2020.tde-11122019-165812. Acesso em: 20 mar. 2022.

EISENBERG, N.; EGGUM, N.D.; DI GIUNTA, L. Empathy-related responding: associations with prosocial behavior, aggression, and intergroup relations. *Soc Issues Policy Rev.*, v. 4, n. 1, p. 143-180, 2010. Disponível em: http://doi.org/10.1111/j.1751-2409.2010.01020.x. Acesso em: 18 jun. 2022.

EISENBERG, N.; SPINRAD, T. L.; MORRIS, A. Empathy-related responding in children. *In*: KILLEN, M.; SMETANA, J. G. (eds.). *Handbook of moral development*. London: Psychology Press, 2014.

EISENBERG N., VANSCHYNDEL, S. K.; SPINRAD, T. L. Prosocial motivation: inferences from an opaque body of work. *Child Dev.* 2016;87(6):1668-1678.

FRANKL, V. E. *A questão do sentido em psicoterapia*. Campinas: Papirus, 1990.

FRANKL, V. E. *Psicoanalisis y existencialismo*: de la psicoterapia a la logoterapia. Trad. Carlos Silva e José Mendoza. México: Fondo de Cultura Económica, 1983.

GARCIA, H.; MIRALLES, F. *Ikigai*: o segredo dos japoneses para uma vida longa e feliz. Rio de Janeiro: Intrínseca, 2016.

MACHADO, N. J. *Educação*: projetos e valores. 6. ed. São Paulo: Escrituras Editora, 2016.

MALIN, H. *Teaching for purpose*: preparing students for lives of meaning. Cambridge: Harvard Education Press, 2018.

MALIN, H.; REILLY, T. S.; QUINN, B; MORAN, S. Adolescent purpose development: exploring empathy, discovering roles, shifting priorities, and creating pathways. *Journal of Research on Adolescence*, v. 24, n. 1, p. 186-199, 2013. Disponível em: https://doi.org/10.1111/jora.12051. Acesso em: 18 jun. 2022.

MARTINEZ, L. Y. K. Mis amigos no se hubieron suicidado si yo los hubiera llevado a Colombia. *Revista Diners*, nov. 2020.

PUIG, J. M. *Ética e valores*: métodos para o ensino transversal. Belo Horizonte: Casa do Psicólogo, 1998.

RYFF, C. D.; SINGER, B. Know thyself and become what you are: an eudaimonic approach to psychological well-being. *Journal of Happiness Studies*, v. 9, p. 13-39, 1998.

SELIGMAN, M. *Florescer*: uma nova compreensão da felicidade e do bem-estar. Rio de Janeiro: Objetiva, 2011.

SELIGMAN, M. E. P.; CSIKSZENTMIHALYI, M. Positive psychology: an introduction. *American Psychologist*, v. 55, p. 5-14, 2000. Disponível em: http://doi.org/10.1037/0003-066X.55.1.5. Acesso em: 17 jun. 2022.

SHINODA, C. *Desenvolvimento do propósito de vida de estudantes no ensino superior de Administração*. 2019. Tese (Doutorado em Administração) – Faculdade de Economia, Administração, Contabilidade e Atuária, Universidade de São Paulo, São Paulo, 2019. Disponível em: http://doi.org/10.11606/T.12.2020.tde-06022020-174305. Acesso em: 10 abr. 2020.

SHINODA, C. *Propósito de vida*: um guia prático para desenvolver o seu. São Paulo: Benvirá, 2021.

SILVA, M. A. M.; ARAÚJO, U. F. Aprendizagem por projetos sociais: integração de conteúdos morais à representação de si de jovens. *ETD – Educação Temática Digital*, v. 23, n. 4, p. 1061-1078, 2021. Disponível em: https://doi.org/10.20396/etd.v23i4.8659662. Acesso em: 18 jun. 2022.

SOBRE nós. *Winners*, 2022. Disponível em: https://winnersplayforlife.org/sobre. Acesso em: 21 abr. 2022.

SWIATKIEWICZ, O. Competências transversais, técnicas ou morais: um estudo exploratório sobre as competências dos trabalhadores que as organizações em Portugal mais valorizam. *Cadernos EBAPE*, Escola Brasileira de Administração Pública e de Empresas, v. 12, n. 3, p. 663-687, 2014.

## CONVITE FINAL

CAVALCANTI, C. C.; FILATRO, A. *Design thinking na educação presencial, a distância e corporativa*. São Paulo: Saraiva Uni, 2017.

DEWEY, J. *Experiência e educação*. São Paulo: Editora Vozes, 2011.

GASQUE, K. C. G. D. O papel da experiência na aprendizagem: perspectivas na busca e no uso da informação. *TransInformação*, v. 20, n. 2. p. 149-158, 2008. Disponível em: www.scielo.br/j/tinf/a/k5pLhxFqsqyxJ63QLFJH6Hz/?lang=pt&format=pdf. Acesso em: 21 abr. 2022.

NITZSCHE, R. *Afinal, o que é design thinking?* São Paulo: Rosari, 2012.

PERNAMBUCO. Secretaria de Educação e Esportes. *Metodologias ativas*: um guia para professores, 2022. Recife: SEE-PE, 2022.

RESNICK, M. *Jardim de infância para a vida toda*: por uma aprendizagem criativa, mão na massa e relevante para todos. Trad. Mariana Casetto Cruz e Lívia Rulli Sobral. Porto Alegre: Penso, 2020.

SIMON, H. *The sciences of the artificial*. 3. ed. Cambridge: MIT Press, 1996.

TORRANCE, E. P. Scientific views of creativity and factors affecting its growth. *Daedalus*, v. 94, n. 3, p. 663-681, 1965. Disponível em: http://www.jstor.org/stable/20026936. Acesso em: 20 ago. 2022.